陶行知

教育家精神文选

U1002344

主　编　张志华
副主编　赵向军　王本余
编　委　王文岭　徐莹辉　李晓军　黄孔融
　　　　程功群　何文秋　赵　娟　李兆晶

江蘇鳳凰教育出版社
Phoenix Education Publishing, Ltd

感谢您使用本书。您在使用时如有建议或发现质量问题，请联系我们。
【内容质量】电话：4008283622
【印装质量】电话：4008283610

图书在版编目（CIP）数据

陶行知教育家精神文选 / 张志华主编 . -- 南京 : 江苏凤凰教育出版社 , 2024. 11. -- ISBN 978-7-5743-1200-5

Ⅰ . G40-092.6

中国国家版本馆 CIP 数据核字第 20249QP068 号

书　　名	陶行知教育家精神文选
主　　编	张志华
出版策划	刘　煜
责任编辑	刘　茜　吴曼丽
出版发行	江苏凤凰教育出版社（南京市湖南路 1 号 A 楼　邮编210009）
苏教网址	http : // www.1088. com. cn
照　　排	江苏凤凰制版有限公司
印　　刷	南京顺和印刷有限责任公司（电话 025-83682876）
厂　　址	南京市江宁区麒麟街道天和路 78 号
开　　本	787 毫米 ×1 092 毫米　1/16
印　　张	23.5
版　　次	2024 年 11 月第 1 版
印　　次	2024 年 11 月第 1 次印刷
书　　号	ISBN 978-7-5743-1200-5
定　　价	60.00 元
网店地址	http : // jsfhjycbs. tmall. com
公 众 号	苏教服务（微信号 : jsfhjyfw）
邮购电话	025-85406265，025-85400774
盗版举报	025-83658579

前　言

在教育发展的历史长河中，总有一些灵魂以其独特的光芒，照亮人类前行的道路。“伟大的人民教育家”陶行知先生，便是其中璀璨的一颗星辰。他的教育理念与实践，不仅深刻影响了中国近现代教育的发展，更跨越时空的界限，对当代中国的教育发展，乃至对于海外部分国家和地区教育事业的进步产生了深远的影响。本书精选了陶行知先生关于教育的一系列重要论述与实践经验，旨在通过深入剖析其教育家精神，为当代教育工作者提供宝贵的启示与借鉴。汇编过程中，我们尽可能保留文章原貌，不予强行修改。

一、教育理念概述

陶行知先生的教育理念，是建立在对传统教育深刻反思与批判基础之上的创新成果。他坚信教育的本质是培养人的全面发展，是服务社会、改造社会的有力工具。他主张教育应当与时俱进，紧密联系社会实际，注重学生个性与创造力的培养，以实现教育的真正价值。

二、“生活即教育”主张

“生活即教育”是陶行知教育思想的核心之一。他认为，生活本身就是一部生动的教科书，蕴含着无尽的教育资源和智慧。教育不应仅仅局限于学校围墙之内，而应贯穿于人们的日常生活之中。通过生活的体验与实践，人们能够获得更直观、更深刻的知识与技能，从而实现自我完善与社会进步。

三、“社会即学校”意义

“社会即学校”是陶行知对教育环境的重要扩展。他认为，学校只是教育的一个缩影，而广阔的社会才是真正的大课堂。在这个大课堂里，每个人都可以成为老师，每个角落都可以成为学习的场所。这一主张鼓励人们走出校园，积极参与社会实践，将所学知识应用于解决实际问题中，从而增强教育的实效性和针对性。

四、教育改造生活论

陶行知先生坚信，教育的力量在于它能够改造生活、推动社会进步。他强调教育不仅要传授知识，更要培养学生的创新精神和实践能力，使他们成为能够主动适应时代变化、积极改造社会生活的有用之才。通过教育的力量，人们可以摆脱愚昧与落后，追求更加美好、幸福的生活。

五、心有大我之志

陶行知先生的一生，是心怀大我、无私奉献的一生。他始终将教育事业视为自己生命的一部分，致力于为国家的繁荣富强、民族的伟大复兴培养更多优秀人才。他的这种高尚情操和远大志向，为后世教育工作者树立了光辉的榜样。

六、言行为世之范

陶行知先生不仅是一位杰出的教育家，更是一位品德高尚、言行一致的楷模。他以身作则、率先垂范，用自己的实际行动诠释了教育的真谛和价值。他的言行举止、道德风范对后世产生了深远的影响和激励作用。

七、启智润心之道

陶行知先生深谙启智润心之道。他注重启发学生的智慧和心灵，通过引导学生主动思考、积极探索来培养他们的创新思维和实践能力。同时，他也关注学生的情感需求和心理健康，努力营造温馨、和谐的教育环境来滋润学生的心田。

八、育才育德之责

在陶行知先生看来，教育者的职责不仅在于育才更在于育德。他强调德育在教育中的重要地位和作用，认为只有德才兼备的人才才能真正为社会所用、为人民所赞。因此，他致力于培养学生的道德品质和人文素养，使他们成为有爱心、有责任感、有担当的社会公民。

综上所述，《陶行知教育家精神文选》不仅是对陶行知先生教育思想与实践的回顾与总结，更是对当代教育工作者的一次深刻启迪与鼓舞。让我们携手共进，在陶行知先生精神的指引下，为培养更多优秀人才、推动教育事业繁荣发展贡献自己的力量！

目　录

理想信念

道德情操

躬耕态度

育人智慧

仁爱之心

弘道追求

近百年来的伟大教育家

陈鹤琴

十年前，我同尚仲衣先生谈论到近百年来的中外教育家。我说："陶行知先生要算伟大的教育家中的一个。"尚先生听了愕然说："你这个话不会过分吗？"我说："你不相信，我们就来讨论讨论看。"那时候，我便举出了很多事例来跟他讨论。时过十年，如今，陶先生竟舍我们长辞了！"盖棺定论"，所以，今天我更可肯定地说："陶行知先生是近百年来一个伟大的教育家。"

这并非我个人说的感情话，这完全是根据陶先生本身的特点而得出的结论。

陶先生是一个即知即行、能知能行的实践教育家。他很少空谈理论，总是老老实实地硬干。只要我们看看他办晓庄师范的精神，就可以知道他的个性喜实干，是任何其他教育家所不及的。晓庄师范经费少，条件差，陶先生除了独立支持之外，还要使她不断地发展起来，艰难困苦的情形，谁堪忍受！

陶先生具有特异的思想，"小先生""教学做合一""学校与社会打成一片"……所有这一切，没有一样不表现出他的伟大创造力与特异的思想。记得在晓庄的时候，因为水井太少，用的人太多，以致水源的供应，接济不来，陶先生看到这种情形不对，于是便想出了一个解决的办法。他的办法，就是召集一个民众大会来讨论水的问题，大会推选了一位十二岁的女孩子做主席。有一位老太婆开始发言，她说："种田的人要有休息，做工的人要有休息，所以，水井也应该有休息。"于是大会便通过了汲水的时间，不在规定的时间内，任何人不准到井里去汲水，水井也该有休息的机会。这样，水源就不再断绝了，水的问题也就解决了。在十几年前，陶先生就运用了民主的方式来解决大众的问题，这不能不叫人佩服。

记得民国十六年，陶先生的试验乡村师范学校招生广告中，末了有这样一行：“学费免，膳宿杂费详简章，小名士、书呆子、文凭迷，最好不来。”像这样的思想风格，的确只有他才能想得出来。陶先生思想力的特异，真有举不尽的例子。

我还记得，晓庄开学的那一天的情形，几百个学生，几千个乡下男女老百姓在一个空旷的黄泥地上举行开学典礼，陶先生指着蔚蓝的青天作为学校的天花板，踏着金黄色的泥土作为学校的地板，向着同学老百姓报告筹备经过、办学宗旨、教学方式、将来计划，我听了几乎被感动得流下泪来。陶先生艰苦卓绝的精神，创造力的伟大，思想的前进，确是空前的。

陶先生独创风格的文章与有力动听的口才，他的儿童的诗和故事的体裁，都是不朽的文学创作。跟作文章一样，他在讲演的时候，也喜欢背上几首诗，使他的演讲，分外有色。

陶先生不但有特异的思想和独创的文笔，而且，他的热情与纯爱，凡跟他接近过的人都感觉得到的，他热爱儿童，热爱大众，热爱一切弱者。这种伟大的博爱精神，使他成为艰苦奋斗、公而忘私的勇士，为了追求真理，他从来都没有休息过一天。

在教育理论方面，陶先生虽然是承继了杜威的衣钵，但杜威所提倡的还只是“教育即生活”“学校即社会”，而陶先生却更进一步地提出“生活即教育”“社会即学校”的主张。在字面上“教育即生活”与“生活即教育”，或“学校即社会”与“社会即学校”只不过是先后次序不同而已，但实际上，陶先生的主张，正是现代最前进的生活教育理论。

在教育实践方面，陶先生的贡献非常宝贵。最初，他把欧美的教育介绍到中国来，但是重要的还是他后来的努力，使中国教育史上展开了三大教育运动：

第一，教育入乡运动，创办乡村师范学校。

第二，普及教育运动，提出小先生制与工学团制，创立山海工学团。

第三，天才教育运动，创办育才学校，成为全国多灾多难儿童的保姆。

接着陶先生还发动了社会大学与民主教育的运动。然而，陶先生还不及看到自己事业的全部成功，不及看到大众教育的自由解放，竟就突然的死去了。这位近百年来的伟大教育家——行知先生的死，实是中国苦难人民不可补偿的损失，也是全世界善良人民的重大损失，行知先生的死，不仅全国教育工作者在哭，全国人民在哭，就是全世界的人民，也都为这巨星陨落而挥泪。

如何完成陶先生未竟的事业，正是我们哀悼他的意义。

（原载 1947 年 9 月江西《生活教育》第 4 卷第 7、8 期）

理想信念

我们的信条[①]

《我们的信条》虽是我用笔写的，但不是我创的。我参观诸位先生在学校里实际的工作，心里不由人起了好多印象，积起来共有十八项，我就依着次序编成这套信条。所以这是诸位先生自己原来的信条，早已接受实行，今日只是大家共同温习一遍，并下定决心，终身奉行，始终如一。

我们从事乡村教育的同志，要把我们整个的心献给我们三万万四千万的农民。我们要向着农民“烧心香”，我们心里要充满那农民的甘苦。我们要常常念着农民的痛苦，常常念着他们所想得的幸福，我们必须有一个“农民甘苦化的心”，才配为农民服务，才配担负改造乡村生活的新使命。倘使个个乡村教师的心都经过了“农民甘苦化”，我深信他们必定能够叫中国个个乡村变做天堂，变做乐园，变做中华民国的健全的自治单位。这是我们绝大的机会，也就是我们绝大的责任。

我们深信教育是国家万年根本大计。

我们深信生活是教育的中心。

我们深信健康是生活的出发点，也就是教育的出发点。

我们深信教育应当培植生活力，使学生向上长。

我们深信教育应当把环境的阻力化为助力。

我们深信教法学法做法合一。

我们深信师生共生活，共甘苦，为最好的教育。

我们深信教师应当以身作则。

我们深信教师必须学而不厌，才能诲人不倦。

我们深信教师应当运用困难，以发展思想及奋斗精神。

我们深信教师应当做人民的朋友。

我们深信乡村学校应当做改造乡村生活的中心。

我们深信乡村教师应当做改造乡村生活的灵魂。

我们深信乡村教师必须有农夫的身手，科学的头脑，改造社会的精神。

我们深信乡村教师应当用科学的方法去征服自然，美术的观念去改造社会。

我们深信乡村教师要用最少的经费办理最好的教育。

我们深信最高尚的精神是人生无价之宝，非金钱所能买得来，就不必靠金钱而后振作，尤不可因钱少而推诿。

我们深信如果全国教师对于儿童教育都有“鞠躬尽瘁，死而后已”的决心，必能为我们民族创造一个伟大的新生命。

（原载 1926 年 12 月 10 日《新教育评论》第 3 卷第 2 期）

注：

① 民国十五年（1926）十一月二十一日，中华教育改进社特约乡村学校——江宁县教育局管辖燕子矶小学、尧化门小学、笆斗山小学、江苏省立明陵小学——教职员在明陵小学开第一次联合研究会，陶先生草拟了乡村教师十八条信条，由全体会员通过。本篇为陶行知在这次会上所作的报告。

新教育[①]

今天得有机会，与诸同志共聚一堂，研究教育，心中愉快得很。现在把关于新教育上各项要点，略些谈谈。

（一）新教育的需要 我们现在处于二十世纪新世界之中，应该造成一个新国家，这新国家就是富而强的共和国。怎样能够造成这新国家呢？固然要有好的领袖去引导平民，使他们富，使他们强，使他们和衷共济；但是虽有好的领袖，而一般平民不晓得哪个领袖是好的，哪个领袖是不好的，也是枉然。所以现在所需要的，是一种新的国民教育，拿来引导他们，造就他们，使他们晓得怎样才能做成一个共和的国民，适合于现在的世界。举例来说，有一个后母给她的儿子洗澡，所用的水，时而太冷咧，时而太热咧，这就是不能合着她儿子的需要。我们所研究的新教育，不应该犯这个毛病，一定要合于现在所需要的。

（二）新教育的释义 先说“新”字是什么意思？某处人家因为要请客，一切设备家伙，都去向别家借用，用过之后，就去还了。这是客来则新，客去便旧了，不得为根本的新。我们中国的教育，倘若忽而学日本，忽而学德国，忽而学法国、美国，那终究是无所适从。所以“新”字的第一个意义要“自新”。今日新的事，到了明日未必新；明日新的事，到了后日又未必新。即如洗澡，一定要天天洗，才能天天干净。这就是日日新的道理。所以“新”字的第二个意义要“常新”。又我们所讲的新，不单是属于形式的方面，还要有精神上的新。这样才算是内外一致，不偏不倚。所以“新”字的第三个意义要“全新”。

次说“教育”是什么东西？照杜威先生说，教育是继续经验的改造（continuous reconstruction of experience）。我们个人受了周围的影响，常常有变化，或是变好，或是变坏。教育的作用，是使人天天改造，天天进步，天天往好的路上走；就是要用新的学理，新的方法，来改造学生的经验。

（三）新教育的目的 这目的可分两项来说明：第一对于天然界，要使学生有利用他的能力。例如，我们要使光线入室不需风的时候，就要用玻璃窗。照这样把所有一切光、电、水、空气等，都要被我们操纵指挥。现在中国和外国物质文明的高下，都从这利用天然界能力的强弱上分别出来的。然而其中也有危险的地方，如造出许多杀人的物扰乱世界，是万万不可的。所以第二项目的，是对于群界要讲求共和主义，使人人都能自由守着自己的本分去做各种事业。一方面利用天然界，一方面谋共同幸福。可说一句，新教育的目的，就是要养成这种能力，再概括说起来，就是要养成“自主”、“自立”和“自动”的共和国民。自主的就是要做天然界之主，又要做群界之主。即如选举卖票一事，卖和不卖，到底由自己的主张。果能自主的人，富贵不淫，贫贱不移，威武不屈，人家有什么法子对付他呢？至于自立的人，在天然界群界之中，能够自衣自食，不求靠别人。但是单讲自立，不讲自动，还是没有进步，还是不配做共和国民的资格。要晓得专制国讲服从，共和国也讲服从，不过一是被动的，一是自动的，这就是他们的分别了。

（四）新教育的方法 此番我从南京到上海，再从上海到嘉兴，一直到杭州来，有种种的方法，或是走，或是坐船，或是坐火车，或是坐飞艇。在这几种方法之中，哪几种是较好，哪一种是最好，而且哪一种是最快，这便是方法的考究。要考究这个方法，下列的几条，应该注意的：

甲、符合目的 杀鸡用鸡刀，杀牛有牛刀，这就是适合的道理；教育也要对着目的设法。现在学校里有兵操一门，是为了养成国民有保护国家的能力而设的。但是照这样“立正”“开步”的练习，经过几年之后，能否达到应战之目的，却须要研究的。

乙、依据经验　怎样做的事，应当怎样教。譬如游水的事，应当到池沼里去学习，不应当在课堂上教授。倘若只管课堂的教授，不去实习，即使学了好几年，恐怕一到池里，仍不免要沉下去的。各种知识有可以从书上求的，不妨从书上去得来；有不可以从书上求的，那应该从别处去得他了。

丙、共同生活　在学校中不能共同做事，一到社会也是不能的。所以要国民有共和的精神，先要学生有共和的精神；要学生有共和的精神，先要使他有共同的生活，有互助的力量。

丁、积极设施　教人勿赌博，勿饮酒，这都是消极的禁止。至于积极的办法，要使他们时常去做好的事情，没有机会去做那坏的事情。在学校之中，常常有正当的游戏运动，兴味很好，自然没有工夫去做别的坏事了。

戊、注重启发　在学校里并非一面教人，一面受教，就算了事。要使学生的精神意志和能力，渐渐的发育成长。孔子说："不愤不启，不悱不发。"我更要进一步说，使他不得不愤，使他不得不悱。杜威先生也说，教学生的法子，先要使他发生疑问；查出他疑难的地方，使他想种种方法，去解决这个问题；从这些方法之中，选出顶有成效的法子，去试试看对不对；如其不对，就换个法子，如其对了，再去研究一下。照这方法来解释同类的问题和一切的问题。所以现在的时候，那海尔巴脱[②]的五段教授法等，觉着不大适用了。

己、鼓励自治　这便是教学生对于学问方面或道德方面，都要使他能够自治自修。

庚、全部发育　身体和精神要全体顾到，不可偏于一面。譬如在体育上，耳目口鼻手足统要使他健全；在智育上，既要使他自知，又要使他能够利用天然界的事物；在德育上，公德和私德，都不可欠缺的。

辛、唤起兴味　学生有了兴味，就肯用全副精神去做事体，所以"学"和"乐"是不可分离的。学校里面先生都有笑容，学生也有笑容。有些学校，先生板了脸孔，学生都畏惧他，那是难免有逃学的事了。所以设法引起学生的兴味，是很要紧的。

壬、责成效率　凡做一事，要用最简便、最省力、最省钱、最省时的法子，去收最大的效果。做这件事，用这个方法，在一小时所收的效果是这样，用别个方法止须十分钟或五分钟，就有这样的效果，那后法就比前法为胜了。照此把时间、精力、金钱和效果的比较选择，可以得出一个最好的法子。

以上所讲，都是新教育上普通的说明。至于新教育对于学校课程等的设施和教员学生应当怎样的情形，休息几分钟再讲。

新学校 学校是小的社会，社会是大的学校。所以要使学校成为一个小共和国，须把社会上一切的事，拣选他主要的，一件一件的举行起来。不要使学生在校内是一个人，在校外又是一个人。要使他造成共和国民的根基，须在此练习。对于身体方面、道德方面、政治方面，凡国民所不可不晓得的，都要使他晓得，那学校便成为具体而微的社会了。我国学校的弊病，不但在与社会相隔绝，而且学校里面，全以教员做主，并不使学生参与。要晓得一社会里的事务，该使大家知道的，就该大家参与；该使少数领袖管理的，就该少数领袖参与。这样不靠一人，也不靠少数人，使每个学生、每个教员晓得这个学校是我的学校，肯与学校同甘苦，那才是共和国社会里的真学校。

新学生 “学”字的意义，是要自己去学，不是坐而受教。先生说什么，学生也说什么，那便如学戏，又如同留声机器一般了。“生”字的意义，是生活或是生存。学生所学的是人生之道。人生之道，有高尚的，有卑下的；有片面的，有全部的；有永久的，有一时的；有精神的，有形式的。我们所求的学，要他天天加增的，是高尚的生活，完全的生活，精神上的生活，永久继续的生活。进一步说，不可学是学，生是生，要学就是生，生就是学。求学的事，是为预备后来的生存呢？还是现在的生存，就是全体生活的一部分呢？既然晓得教育是继续经验的改造，那么对于天然界和群界，自然受他的影响；天天变动，就是天天受教育，差不多从出世到老，与人生为始终的样子。你哪一天生存不是学？你哪一天学不是生存呢？孔子到了七十岁，方才从心所欲不逾矩，他是一步一步上进的。凡改变我们的，都是先生；就是我们自己都是学生。以前只有在学校里的是学生，一到家里就不是学生；现在都做社会的学生，是从根本上讲，来得着实，不至空虚。虽出校门，仍为学生，就是不出于教育的范围。所以每天的一举一动，都要引他到最高尚、最完备、最能永久、最有精神的地位，那方才是好学生。

新教员 新教员不重在教，重在引导学生怎么样去学。对于教育，第一，要有信仰心。认定教育是大有可为的事，而且不是一时的，是永久有益于世的。不但大学校高等学校如此，即使小学校也是大有可为的。夫勒培尔[③]研究小学教育，得称为大教育家。做小学教师的，人人有夫氏的地位，也有他的能力；止须承认，去干就能成功。又如，伯斯塔罗齐[④]、蒙铁梭利[⑤]都从研究小学教育得名，即如杜威先生，也是研究小学教育的。这都是实在的事，并非虚为赞扬。我从前看见一个土地庙面前对联上，有一句叫“庙小乾坤大”，很可以来比。况我们学校虽小，里头却是包罗万象。做小学教员的，万勿失此机会，正当做一番事业。而且这里头还有一种快乐——照我们自己想想，小学校里学生小，房子小，薪水少，功课多，辛苦得很，哪有快乐？其实，看小学生天天生长大来，从没有知识，变为有知识，如同一颗种子的由萌芽而生枝叶，而看他开花，看他成熟，这里有极大的快乐。照以上两层——做大事业得大快乐——是为一己的，而况乎要造新国家、新国民、新社会，更非此不行嘛！那不信仰这事的，可以不必在这儿做小学教员。一国之中，并非个个人要做这事的，有的做兵，有的做工，有的做官吏，……各人依了他的信仰，去做他的事。一定要看教育是大事业，有大快乐，那无论做小学教员，做中学教员，或做大学教员，都是一样的。第二，要有责任心。不但是自己家中的小孩和课堂中的小孩，我应当负责任；无论这里那里的小孩，要是国中有一个人不受教育，他就不能算为共和国民。在美国一百个人之中，有九十几个受教育。中国一百个人之中，只有一个人受教育。而且二十四个学生中，只有一个女学生。我们要从这少数的人，成为多数的人，要用多少年的工夫？非得终身从事不行。况且我们除了二十岁以前、六十岁以后，正当有为之时没有多少，即使我们自己一生不成，应当代代做去。切不可当教育事业是住旅馆的样子，住了一夜或几夜之后，不管怎么样，就听他去了。那教育事业，还有发达的希望吗？第三，做新教员的要有共和精神。就是不可摆出做官的态度，事事要和学生同甘苦，要和同学表同情，参与到学生里面去，指导他们。第四，要有开辟精神。时候到了现在，不可专在有教育的地方办教育。要有膨胀的力量，跑到外边去，到乡下地方，或是到蒙古、新疆这些边界的地方，要使中国无地无学生。一定要有单骑匹马勇往无前的气概，有如外国人传教的精神，无论什么都不怕，只怕道理不传出去。要晓得现在中国，门户边界的危险，使那个地方的人，晓得共和国的样子，用文化去灌输他，使他耳目熟习，改换他从来的方向，是很要紧的。第五，要有试验的精神。有些人肯求进步，有些人只晓得自划地，除了几本教科书外，没有别的书籍。——诸君已经毕业之后，还在这儿讨论教育，那是最好的。——他人叫我怎样办，我便怎样办，专听上头的命令。要晓得上头的命令，只不过举其大端，其中详细的情形，必定要我们去试验。用了种种方法，有了结果，再去批评他的好坏，照此屡试屡验，分析综合，方才可下断语。倘使专靠外国，或专靠心中所有，那么，或是以不了了之，或是但凭空想，或是依照古老的法子，或是照外国的法子，统是危险的。从前人说“温故而知新”，但是新的法子从外国传到中国，又传到杭州，我们以为新的时候，他们已经旧了。所以望大家注意，不可不由自己试验得出真理，方不至于落人之后哩！

新课程　这要从社会和个性两方面讲。从社会这面讲来，要问这课程是否合乎世界潮流，是否合乎共和精神。学了这课程之后，能否在中国的浙江，或是浙江的杭州，做一个有力的国民。更从个性的一面讲来，谁的事教谁，小孩子的事教小孩子，农人的事去教农人，方才能够适合。我且拿学代数来做个例，看这课程是否为学生所需要。我有一次对学生发问道：“有几多人应用过代数？”那一百人中止有七八个人举手。又问：“不曾用过代数的人举手！”就有九十几个。后再查考那七八个人所用的东西，止须一星期，至多不过一月，就可教了。照这样看来，我们应该有变通的办法。是否为了七八个人去牺牲那九十几个人。那七八个人，或为天文学家，或习工业，或学医生，所用代数，不过百分之一罢了。我们不可以为了一个人，去牺牲九十九个人；也不可以为了九十九个人，去牺牲那一个人。总要从社会全体着想，有否其他有用的东西未列在课程里？或是有用不着的东西还列在课程里呢？照这样去取舍才行。

新教材　就教科书一端而论，编书的人，有的做过教员，有的竟没有做过教员。就拿他自己的眼光来做标准，不知道各地方的情形怎么样。用了这种书去教授，哪里能适合呢？所以教科书止可作为参考，否则硬依了他，还是没有的好。又有一种讲义，当看作账簿一般。社会上各种文化风俗，都写在这账簿上。这账簿有没有用处，或是正确不正确，须要仔细考查。譬如富翁，虽然将他所有的财产，写在账簿上，拿来传给他的儿子，若是不去实地指点他，“那儿处房子或是田地，是我所有”，和这账簿对照一下，他的儿子仍然不晓得底细。也许有几处田地房产，已经卖出；也许有几处买进的，还没有登记上去，总要使他儿子完全明了，那账簿方才有效。要拿教科书上的情形引导把学生看，或是已经变迁的情形，指点他明白。几年前的朝鲜和现在不同；俄国已经分做十几国[⑥]，更不可以拿从前的来讲。总要明白实际的事情，因为账簿是死的，人是活的，要拿账簿来为我所用，不要将活泼泼的人为死书所用。要晓得账簿之外，还有许多文化在那里，单靠教科书是有害的。

新教育的考成 我到店里去要一件东西，他拿了别的东西给我，我就不答应了，怎么我要这件，你偏与我那件呢？教育的事，也是这样。要按照目的去考成，方才不会枉费了精神和财力。譬如从农业、工业或商业学校里毕业出来的学生，有几多人在那里做他应当做的事。若是不问他的结果，一味的办去，正如做母亲的人把她的女儿出嫁，不将她长女出嫁的情形，来加以参考，以致于第二第三个女儿吃着同样的苦头，这是因为不考成的缘故。

再有几层，我在别处已经讲过，暂且不说。总之，大家觉得要教育普及，先要认定目的。做若干事，须得若干的代价，决不是天然能成功的。即就小孩子而论，美国一人需费四元四角五分，中国每人只有六分。试问没有代价的事，能办得好办不好？但这事人人负有责任。我们做教员的，不但教学生，又要想法子使得社会上的人对于教育认为必要。譬如有钱的人，可以教自己的孩子，同时他邻舍的小孩子，因为没得钱受教育，和这小孩子一块儿玩，就把他带坏了。所以单教自己的儿子，还是不中用的。把这种情形使他们觉悟，人非木石，断没有一定不信的。虽然有些困难的地方，我们总可以用自己的力量去战胜他的。

（原载 1919 年 9 月《教育潮》第 1 卷第 4 期）

注：

① 本篇系陶行知1919年7月22日在浙江第一师范学校毕业生讲习会上的讲演。记录者：李宗武、洪鋆。

② 海尔巴脱　通译赫尔巴特（1776—1841），德国哲学家、心理学家、教育家。

③ 夫勒培尔　通译福禄培尔（1782—1852），德国教育家。

④ 伯斯塔罗齐　通译裴斯泰洛齐（1746—1827），瑞士教育家。

⑤ 蒙铁梭利　通译蒙台梭利（1870—1952），意大利女教育家。

⑥ 十几国　指苏联的十几个加盟共和国。

第一流的教育家[①]

我们常见的教育家有三种：一种是政客的教育家，他只会运动[②]，把持，说官话；一种是书生的教育家，他只会读书，教书，做文章；一种是经验的教育家，他只会盲行，盲动，闷起头，来办……办……办。第一种不必说了，第二、第三两种也都不是最高尚的。依我看来，今日的教育家，必定要在下列两种要素当中得了一种，方才可以算为第一流的人物。

（一）敢探未发明的新理　我们在教育界做事的人，胆量太小，对于一切新理，大惊小怪。如同小孩子见生人，怕和他接近。又如同小孩子遇了黑房，怕走进去。究其结果，他的一举一动，不是乞灵古人，就是仿效外国。也如同一个小孩子吃饭、穿衣，都要母亲帮助，走几步路，也要人扶着，真是可怜。我们在教育界任事的人，如果想自立，想进步，就须胆量放大，将试验精神，向那未发明的新理贯射过去；不怕辛苦，不怕疲倦，不怕障碍，不怕失败，一心要把那教育的奥妙新理，一个个的发现出来。这是何等的魄力，教育界有这种魄力的人，不愧受我们崇拜！

（二）敢入未开化的边疆　从前的秀才以为“不出门能知天下事”，久而久之，“不出门”就变做“不敢出门”了。我们现在的学子，还没有解脱这种风气。试将各学校的《同学录》拿来一看，毕业生多半是在本地服务，那在外省服务的，已经不可多得，边疆更不必说了。一般有志办学的人，也专门在有学校的地方凑热闹，把那边疆和内地的教育，都置之度外。推其原故，只有一个病根，这病根就是怕。怕难，怕苦，怕孤，怕死，就好好的埋没了一生。我们还要进一步看，这些地方的教育究竟是谁的责任？我们要晓得国家有一块未开化的土地，有一个未受教育的人民，都是由于我们没尽到责任。责任明白了，就放大胆量，单身匹马，大刀阔斧，做个边疆教育的先锋，把那边疆的门户，一扇一扇的都给它打开。这又是何等的魄力！有这种魄力的人，也不愧受我们崇拜。

敢探未发明的新理，即是创造精神；敢入未开化的边疆，即是开辟精神。创造时，目光要深；开辟时，目光要远。总起来说，创造、开辟都要有胆量。在教育界，有胆量创造的人，即是创造的教育家；有胆量开辟的人，即是开辟的教育家：都是第一流的人物。大丈夫不能舍身试验室，亦当埋骨边疆尘，岂宜随便过去！但是这种人才，究竟要到什么时候才能出现？究竟要由什么学校造就？究竟要用什么方法养成？可算是我们现在最关心的问题。

（原载1919年4月21日的《时报·教育周刊·世界教育新思潮》第9号）

注：

①“世界教育新思潮”专栏主笔蒋梦麟有如下按语：“陶先生，你讲的一席话，我读了便觉精神提起来。这种话我久不听见了，可算是教育界福音。”

②此处所讲“运动”是指旧官僚的奔走竞逐，拉拢上级，谋取职位。

师范生应有之观念[①]

鄙人承贵两校之嘱，来与诸君畅谈，不胜快乐。鄙人最喜同学生谈话，因十余年来，无日不做学生；即现在当教员，亦未尝不是做学生，盖不学则不能教。既为学生，则与诸君均为同志，同志相谈，自必非常快乐。诸君均为师范生，所研究者为教育，而鄙人所研究者，亦为教育，尤为同志中之同志，所以更为快乐。诸君平日在校，已受良好之教训，固无庸鄙人多谈。惟是同志相聚，亦不可不有所研究，尚希诸同志加以指正为荷。今日所讲之题，即《师范生应有之观念》。

一　教育乃最有效力之事业

教育能改良个人之天性。人之性情有善有恶，教育能使恶者变善，善者益善。即个人性情中，亦有善分子与恶分子，且善分子中亦含有恶。如爱，乃性情中之善分子也；而爱极生妒，变善为恶矣。恶分子中亦含有善。如怒，乃性情中之恶分子也，然文王一怒而安天下，用恶为善矣。教育乃取恶性中之善分子，去善性中之恶分子。如开矿然，泥内含金，金内亦杂有泥。开矿者取泥内之金，去金内之泥，然后成为贵品。教育亦若是矣。

教育能养成共和之要素。共和国有两大要素：一须有正当领袖，一须有认识正当领袖之国民。盖领袖有正当者，亦有不正当者。正当领袖，能引导国民行正当之事业；不正当领袖，能诱致国民行不正当之事业。故又必须养成能认识正当领袖之国民，领袖正当则从之，领袖不正当则去之。由是，正当领袖之势力日张，而不正当领袖之势力日蹙。所以教育能巩固共和之基础也。

教育能传播非遗传的文化。人之言语非生而知之者，必由渐习而后能。然亦只能说一国之语，如中国人只能说中国语，而不能言德、美、俄、日等国之语。如欲能言德、美、俄、日等国之语，必由专习而后能。推而言之，世界文化无虑千万，皆父母所不能遗传者，而教育能一一灌输之。鄙人谓教育能造文化，则能造人；能造人，则能造国。今人皆云教育能救国，但救国一语，似觉国家已经破坏，从而补救，不如改为造国。造一件得一件，造十件得十件，以至千百万件，莫不皆然。贫者可以造福，弱者可以造强。若云救国，则如补西扯东，医疮剜肉，暂虽得策，终非至计。若云教育造国，则精神中自有趣味生焉，盖教育为乐观的而非悲观的也。

教育为最有可为之事。古今名人莫不由研究教育而出。如达尔文、杜威、威尔诺刻等，皆由研究教育而出者也。但须有决心，有坚志，则成事何难？惟此尚是第二事。我等第一要知：人是人，我是我。天既生我，则必与我以一种为人所乐能为之能力。不然，既有他何必有我！天既生孔子，万事皆孔子所能为，则又何必生我而为古人之附属物？由此观之，则我等当自立，当自强，为我之所能为，不随人学步，庶不负天生我之意。教育既然如此，则我师范生当作何种之观念？以鄙人看来，男师范生与女师范生之观念，当有不同。欧战发生后，德法发生一莫大之问题。因其平时男教师比女教师为多，一旦战事发生，国内乏男子担任教育事业，影响于儿童者甚大。中国亦如此。但美国、加拿大则不然，其小学教师皆以女子充当，其男子皆任兵役以卫国家，所以战事发生后，教育依然不受影响。再，女子与儿童有天然亲爱之感情，非若男子之爱护儿童出于勉强也。但高等小学则有不同，因此须养成其进取勇敢之精神，激发其军国民之志气，故须利用男教师。此男女教师不同之点也。然其共同之点，则在以教育为专门职业。地理、历史、哲学、医学、生理学等，虽皆为教育家所利用，而教儿童则非修专门之教育的科学不可。今世界上有四种教育家：一、政客教育家，藉教育以图政治上之活动；二、空想教育家，有空想而未能实行；三、经验教育家，以经验自居，不肯研究理论；四、科学教育家，则实用科学以办教育者。中国现在教育家只有政客、空想、经验三种，但教育以科学教育为最重要，故男女师范生当专心致志，抱定主义，以教育为专门职业，则何人不可及，何事不可为耶？

二　教育乃一种快乐之事业

《论语》曰："有朋自远方来，不亦乐乎？"非当日孔子言教育之快乐耶？孔子一生诲人不倦，至于发愤忘食，乐以忘忧，不知老之将至。现任教育者，无不视当教员为苦途，以其无名无利也。殊不知其在经济上固甚苦，而实有无限之乐含在其中。愚蒙者，我得而智慧之；幼小者，我得而长大之；目视后进骎骎日上，皆我所造就者。其乐为何如耶！故办教育者之快乐，当在手续上，而不在其结果之代价。换言之，即视教育为游戏的作业、作业的游戏也。至于劳碌动作，以求结果之代价者，则宜摈弃于教育界外。

三　各种教育之职业皆须视为平等

现在教员一般心理，每以大、中学校之等级高，高小、国民学校之等级低，于是以教大、中学校为荣，而以教高小、国民学校为贱。不知大学要紧，中学要紧，而高等小学、国民小学、幼稚园尤要紧。以鄙人主张，凡大学、中学、小学等教员，国家须有同等之酬劳，社会须有同等之待遇。然常人心理，多不明小学之紧要，师范生亦有不明此理者。由是，他人固不以平等看待，即自视亦觉小学教员不如大学、中学教员之价值。甚至去而不为，放弃其应做之职业。故欲救此弊，先须视各种教育之职业皆为平等，此师范生所当注意者也。

四　教育为给儿童需要之事业

教育者，乃为教养学生而设，全以学生为中心，故开办学校，聘请教师，无一非为学生也。若无学生，焉有学校？既无学校，焉有教师？然则教师与学生，焉可无同情耶？同情谓何？即以学生之乐为乐，以学生之忧为忧；学生之休戚即我之休戚，学生之苦恼即我之苦恼是也。鄙人曾参观一校，终日仅一见教师之笑，不可谓不威严矣！吾人若设身处地为其学生，也视之为判官、为阎罗，如芒刺之在背矣。此教师不能与学生同情之故也。现中国教师之大弊，即在于此。此又我师范生所当注意者也。

五　教育为制造社会需要之事业

教育为改良社会而设，为教育社会人才而设。故学校非寺院岩穴也，教员非孤僧隐士也。夫既为社会而设，若与社会不相往来，何以知社会之需要？中国前此之弊，即在于此，亦我师范生所宜注意者也。

六　教育为师范生终身之事业

现在为教师者，男则因赋闲无事，遂暂为之；女则因尚未适人，而暂为之。事既得，家既成，则远翔而不顾。视办教育如用雨伞，雨则取以遮盖，晴则置之高阁；视居学校如寓客栈，今日寓此，明日便去，虽有蚊蚤之为害，不过今宿，又何必大事驱除！教育中亦有害虫，教师之责，所宜驱除，岂可以暂为，遂视同秦越而不作整顿之计耶？昔英女皇依里萨伯[②]终身不嫁，人问之故，辄以英吉利即吾之夫一语以对。意相加富尔终身不娶，人问之故，辄以意大利即吾之妻一语以对。故鄙人今亦有二语告于诸君，即男师范生应以教育为之妻，女师范生应以教育为之夫，有此定力，则赴汤蹈火，在所不辞，鞠躬尽瘁，死而后已。吾身不成，吾子绍之；吾子不成，吾孙绍之；子子孙孙，世世代代，相续无间，海可枯而吾之志不可枯，石可烂而吾之志不可烂。西藏，极西边极穷苦之地也，有须吾办教育者，吾即往西藏而不辞。蒙古，极北边极穷苦之地也，有须吾办教育者，吾即往蒙古而不辞。不要名，不要利，只要教育好；不怕难，不怕死，只怕教育不好。师范生乃负此志者，故与别种学生不同。读书要当作教书读，求学要当作教学求。蚕食桑叶，消化而吐出能为锦绣之丝；师范生求学，亦当融会贯通而吐出有益于人之事业也。

以上所说，皆属泛论。尚有一问题，与诸君商酌，庶上说皆可解决而变为切实。曾子曰："吾日三省吾身。"[③] 诸君亦当自省为何不入他校而入师范学校？岂为师范学校豁免学膳费而来乎？抑为求学之故，无他校可入，不得不入师范学校乎？或迫于父母之命，不得已而入师范学校乎？将负大才能、抱大兴味而后入师范学校乎？假如因免学膳费，因无他校可入，及因父母所迫而入，姑且无论。若因负大才能抱大兴味，其将何以自待？吾见今日师范毕业者，有一部分人不办教育，或办教育而不尽心力者，皆由初未能自省也。然则，以上所说均成空谈矣。鄙人此番之话，方为负大才能抱大兴味而入师范学校者言之，望诸君皆注意焉。如有误谬之处，不妨指出纠正，实甚欣幸。

注：

① 本篇是 1918 年 5 月陶行知向安徽省立第一师范学校和省立第一女子师范学校师生所作的讲演的记录稿，经陶行知审阅后铅印成册，未在报刊上公开发表。解放初，安庆市图书馆名誉馆长蒋元卿同志，从收购的旧书刊堆中发现此文。本文已对原版本重新标点，并将篇首原有的"陶先生曰"四字删去。

② 依里萨伯　通译伊丽莎白，即伊丽莎白一世（1533—1603），英国都铎王朝女王（1558—1603 年在位）。

③ "吾日三省吾身"　见《论语·学而》。省，反省。

教育者之机会与责任①

今天我的讲题是《教育者之机会与责任》，但是今天到会的，除教育者外，又有受教育的学生，提倡教育的办学者。我这题目，和上面种种人有什么关系呢？我想，学生对于教育发生的影响，自己首当其冲，自然要去看看教育者是否已经利用他的机会，尽了他的责任。办学者是督察教育者的人，更有急需了解教育者的机会与责任的必要。所以我这演讲，实在是以上三种人都应当注意的。

先从机会方面讲。教育者应当知道教育是无名无利且没有尊荣的事。教育者所得的机会，纯系服务的机会，贡献的机会，而无丝毫名利尊荣之可言。他的机会，可分四种：

（一）有可教之人；

（二）可教者而未能完全教；

（三）可教者而未能平均教；

（四）已受教而未能教好。

以上四种，都是予教育者以实施教育的机会。且先就第一种讲。

第一种是因为社会上有许多可教之人，所以教育者才能实行他的教育，倘若无人可教，则教育者就失其机会而无用武之地了。孔子曰："生而知之者，上也。"美国某哲学家，对于他这句话很有怀疑，他反驳孔子说："生而知之者，下也。”可是他的话确乎也有根据，譬如最下等的动物——细胞，彼从母体脱离后，凡彼母亲会做的事，彼都会做。再推到小牛，彼虽然不似细胞那样快，但是不用隔多时，举凡彼母亲的事，彼也会做了。小猴子却又不同，彼有几个月要在彼母亲的怀里，因为彼又是较高于小牛的动物。人又不然了，人在小孩子的时期，最早要候二三年后，始能行动，后来又慢慢由幼稚园至于大学，去学他的技能，以做他父亲会做的事。总之，幼稚时间长，所以可教；教育者的机会，也是因为有可教的小孩子啊！

第二种是说可教的人没有完全受教。如中国有四万万之众，照现在统计表计算，只有五百四十万个学生。换言之，只有一百分之一点五是学生；一百人之中，能受教育的只有一个半人。这一百分之九十八点五的不能受教育者，都打着我们教育者的门，并且告诉我们说："现在是你们的机会到了，有一个人不入学校，就是你们还没有实行你们的机会。"

第三种是就受教的人说的。中国现在受教育有三桩不平均的地方：（一）女子教育；（二）乡村教育；（三）老人教育。

第一桩，女子教育在中国最不注重。中国全国有一千三百余县没有女子高等小学，又有五百余县没有一个女学生。若照百分法计算起来，男学生占学生中百分之九十五，女子却只占百分之五；以家庭论，一百个家庭，只有五个是男女同受教育——好家庭了。所以为家庭幸福计，男女都应受同等的教育。女子教育的重要有三：

甲、女子同为人类，自应有知识技能，去谋独立生活。譬如四万万根柱子擎着大厦，设若有二万万根是腐朽不能用的木材，则此大厦必将倾倒，这是很明显的例子。所以女子必须受教育，去共同担负社会的责任。

乙、女子富于感化性，能将坏的男子变好，并且可以溶化男子的性情与人格。诸位不信，请看看你们的亲友，定可得着个很显著的证明。所以欲使男子不致堕落，非从女子教育着手不可。

丙、女子受教育，必定十分顾及她子女的教育，不似男子的敷衍疏忽。所以普及女子教育，不但可以收到家庭教育的好果，并且可以巩固子孙的教育哩！

第二桩，不平均是城乡学校的相差，城里学校林立，乡下一个学校都没有。以赋税论，乡下人出钱，比城里人多些；他们的代价，至少也应当和城里平均，才是公允的办法。故乡村教育，应为教育者所注意。

第三桩，是小孩子可以受教育，而老年人则无受教育之机会。一班教育者，也只顾及小孩子的教育，对于老年人很少加以注意，这也是件不平均的事。中国现在内外交棼，社会多故，如若候着那班小孩子去改造，非待二三十年后不能奏效。所以欲免除目前的危险，必须兼顾着老幼的教育。

许多女子、乡村人、老年人都打着我们教育者的门，如求雨一般的哀求我们放他们进来。这也是我们的机会到了！

第四种机会，是因为小孩子虽然受教，但是没有教好。如已教好，我们教育者又无机会了。没有教好者，可分四层讲：

甲、人为物质环境中的人，好教育必定可以给学生以能力，使他为物质环境中的主宰，去号召环境。如玻璃窗就是我们对于物质环境发展的使命之一。我们要想拒绝风，欢迎日光，所以就造一个玻璃窗子去施行我们拒风迎光的使命，教讨厌的风出去，可爱的日光进来。又如我们喜欢日光和风，但是想拒绝蚊蝇，所以又造了一种纱窗去行我们的使命。这种使命，并非空谈，因为我们有能力，确可使这些自然的环境听我们调度。故学校应给学生使命环境的能力，去作环境的主宰。以上不过是表明人对付环境的两个例子。

水也是自然环境之一，但是人不能对付彼，常常为彼所戕杀。如去年门罗②博士到苏州参观教育，同行有四位女学士。过桥的时候，女学士的车子忽然翻落桥底；当时船家和兵士都束手无策，等到想法捞起，已经死了一个。我们从这件事得着一个教训，就是“学生、船夫、兵士都不会下水”，以致人为自然环境的“水”所杀。

人在青年时发育最快，身体的发育，犹如商人获利一样，可是商人获利是最危险的事，偶一不慎，当悖出如其所入。我们青年生长时，亦有危险，学校讲求体育，应问此种体育是否增加学生的体健，使他们不致有种种不测之事发生。

这种学生的父兄，也带了他瘦且弱的子弟，打我们教育者的门，厉声问我们教的是什么教育？

乙、人不但是物质环境中之一人，也是人中之一人。人有团体，有个人，在这团体和个人中，便发生相对的关系。此种关系，应互相联络，以发展人性之美感。在此阶级制度破产时，我们绝不承认社会上还有什么“人上人”“人下人”，但是“人中人”我们是逃不掉的。我们既然都是人中之一人，那么，人与人自然会有相互的关系了。这种关系能否高尚优美，尚属疑问。且就现在的选举说吧，被选人手里执着些洋钱，选举人手里执着一张票，他们所发生的关系，是洋钱的关系，选举的关系罢了！这种关系，能合乎高尚的条件吗？

再看留学生的选举如何？记得从前中央学会选举时，自称为博士、硕士的留学生，不也是一样的舞弊吗？其他如大学毕业生、中学毕业生以及未毕业的中学生，他们又是怎样？他们为什么拿着清高的人格，去结交金钱？去结交政客？作金钱的奴隶？作政客的走狗？这样的学生，对得起国家社会吗？对得起父母吗？对得起自己的人格吗？

国家、社会、父母，都带着他的子孙，打我们教育者的门，骂我们为何太不认真，以致教出这种子弟！

丙、好教育应当给学生一种技能，使他可以贡献社会。换言之，好教育是养成学生技能的教育，使学生可以独立生活。譬如社会上的农夫、裁缝、商人、工人、教员……他们都有贡献社会的技能，他们各人贡献他们所做的事，可以使社会得着许多便利。倘若有一个人没有能力，则此人必分大家的利，而造成社会的恐慌了！所以教育的成绩，就是“技能”；教育就是“技能教育”。且拿现在的师范生做个譬喻：现在师范毕业的学生只有十分之八可以服务，十分之一可以升学，其余的十分之一，却做了高等游民了。再看中学毕业生，也只有三分之一可以服务，三分之一可以升学，其余三分之一，也就做了游民了！但是他们虽然不能服务，倒不惯受着清闲的日子，反做出许多不正当的事业，实在危险啊！

这种游民式学生的父兄，也打着我们教育者的门，问我们何以教出这种不会做正当事的子弟？并且教我们重新改过课程，使毕业的学生皆可独立。

丁、人不能没有休息，但休息是人最险之时。人无论怎样忙，都没有损害，倘若休息，则魔鬼立至。我们可以看出社会上许多恶事，都是在休息时候做的。所以学校里有音乐，便是给学生以正当的娱乐，使学生不致在休息时间做出恶事。可是学生回到家里，既无教员同学和他盘桓，又没有经济设置音乐去助他的娱乐，难免不发生其他的事来。所以学校应当使学生在休息时有正当的愉快。

这又是我们教育者的机会了!

总之，以上皆是我们教育者的机会。平常人对于机会怎样对待呢？大约可以看出四种情形来：

（A）候机会　有一班教育者天天骂机会不来，好像穷妇人想发财一样，但是机会不是观望的，所以等着机会是极愚拙的事，可以料定永远不会收着成效的。

（B）失机会　又有一班教育者，他明明看见机会来了，等到用手去捉彼，彼又跑掉了。如此一次，二次，三次……仍旧不能得着机会。因为机会生在转得极快的圆盘子上，倘如没有极敏捷的手去捉彼，总会失败的。

（C）看不见机会　机会是极微细的东西，有时且要用显微镜和望远镜去找彼。一班近视眼的教育者，若不利用那两种镜子，是很难看见机会的。

（D）空想机会　还有些教育者，机会没有来，到处自炫，就像得着机会一样。犹如两个近视眼比看匾，在匾没挂起来的时候，都去用手摸了匾。后来共请一位公证人去批评，他们各人述了自己的心得，公证人忍不住笑了，因为这匾还没有挂上，他们都是“未见空言”咧!

这类“未见空言”的教育者，他们一味的空想，结果总没有机会去枉顾他一次。

现在再谈谈好的教育者。我以为好教育者，应当具有灵敏的手去抓机会，并且要带千里镜去找机会，机会找着了，就用手去抓住彼，不断地抓住彼，还要尽力地发展彼。

再说一说教育者的责任。简单一句话，教育者的责任就是“不辜负机会；利用机会；能用千里镜去找机会；会拿灵敏的手去抓机会”。

办学者和学生都应当看看教育者是否利用他的机会；如果没有利用他的机会，便是他没有尽责。尽责的教育者，可以使学生发生“快乐”与“不快乐”

两种感想；但是不尽责的教育者，也可以得着这两种情形，这是什么缘故？

因为教育者尽责，可以使学生在物质环境中做好人，教他学习一种技能去主宰环境。这种教育者，学生对于他有合意的，有不合意的。合意者不生问题，不合意的学生只请他认定教育者是否教我们做一个好人。如是，那我们就应当忍耐着成全这教育者的机会。设若教育者不负责，辜负了机会，不使学生求学，我们这时候，应当知道学生有好有坏，教育者也有尽责与不尽责，不尽责的教育者常为坏学生所欢迎，同时也被好学生唾弃。做好学生、好教育者，更应当对于坏教育者、坏学生加以严厉的驱逐，使这学校成为好的学校。

这桩事，无论是教育者、学生、办学者，皆当注意。我们不能辜负这机会与责任，自然要奋斗。攻击坏教育者、坏学生，是我们不可不奋斗的事，尤其是安徽不可不奋斗的事！

（原载 1922 年 7 月 7 日《民国日报·觉悟》）

注：

① 本篇系陶行知 1922 年夏在安庆暑期演讲会上的演讲记录。记录者：程褆昌。

② 门罗　通译孟禄（1869—1947），美国教育家、教育史学家。

介绍一件大事
——给大学生的一封信

我最敬爱的同学：

人生为一大事来，做一件大事去。我现在愿向诸位介绍一件大事。本来事业并无大小：大事小做，大事变成小事；小事大做，则小事变成大事。小人居高位，如在厅里挂画像，挂得愈高，愈见其小。我们试把一部《二十四史》[①]从头数，便知道有多少人是把大事小做了。巴士德[②]当初研究那人眼不见的微生物，便好像是一件很小的事情。但是等到痨病虫发现以后，因他得救的人足足可以装满一个南京城。这是小事大做的效果。

我所要介绍给诸位的也是一件小事，不过诸位要将他大做起来，也就可以变成一件大事。请看，三家村，五家店，当中办了一个小学校，在这个小学校里面当一个教员，初看起来是何等一件小事。有许多人简直当他为一件不得已而为之的职业。但是一个小学校，少则有一二十位学生，多则一二百。老百姓送他们进学校，便是不知不觉地把整个的家运交付给小学教员。小学教员教得好，则这一二十、一二百家的小孩子可以成家立业。否则，变成败家子，永远没有希望了。所以小而言之，一个小学生之好坏，关系全村之兴衰。国家设立小学，是要造就国民以谋全民幸福。因此，全民族的民运都操在小学教员手里。德国战胜法兰西，归功于小学教师，这是人所知道的。中国之所以受不平等条约的束缚和帝国主义之宰割，追到根源，也要算教书先生为罪魁。这也是我们所不能否认的。所以小学教师之好坏，简直可以影响到国家的存亡和世运之治乱。我记得一个土地庙前写着一副对联说："庙小乾坤大；天高日月长。"小学校便有如此气魄。

这都是说小学虽小，是应当小题大做的。但是为何想到诸位头上来？说穿也很简单。要想小学办得好，先要造就好教师；要想造就好教师，先要造就办师范学校，造就教师的教师。中国以农立国，住在乡村的人民占全人数百分之八十五，约计有三万万四千万。乡下学龄儿童以四年教育计算，约有三千四百万。每位教师教四十小学生，全国便要一百万小学教师，其中乡村教师就要占八十万人。用九年工夫训练这些乡村教师，便要二万八千位乡村师范指导员；用三年工夫训练他们，便要八万五千位乡村师范指导员。晓庄学校已经决定，自本年秋季开始乡村师范指导员之训练。我们很希望抱着兴味的大学生看清国家未来的需要，早日下乡来和我们共同挑起这个担子。晓庄学校对于诸位没有多大贡献，但在下列四件事情上，情愿尽心竭力帮助大家进修：

（一）生活农民化 我们做乡村工作的人，必先农民化，才能化农民。我们与农民共生活同甘苦，才能了解他们的困难，帮助他们解决。这是《大学》"新民"的道理，我们可以引导大家实行的。

（二）学术儿童化 乡村师范的职务，是训练小学教师；故他的指导员和普通中学的教师不同，必须明白儿童生活才能胜任。诸位所学的高深学问，必须向儿童需要折腰。儿童是诸位的总指导，我们只是儿童的助手。

（三）团体行动纪律化 我们民族最大的病根，是数千年传下来的无政府脾气！那凿井而饮、耕田而食的农民，连团体里都充满了这种脾气。要想铲除这个病根，非有严明的纪律，则一盘散沙之民族断难幸存，我们可以帮助大家，放弃个人的自由，以谋公共的幸福。

（四）建设工作下层化 种树栽花，要下面可以安根，上面可以出头，才有活的可能。人生如此，立国也如此。但有好些人只顾向上出头，忘了向下安根，所以枯死。我们应当明白，最下层的工作是最重要的工作。这种工作，又须彻底去干。一次，工人为我们凿井，没有挖到泉下就中止了，临行，要我写字送他。我就送他八个字："下层工作，务须彻底。"我们愿意同大家一齐下井，挖到活泉与止。

我们中国已经堕入老八股和洋八股的深渊里。抱着伪知识当宝贝的人，譬如在水里向着反光跑，愈跑愈近死路。惟有放弃虚光，才是走向生路。诸位如愿加入我们的团体，和我们共找生路，我们的诚恳请求是："出空脑袋里的伪知识。"我们又要报告我们并没有什么真知识奉送诸位。真知识是要自得的。但必须出空伪知识，才有获得真知识的可能。这是我们欢迎大家下乡时所要特别说明的。

十七年八月十五日

（原载 1928 年 9 月 1 日《乡教丛讯》第 2 卷第 12 期）

注：

① 二十四史　清乾隆时，《明史》定稿，诏刊出二十二史，又诏增《旧唐书》，并从《永乐大典》中辑出薛居正的《旧五代史》，合称"二十四史"。

② 巴士德　通译巴斯德（1822—1895），法国微生物学家、化学家，近代微生物学的奠基人。

今后教育上基本问题之讨论

一

时已初秋，假期将满，国内各级学校当局乃特显忙碌。一方面忙于招考，一方面复忙于筹备开学；聘任教授也，编制课程也，通告学生也，种种准备执行其神圣之教育任务之忙碌情状，皆在吾人意想之中。记者偶检昨日本报刊登各校之招生广告，得数六十有五校；复一检阅八月十四日北平晨报，得校三十有九。此登载广告之学校，十之九都在上海及北平，或且尚有未登者焉！以此推至各省各埠，则在下学年中青年之就学者其将增添若干人，盖无可疑。吾人据十七年教育统计：全国大学及专门学校学生为一九四五三人，中学学生为二三四八一一人，即就中学生而论，平均尚需一千七百人中方能有一人，小学生为七百余万人，但学龄儿童失学者，尚有三千五百万人以上，全国文盲据约计为百分之八十。就此点而言，则姑无论教育之方针如何，功效如何，结果如何，就学青年数量之增多，即国内文盲数量之减少，此应为可喜现象之一。

虽然，教育之功能，就其大者而言，为立国之大本；就其小者而言，亦为如何导引国民精神生活与实际生活臻于健全与畅遂之关键。教育对青年所负之责巨，对社会对国家所负之责更巨！然而此艰巨之责，就事实言，过去已否尽了？大抵三尺孩提皆能作答。惟教育之责巨，惟过去教育之效率低，惩前毖后，鉴往追来，故记者不得不于新学年开始，学校招生，大批青年就学之际，谨以数事商陈学校当局：

（一）招生之动机，是为照例，抑有事先计划？招生之目的，是为学生？为社会？抑为学校？或且为个人？

（二）投考青年是来自各个社会层，抑有所偏倚？如其偏，则教育为畸形，教育之效能亦为畸形。此畸形之现象，将听其自然，抑亟谋有以补救？

（三）今日招学生入学，是否已计及将来学生出路？ 即学生将来毕业而后，在社会应做何事，可做何事，能做何事诸问题，是否曾有事先之筹思？

于此记者有须郑重声明者，上陈三点，绝非对个人而发，其目的纯在于求改进教育，增进教育之效能，切盼读者勿以辞害意，至其理由，容当续言。

二

惟勇者乃能承认事实之真相，惟智者乃能从事实中求出路。今请就昨评所提出之三问题，加以事实与理由之申述，非敢故意求瑕索疵，其真实用意，乃在于从过去事实之真相中辟开今后广坦之出路。

第一问题之提出，其中心意义，在于希望负教育之责者，重视教育，有责任之自觉。就事实言，过去学校招生，大部分或为“照例”，或为“为学校”。所谓“照例”者何？学校之所赖以延续生命者，厥为班班相承之学生，故有一班旧学生毕业离校，即应招一班新学生补充，新陈代谢，以绵延学校生命至于无穷。然而问其于招生之先，曾否计及社会需要何种人材？学生能有何种出路？如何教？如何使学生蒙受教育之实益？如对者能掬诚作负责之答复，吾人敢断言能于招生之先，曾计及上述诸问题者，百中或仅有一二焉！此为“照例”，即照例招生，照例教学，旧学生照例毕业去，新学生照例招进来。循环的照例，照例的循环。除照例外，教者学者都无所谓“招”与“就”之责任也！所谓“为学校”者何？本月十八日朱经农先生在北平世界学会学术讲演团讲演《教育的歧路》中有云：“有多数私立大学招生时，抱来者不拒主义，完全靠学生学费。”又曰：“有某大学学生读书一年，即可毕业者。”朱君为前任教育部次长，言当可信。此种招生之动机，为学生乎？为社会乎？为国家乎？抑为学校乎？明眼人自可作答。照例招生者为不负责任，为学校招生者，则更为使学校市场化，使学生原料化。“照例”招生与“为学校”招生，在学校当局，固毫无所损，或且有益，然而其将何以善社会之后？其将何以善学生之后？此记者之所以提出第一问题也。

第二问题之所以提出，其中心意义，则为希望教育能普及，不至继续畸形发展之现象。何以言之？近世以来，我国农村经济日趋破产，中农以上，日渐破落，中农以下，更趋于无法生存；然而另一方面，则教育费用，小学每年需费数十金，中学二三百金，大学则更达五六百金。金筑校门，惟城市上层社会之子弟，乃能跨过，其日渐破落之户，即或以剜肉之方法，忍痛送其子弟入学，然而其能不中途辍学者无几也！其幸而能受尽中等教育者更无几也！至于无法生存之贫苦群众，则更终其身，以至终其子子孙孙之身，惟有高山仰止，对龙门长叹而已耳！故不久以前，上海曾有因无法为儿子筹措学费而一死以谢之父亲。故全国内拥有百分之八十以上之文盲，事之不平，孰逾于此！影响之大，又孰逾此！今年灾遍全国，民更苦无死所，而学校之招生如故也！学生之来自何种社会层，顾亦曾予以注意乎？或曰：此为政府之责，非学校所能顾及者也，是诚然矣！然而否否。改进社会制度，改进教育行政，使国人都有受教育之机会，政府之责也！吾人暂且置不论列：就力之所能及，为可以深造之贫苦子弟谋可能之就学机会，则学校当局之责也！岸然道貌，举目但见富裕阔绰之学生入学，贫苦父兄之苦脸不见也，贫苦子弟之饮泣不闻也，则教育非为公物，而为一部分人所私有矣！教育乃呈其缺陷矣！此记者之所以提出第二问题也。

三

第三问题之所以提出，其中心意义，在于希望确立教育之方针与目的，使其合于实际，合于现代，尤其合于现代我国家社会与人民共同之需要。今日我国家之病，在于贫；人民之病，在于无知，无生产之学识与技能的知识；贫与无知托出呈现于社会表面者，乃为混乱，为骚扰，为种种之天灾与人祸。故今日教育之任务，不在于徒搬东洋西洋不合我国情之教育原理、主义、学制，重演于我国，亦不在于造出少数出类拔萃、装饰体面之人物，而在于授予人民以实际适合生存之学识与技术，使个人能持以为生，国家与社会能赖以进入建设与进化之途。然而今日教育之所表现者，大学教育徒为少数富裕子弟之装饰品，徒为富裕子弟转入仕途猎取功名利之阶梯。惟其目的仅为装饰也，故教者放任，学者荒荡，选举皇后，竟成时尚，悠游歌舞，亦成风气。惟其目的为从事政治也，故学校遂成为角逐之场，成为政治斗争之实习地，排此迎彼，风潮迭生。至于中学，则绝无其独立性，似乎纯为升入大学之准备。惟其纯为准备升学，故所学与实际生活隔离，而纯为书本上之装饰知识。惟其无独立性，故除少数富裕子弟能得升入大学，以完成其装饰门面与猎取功名之美梦外，多数无力升学学生，遂流为一无所能一无所用之高等游民，强者乃铤而走险，弱者遂厌世自杀。曾有人批评二十年以来之教育为改“土八股”为“洋八股”，改“土科举”为“洋科举”，为小姐少爷之装饰品，缙绅先生之娱乐品，与一般人不发生关系，即与受教育者本身生活，亦毫无关系。此种大胆之暴露，固指前五六年之情形而言，然而吾人试一检阅今日教育界之实际情形，如不强自掩饰，则五年前后，有无进步，吾人殆将惭怍无以自答。质言之，今日之教育，为拉青年出社会，与实际生活分离，而非引青年入社会，以解决其本身及社会一切问题；为提高青年生活之欲望，走入奢靡无能无用之绝境，而非导青年走入生产与建设之坦途。故愈教而国愈贫，社会秩序愈乱，人民乃愈苦痛！职业教育会议宣言中有云：“今日匪之八九，皆为兵；共产党十之八九，皆为学校毕业生。”青年同感无出路，同感生之艰难，环境所激，思想随之而转变。近两年来“思想国难”为不可掩饰之事实，而当局不求诸教育（自亦非教育单方面所能解决），徒诉诸政治！政治之裁制愈严，无出路之群众乃愈激而恶化，教育已失其效能，而教育者则依然继续从事于“为教育而教育”之教育。此种现象，至为可痛，今后如不求所以改进之道，则青年将永无出路，青年思想亦将永无可解决。“民不畏死，奈何以死惧之”！严刑峻法，将安所施？固然，此种现象之造成，不仅由于教育。要之教育之使命，为对现实求进步，为追求比现实较高较远之理想。现实如此，教育家安所辞其责，此记者之所以有第三问题之提出也。

四

教育家时时在教育青年，而同时其本身又时时在受现实环境之教育。故现实环境，即现实事实，实为教育家正确而有力之批评，亦即为教育家正确而充实之教材。教育家应基于本身之责任，而接受客观的批评，更应依于时代的要求，而接受事实的教训。

上提三问题，吾人已加以事实与理由之申述矣。往者不必咎，如何打破现实？如何加以改进？乃为今日教育家当前之重责，记者仅更述管见，藉贡刍荛。

关于第一问题所述现象之改正，其重心端在于教育家之本身。教育家应时时体念其本身对于民族社会前途所负之重责，重视教育，重视责任。此种责任之自觉，要为教育家之基本道德、基本条件。如能重视教育，则不至以教育事业为解决生活之工具，以学校为互相攘夺之政治舞台，以学生为利用与嗾使之争斗武器。如能重视责任，则不至以敷衍保全地位，以优容接纳学生，保守现实，或更辩护现实。夫使教育家重其所事，重其所负之责，处处为学生着想，为民族与社会着想，时时作自我之批评，时时接受环境与事实之教训，则教育上之一切设施，自皆能有确定之目的，事先之计划，教育之效能，自亦克应时代之要求而增高。

第二问题所述现象之改正，在于教育家应时时环顾其四周之贫苦大众，时时顾及其四周之贫苦子弟，时时注意及中华民国约法第五章第四十八条“男女教育之机会一律平等”之规定。固然，教育机会平等之实现，要非教育家一方面所能为力，但最低限度，教育家应尽其心，尽其力，为贫苦子弟多造求学机会。清光绪三十二年（1906）以前之书院与学堂，不特不收学宿等费，而且有膏火等之津贴。虽清代之科举学堂，同为愚民政策，而其普予贫苦子弟以求学之机会，则亦实有足多者在。往事未远，现在何以遂不能仿行，示世界各国以中国特立独立之精神？退一步言，在约法第五十七条中曾规定有“全国公私立学校，应设置免费及奖金学额，以奖掖品学俱优无力升学之学生”之明文，切实遵行，即所以为贫苦子弟造机会，亦即所以尽其心与力。目前国内南开、东北两大学，已设有奖金学额，负有教育之责者，其曷急起而声应！

至于第三问题所述现象之改正，应切实使教育中国化，应求其合于我国之国民经济力，合于我国之社会状况，合于我民族与社会之切实要求。此问题在国民会议所议决之《确定教育设施之趋向》一案中曾有痛切之指陈，同时曾有“中小学教育应体察当地社会情况，一律以养成独立生活之技能，与增加生产之能力为中心，务使大多数不能升学学生，皆有自立之能力”及“社会教育应以增加生产为中心目标，就人民现有之程度与实际生活，辅助其生产知识与技能之增进”等教育方案之确立。方案既定，力求实行，则教育家之责也，亦即所以改正第三问题所述之现象也。

凡上所述，固都为今日我国政治问题中之一部分，但整个政治问题未得适当之解决以前，此种关系民族前途至大之部分，固亦不能不竭吾人之心力，以求其改进。在上吾人已有言：“教育之使命为对现实求进步，为追求比现实较高较远之理想。”最后记者仍谨郑重以此意献致今日我国之教育界。

（原载 1931 年 8 月 19、20、22、23 日《申报·时评》）

中国乡村教育之根本改造[①]

中国乡村教育走错了路！他教人离开乡下向城里跑；他教人吃饭不种稻，穿衣不种棉，做房子不造林；他教人羡慕奢华，看不起务农；他教人分利不生利；他教农夫子弟变成书呆子；他教富的变穷，穷的变得格外穷；他教强的变弱，弱的变得格外弱。前面是万丈悬崖，同志们务须把马勒住，另找生路！

生路是什么？就是建设适合乡村实际生活的活教育。我们要从乡村实际生活产生活的中心学校；从活的中心学校产生活的乡村师范；从活的乡村师范产生活的教师；从活的教师产生活的学生，活的国民。活的乡村教育要有活的乡村教师。活的乡村教师要有农夫的身手，科学的头脑，改造社会的精神。活的乡村教育要有活的方法，活的方法就是教学做合一：教的法子根据学的法子，学的法子根据做的法子；事怎样做就怎样学，怎样学就怎样教。活的乡村教育要用活的环境，不用死的书本。他要运用环境里的活势力，去发展学生的活本领——征服自然改造社会的活本领。他其实要叫学生在征服自然改造社会上去运用环境的活势力，以培植他自己的活本领。活的乡村教育，要教人生利。他要叫荒山成林，叫瘠地长五谷。他要教农民自立、自治、自卫。他要叫乡村变为西天乐园，村民都变为快乐的活神仙。以后看学校的标准，不是校舍如何，设备如何，乃是学生生活力丰富不丰富。村中荒地都开垦了吗？荒山都造了林吗？村道已四通八达了吗？村中人人都能自食其力吗？村政已经成了村民自有、自治、自享的活动吗？这种活的教育，不是教育界或任何团体单独办得成功的。我们要有一个大规模联合，才能希望成功。那应当联合中之最应当联合的，就是教育与农业携手。中国乡村教育之所以没有实效，是因为教育与农业都是各干各的，不相闻问。教育没有农业，便成为空洞的教育，分利的教育，消耗的教育。农业没有教育，就失了促进的媒介。倘有好的乡村学校，深知选种、调肥、预防虫害之种种科学农业，做个中心机关，农业推广就有了根据地、大本营。一切进行，必有一日千里之势。所以第一要教育与农业携手。那最应当携手的虽是教育与农业，但要求其充分有效，教育更须与别的伟大势力携手。教育与银行充分联络，就可推翻重利；教育与科学机关充分联络，就可破除迷信；教育与卫生机关充分联络，就可预防疾病；教育与道路工程机关充分联络，就可改良路政。总之，乡村学校是今日中国改造乡村生活之唯一可能的中心。他对于改造乡村生活的力量大小，要看他对于别方面势力联络的范围多少而定。乡村教育关系三万万六千万人民之幸福！办得好，能叫农民上天堂；办得不好，能叫农民下地狱。我们教育界同志，应当有一个总反省，总忏悔，总自新。我们的新使命，是要征集一百万个同志，创设一百万所学校，改造一百万个乡村。我们以至诚之意，欢迎全国同胞一齐出来加入这个运动，赞助他发展，督促他进行，一心一德的来为中国一百万个乡村创造一个新生命。叫中国一个个的乡村都有充分的新生命，合起来造成中华民国的伟大的新生命。

一九二六年十二月

注：

① 本篇系陶行知 1926 年 12 月 12 日邀集上海的中华教育改进社社员举行的乡村教育讨论会上的演讲词。

平民教育概论

一　平民教育之效能

中国现在所推行的平民教育，是一个平民读书运动。我们要用最短的时间，最少的银钱，去教一般人民读好书，做好人。我们深信读书的能力是各种教育的基础。会读书的人对于人类和国家应尽之责任，应享之权利，可以多明白些。他们读了书，对于自己生计最有关系的职业，也可以从书籍报纸上多得些改进的知识和最新的方法。一般无知识的人对于子女的教育漠不关心，若是自己会读书，就明白读书的重要，再也不肯让自己的儿女失学。所以今日之平民教育，就是将来普及教育的先声。至于顺带学些写信、记账的法子，于个人很有莫大的便利，自然是不消说了。

二　平民教育问题的范围

中国没有正确统计，暂且以传说之四万万人估计，觉得平民教育这个问题之大，实可令人惊讶。照中华教育改进社估计，十二岁以上之粗识字义的人数只有八千万人，再除开十二岁以下的小孩子约计一万万二千万人属于义务教育范围，其余之二万万人都是我们的平民教育应当为他们负责的。这二万万人有一人不会读书看报，就是我们有一份责任未尽。

三　中国平民教育之经过

这个问题二十多年前已经有人注意了。前清的简字运动就想解决这个问题，没有多大成效。注音字母也有一部分人拿来做速成教育的工具，他的命运尚在试验中。五四以后，学生由爱国运动进而从事社会服务，教导人民，自动开设的平民学校遍地都是。虽办法不无流弊，却能引起我们对于平民教育改善的兴味。最后，晏阳初先生用一千字编成课本，在长沙、烟台、嘉兴等处从事试验平民教育，更为省钱省时。在这事之前，有毕来思先生编的《由浅入深》和唐景安先生用六百字编的课本，都能引起一部分人的注意。这都是局部的试验。去年六月，熊秉三夫人参观嘉兴平民学校之后，就偕同晏阳初先生和我们筹备中华平民教育促进会的组织，同时推举朱经农先生和我依据国情及平民需要编辑课本，并推请王伯秋先生在南京主持平民教育之试验。八月，乘中华教育改进社年会在清华学校开会之期，邀集各省区教育厅、教育会代表到会讨论进行方针及计划。中华平民教育促进会总会即于此时成立。十月开始推行，离现在为时不过九个月，已推行到二十省区，读会《平民千字课》的人民已有五十万人。由此可见，全国对于平民教育有极热烈的欢迎和极浓厚的兴趣。

四　平民教育现行系统

中华平民教育促进会总会是个全国的总机关，有董事部总其成。董事有两种：一为省区董事，每省区二人；二为执行董事，一共九人，推举在京之会员担任。董事部聘请总干事担任进行事宜。

总会之下，有省、县、市、乡平民教育促进会分会，管理一省、一县、一市、一乡的平民教育事宜。一市中之各街和一乡中之各村，都要设平民教育委员会，以担负此街、此村之平民教育。现在省区设分会的已有二十省区。省区之下未有确数。一条街的平民教育正在北京之羊市大街和南京之府东大街试办；一个村乡的平民教育正在休宁之隆阜和西村等处试办。

五　教育组织

教育组织最要符合社会情形和人民生活的习惯。因此我们对于平民教育，主张采用三种形式，以适应各种人民的需要：

（一）平民学校　这个采用班次制度。大班一二百人以上用幻灯教；小班三四十人以上用挂图、挂课教。这和通常的班级教学差不多，无须解释。

（二）平民读书处　但是社会里有许多人因职务或别种关系不能按照钟点来校上课，我们就不得不为他们想个变通的办法。这办法就是平民读书处，以一家、一店、一机关为单位。请家里、店里、机关里识字的人教不识字的人。教的人是内里的，学的人也是里头的。这是内里识字的人同化内里不识字的人的办法。如果主人负责督促，助教每星期受一次训练，并加以定期的指导，平民读书处可以解决一部分的问题。山东第一师范现在以一个学校的同志办一千多人的平民教育，就是采用这个办法。

（三）平民问字处　这是南京平民教育促进会总务董事王伯秋先生发明的。社会上有些人不但不能按时上学，并且家里无人教导，因此平民学校和平民读书处都不能解决。这些人大半属于流动性质，如做小本生意的人或车夫之流。平民问字处就设在有人教字的店铺里、家庭里或机关里。凡承认担任教字的店铺、家庭、机关，随便什么人要问《千字课》里的字，都可以向他们问。比如摆摊的人摆在那个平民问字处门口，就可乘空向他们请教；车夫停在那个平民问字处门口，也可乘无人坐车的时候学几个字。这个法子现在南京试验。

六　教材教具

平民教育重要的工具是课本——《千字课》。这部书的一千多字，是根据陈鹤琴先生调查的《字汇》[①]选择的。编书的大目标有四：（一）是自主的精神；（二）是互助的精神；（三）是涵养的精神；（四）是改进的精神。全书九十六课，用九十六天，每天一个钟点就可以教完。我们的方针是要求其易懂而有趣味，使他们读了第一课就想读第二课，用他们自然的兴味来维持他们的恒心和努力。现在仍旧照这个方针在这里修改，总希望愈改愈适用。

辅助教具之最重要的有二：一是幻灯，现由青年会在那里力求改良，总要他格外价廉合用；二是挂图，比幻灯便宜些，宜于小班用。

七　考成

平民学校和平民读书处的学生普通四个月毕业。毕业之时，用测验方法考一下。及格的发给识字国民文凭（certificate for literate citizenship）；考不及格可以下次再考，考到及格为止。教师的奖励看及格学生数目而定。凡教了三十人，经考试及格的可得平民良师的证书（certificate of people's teacher）。其他对于平民教育出力及捐资的人员，都有相当的奖励，或由本会发给，或请政府发给。各地同志并不为奖励始肯出力，本会之发给奖励只是对于他们有价值的工作，加以相当之承认。

八　经费问题

平民教育的经费现在已经节省到最低限度。我们的《千字课》承商务印书馆之帮忙，几乎是照本钱出卖。一角洋钱可以买一部，共四本。如果采用读书处的办法，只须两角钱就可教一个人。平民学校贵些，每人也不过四五角钱，加用幻灯，每人至多一元钱也就够了。

我们希望省、县的平民教育，都列入正式预算。国家也应将筹定的款辅助各地勇猛进行。这虽是我们应有的计划，但我们并不等候政府筹定的款才去进行。我们要教育普及，尤其要担负普及。我们现在要试行一种“一元捐”的办法，使社会大多数人民，都为平民教育挑一个小小的担子，并使他们各个人都和平民教育发生一点密切的关系。我们深信为公益捐钱，也是一种很有价值的教育。我们要社会学给与，不要他们学受取或看别人给与。我们相信这种“一元捐”推行之后，再加点附加税，就可以够用了。

九 强迫是一种必要手续

社会上有三种人：（一）是自动要读书的。（二）是经劝导后才愿读书的。（三）是非强迫不愿读的。我们就经验上观察，十人中怕有三人或四人非强迫不行；此外还有二人或三人，有了强迫的办法就可赶快去读。所以强迫是必要的。强迫有两种：一是社会自动的强迫。例如改进社等机关对听差的宣言："从今天起，不愿读书的不能在本社服务。""自民国十四年一月一日起，无识字国民文凭的人不能在本社服务。"协和医院对工役的宣言："在一定时期内，没有读了《千字课》不得加薪。"这一类的办法，都是自动的强迫。至于政府的强迫令，也是重要的。芜湖房道尹[②]、察哈尔张都统、河南王教育厅长都曾考虑过强迫平民教育的办法，陆续总有地方可以实现。他们所考虑的办法中有四条很值得实行的：（一）是县知事以下以推行平民教育为考成之一。（二）是预行布告人民某年某月某日以后，十二岁以上之人民出入城门应经警察持《千字课》抽验，会读者放行，不会读者罚铜元一枚。（三）"愚民捐"（Ignorance Tax）。在某年某月某日以后，凡机关里、店铺里、家庭里或任何组织里，如有不会读《千字课》之十二岁以上之人，每月纳"愚民捐"洋一角，到会读为止。"愚民捐"由主人及本人各任半数。（四）凡主人有阻碍属下读书行为，一经发觉，得酌量罚款。

十 下乡运动

中国以农立国，十有八九住在乡下。平民教育是到民间去的运动，就是到乡下去的运动。现在有一个方法很有效力。学校里到夏天和冬天都要放假，大多数的学生都要回到自己的村、乡里去。我们劝他们带《千字课》回家宣传平民教育。入手办法有三种：（一）是把村、乡里识字的人找来，给他们一种短期的训练，教他们如何教自己家里的人。（二）把村里不识字中之聪明的招来，每天教他们四课，同时叫他们每人回家教一课。只须一个月，他们就可读会四本书，并教毕一本。他们一面学，一面教，一个月之后都可做乡村里的教师了。（三）大一点的乡村里总有私塾，可以劝导私塾先生采用《千字课》，并用空闲时间为乡人开班教《千字课》本。

乡村平民教育当推香山慈幼院对于西山附近乡村的规划为最有系统。他以各小学为一中心点，令附近每家来一人上学，学好后回家教别人。读书之外，还教些实用的职业。我们很希望这个计划能成事实。

十一　女子不识字问题

不识字的最大多数就是女子。平民学校因年龄较大又未经学校训练，不便男女同学，更使这个问题难于解决。我们现在采用的办法是：（一）为女子专办女子平民学校。（二）家庭中多办平民读书处，使自己的人教自己的人。（三）劝女学生寒暑假回乡教乡村里的妇女。（四）极力提倡女子学校教育造就女子领袖，使女子平民教育可以尽量推广。

十二　继续的平民教育

四个月的《千字课》教育，虽然有些实用，但和完备的教育比较起来，真是微乎其微。况且受过这种教育之后，如何去维持，使他们不致忘却并能运用，真是一个最重要的问题。所以我们一面推行，一面就计划继续的办法。（一）我们要和国内最大的日报合作，编辑一个《平民周刊》，一面随报附送，一面单行发卖，使平民毕业学生，可以得到看报的乐趣，又可以得些世事的消息和做人的道理。现请定朱经农先生为总编辑，由《申报》印行，定于六月二十八号出版，每周行销六万份。（二）我们请了专家四十几位分任编辑《平民丛书》数十种，供给平民阅览。对于上列二事，改进社很出力帮忙。为了充分推广起见，我们要在火车上、轮船上甚至于三家村、五家店，都要设法分销，使平民便于购买。又请图书馆专家，规划设立平民阅览室，以便平民可以到适中地点看书看报。中华职业教育社也在编辑《平民职业小丛书》，也是很有益的。（三）有些学生对于四个月[3]之后，很想继续受职业的训练，求生计上之改善。这是更加要紧的。我们为分工起见，希望中华职业教育社特别加以注意。（四）平民学生当中已经发现有特别聪明的学生，这些学生应当再受国家或社会充分的培植。我们对于他们特别加以注意，并要扶助他们升学。

十三　训练相当人才

这是一个大规模的运动，义务繁，责任重，必须训练多数相当的人才分工合作才能按期收效。第一要训练的就是推行干事。各地对于平民教育既有如许热心，总会最大的责任是派遣有干才的人员，帮助各地组织，指导他们进行，并给各地办理平民教育的人一种相当的训练。总会对于省区，省区对于各县、各市，各县对于各乡，各市对于各街，都应负训练指导之责，才能收一致之效。第二要训练的就是教师。平民学校教师采用讨论会办法，寓训练于讨论之中。平民读书处助教就须用师范班办法加以有规律之训练。第三，省视学、县视学是地方提倡平民教育最可收效之人，宜有短期之讲习会，详细讨论推行平民教育之办法，以利进行，这种讲习会不久就要召集。

十四　官民一致合作之效力

自平民教育开办以来，固然免不了一部分人的怀疑和少数人的阻碍。但因平民教育运动宗旨纯正，国人相信从事者始终以人民幸福为前提，绝无政治、宗教或任何主义之色彩，所以到处备受欢迎。各地推行平民教育的时候，军、政、警、绅、工、商、学、宗教各界无不通力合作，这种一团和气的现象真是少见的。学界对于此事之热心是一件预料得到的事。多数的教员、学生本着他们诲人不倦的精神，担任教学、研究、推广等事，实在可以佩服。商界对于此事也有热心提倡者。都市里提倡平民教育一大半要靠商界。汉口各商团联合会周会长尤其热心，他首创的几个平民学校都很有成绩。听说他还有二十五个学校正在筹备中。汉口商界是可以为全国模范的。工厂主人提倡此事最力的有武昌李紫云先生。我们很希望全国的工厂继起提倡工人的平民教育。南京有五十几位说书人，在说书的时候，把读书的好处，夹在说书当中劝导听者。他们还逢三、六、九的日子，到四城演讲读书的重要。他们还编道情（folk lore or popular songs）唱给人民听，劝他们读书。这些说书人最明白平民心理，真是最好的平民教师。我们很希望全国的说书人都起来为平民服务。各地政府对于平民教育表同情的很有好多。江苏首先捐助巨款开办南京平民教育的试验，湖北也极力提倡。江西、察哈尔等处都很出力，近来奉天令军队数万人受平民教育，尤为平民教育前途最可庆贺的一件事。民政长官中最先提倡平民教育的为江苏韩紫石省长。安徽前省长吕调元令省公署卫队、公役受《千字课》教育，可惜中途为马联甲掌皖时所停止。湖北省长公署也办了一班，已经毕业，现正在筹备继续。安徽教育厅长江彤侯令全厅公役一律读书，为强迫平民教育之第一幕，中间虽经谢学霖厅长任上之停顿，但新任教育厅长卢绍刘已经恢复，进行顺利。赣、鄂二教育厅也相继举办，为全省树立风气，甚为可喜。芜湖房道尹、察哈尔张都统都很提倡。县公署里办平民教育的也有许多处。警察为推行平民教育最要人员之一。在都市中，警察与商界有同等的力量。南京警官亲自教平民学生，警士帮助劝学非常热心。武昌警察总署及分区共办平民读书处二十九处，不识字之警察、公役一律读书，不愿读书的开除。这是何等的有效力！九江的警察也很提倡。监狱里的犯人除做工外没有别事做，我们正可借此机会教他们读好书，做好人。现在监狱里教《千字课》有安庆、南昌、南京、武昌、汉口各处。还有利用识字犯人教不识字的犯人的，真是可喜。

十五　南北对于平民教育一致提倡之好现象

对于平民教育不但各界合作，而且南北也是合作的。广东、云南、湖南、东三省、四川以及其他各省区都协力进行。这真是所谓人同此心，心同此理。中国政治虽不统一，但教育是统一的。我们深信统一的教育可以促成统一的国家。

十六　结语

我们的希望是：处处读书，人人明理。如照现在国人对于此事的合作和热度观察，十年之内当有相当的成效。但我们不能以普及四个月一千字的教育为满足，我们应当随国民经济能力之改进，将他们所应受之教育继长增高到能养成健全的人格时，才能安心。这是我们共同的希望，也是我们今后共同努力的方向。

原编者按：

平民教育是我国教育上最有希望的一种运动和事业，详情已见于陶先生文中，可不赘说。但我们要认清平民教育的宗旨，不但是要使平民能认一千字，可以看报、记账、写信，而且要使平民略具民主国家必须的知识而可做个中华民国的国民，爱护中华民国。我们现在还未办完备的国民教育，无妨将四个月的平民教育当做一个速成的国民教育。但是这种教育，应绝对不许任何教会拿去做传教的工具，也应绝对不许任何武人拿去做欺人的勾当，更应绝对不许任何政客拿去做盗名的幌子。万一为教徒、武人和流氓政客所利用，不但失了平民教育的主旨，而且妨碍平民教育的进行，无由收得平民教育的实效。某省平民教育运动在当初轰动一时，而近来除几处挂着平民学校或平民读书处几块空招牌外，绝无他物。这就是教徒、武人和政客一时利用平民教育出风头，风头出了就不肯切实进行的缘故。因此，我很希望提倡平民教育的先生们不要急切推行，弄真成假，而要切实推行，始终不懈。

（原载 1924 年 10 月《中华教育界》第 14 卷第 4 期）

注：

①《字汇》　陈鹤琴著《语体文应用字汇》的初稿，后由商务印书馆于 1928 年出版。

② 房道尹　即房秩五（1877—1966），安徽枞阳人。1903 年与陈独秀等创办《安徽俗话报》。1904 年留学日本。回国后，在芜湖办理速成师范学校，并兼任桐城中学学监、安徽省教育总会干事。后任《东三省日报》主笔。1913 年后，任湖北省宜昌厘金局长、秦皇岛柳江煤矿经理。1921 年任芜湖道尹。1925 年创办浮山小学。1927 年又创办浮山中学，并任校长。中华人民共和国成立后，任安徽省人民政府委员、省政协副主席。

③ 四个月　指读完《平民千字课》所需时间。

民主教育

民主教育是教人做主人，做自己的主人，做国家的主人，做世界的主人。把林肯总统的话引申到教育方面来说，民主教育是民有、民治、民享之教育。说得通俗些，民主教育是人民的教育，人民办的教育，为人民自己的幸福而办的教育。现在把这样教育的内容和方法，扼要的提出几点，供给从事举办民主教育的朋友参考。

（一）教育为公以达到天下为公。全民教育以实现全民政治。积极方面，我们要求教育机会均等。对人说，无论男、女、老、少、贫、富、阶级、信仰，以地方说，无论远近、城乡，都应有同等机会享受教育之权利。消极方面，我们反对党化教育[①]，反对党有党办党享的教育，因为党化教育是把国家的公器变做一党一派的工具。

（二）教人民肃清法西斯细菌，以实现真正的民主。

（三）启发觉悟性。教人民进行自觉的学习，遵守自觉的纪律，从事自觉的工作与奋斗。

（四）培养创造力以实现创造的民主和民主的创造。解放眼睛，敲碎有色眼镜，教大家看事实。解放头脑，撕掉精神的裹头布，使大家想得通。解放双手，剪去指甲，摔掉无形的手套，使大家可以执行头脑的命令，动手向前开辟。解放嘴，使大家可以享受言论自由，摆龙门阵[②]，谈天，谈心，谈出真理来。解放空间，把人民与小孩从文化鸟笼里解放出来，飞进大自然、大社会去寻觅丰富的食粮。解放时间，把人民与小孩从劳碌中解放出来，使大家有点空闲，想想问题，谈谈国事，看看书，干点于老百姓有益的事，还要有空玩玩，才算是有点做人的味道。有了这六大解放，创造力才可以尽量发挥出来。

（五）各尽所能，各学所需，各教所知，使大家各得其所。

（六）在民主的生活中学习民主，在争取民主的生活中学习争取民主，在创造民主的新中国的生活中学习创造民主的新中国。

（七）尽量采用简笔汉字、拉丁字母，双管齐下，以减少识字困难，使人民特别是边民易于接受教育。

（八）充分运用无线电及其他近代交通工具，以缩短距离，使远地方之人民、小孩可以加速的享受教育。

（九）民主教育应该是整个生活的教育。他应该要工以养生，学以明生，团以保生。他应该是健康、科学、艺术、劳动与民主织成之和谐的生活，即和谐的教育。

（十）承认中国是从农业文明开始过渡到工业文明，经济是极端贫穷。我们必须发现穷办法，看重穷办法，运用穷办法，以办成丰富的教育。开始的时候，唯独这样办才能使绝大多数之劳苦大众及其小孩得以享受教育，否则只有少数少爷小姐享受教育，不能算是真正的民主教育。

（原载 1945 年 11 月 1 日《民主教育》创刊号）

注：

① 党化教育　指 1927 年“四一二”反革命政变后到解放前以蒋介石为首的国民政府，为培养替自己服务的“忠臣”和“顺民”而进行的封建法西斯教育。

② 摆龙门阵　四川方言，即谈心、交谈、聊天之意。

谈社会大学

根据国民政府三十二年年鉴的统计有六万大学生，八十四万中学生。再根据这个数目字，平均起来，十万高中毕业生就只有一万能进大学。其余十分之九的高中毕业生，至少九万人是被摒弃在正规大学之外的。再以年龄计算，应受高等教育失学之人，由十六岁至四十岁这二十几年当中，失学青年以每年十万计，就该有二百万人。这二百万人，应当有高等教育给他们。他们需要，也有能力接受大学教育的。此外，在社会上还有很多的青年，他们也有同样的知识水准，有同样的接受能力，那么算少点罢，加上一倍罢，就该有四百万人，需要受大学教育。收复区还未列入。这么多人要受高等教育，但正规大学数量不多，无法容纳，且大多数都无力进正规大学。因此，解决他们的教育问题，的确是件大事。国家应对他们负责，社会也应对他们负起责任来。社会大学就是在这种客观要求之下产生的。

要真正把社会大学办起来，真正适应这八百多万人的需要，他的条件就必须“简单”，只有简单才易实行，普遍起来。所谓“简单”的办法，他又包含着三个因素：第一个是要有热心的教授，第二个是要有好学而有大学力的失学青年，第三个要有大学之道。房屋我们是不把它包括在内的，但若没有大学之道，两种人物（学生与教授）是不会联在一道儿的。

孔子是校长兼教授，他的学生有七十二贤，或者“冠者五六人，童子六七人”。他的大学之道“在明明德，在亲民，在止于至善”。有了这三种东西，简单的大学就办起来了。

苏格拉底[①]，也做校长也做教授，他的学生是雅典青年（柏拉图[②]也是他的学生之一），街头市场就是课堂。他在市场上走来走去，与雅典青年辩问。他的大学之道是“自明”（know themselves）。他是虽有大学之实而不大喜欢承认他有门徒的。

因为他简单就容易行，有了学者做先生，有了学力够的好学的学生，有了大学之道，于是就构成了社会大学。特别是在中国，他是不需要弄一些不必要的东西来阻挠大学之发展的，什么洋房哪，基金哪，立案哪……有了这些就不可能顾到这么多的广大青年求学，惟其易行，就容易普遍。

我们这个大学（指社会大学）有热心教授、热情的学生，也有我们的新的大学之道：“在明民德，在亲民，在止于人民之幸福。”我们没有洋房子，可以借，可以佃；书不够，整个重庆市的图书馆我们都可以去看，朋友的书，彼此间也可以交换着来读。现在没有基金，将来也不会有基金，一切弄来的款子都花在书籍工具上。开创虽简单，必然跟时间的发展而增长，而从社会科学发展到自然科学。

社会大学的创办是独特的，他可以有三种方式出现，都是很方便的。

第一种：重庆社会大学的方式。好学的青年团结起来，自己发起，自己筹备、筹款，自己推董事、选校长，开出聘请教授名单。

第二种：这将在别的地方可被采用，热心的在野在朝的教授团结起来，找好学的学生、自己的朋友，合力创办。

第三种：是社会贤达[③]团结起来，找热心的教授、好学的学生，共同来创办。

三种办法都是可以的。

重庆社会大学，一月一日筹备，一月十五日就开学了。因为他简单，很快就办了起来。他是四个月一个学期，每天四堂课，每堂课四十五分钟，一年三个学期，二年零八个月就可以结业。重庆这里是会继续办下去，别的地方，我们很希望用这种简单的办法广泛办起来，以应这广大青年群的需要。

较场口的事件[4]二月十日发生，听说二月十六日教育部就训令教育局来视察社会大学。三月十九日，教育局来视察，要社大筹基金，履行立案手续，并且有“设备简陋”的批语。“简单”，社大学人是承认的，他的方法就要简单，简单才易行。“陋”就要有一种不同的看法了，《陋室铭》[5]的君子居之，“何陋之有？”是作了我们的辩护。有学问的人当教授，好学的青年做学生，又有新的大学之道来贯彻作指针，可以说得是“君子办之，何陋之有”？

究竟以后社会大学前途的估计怎么样呢？

假如政治民主了，政府就一定会顾虑到这一些青年，给他们以受大学教育的机会，办大学来普及这一类的高等教育的。将来还不止是一个社会大学，而遍地都会办起来的。我这个计划是已经有了十年，从前未提出来，是因为在那么一个政治的环境里不可能。现在，政协会[6]成功了，而且这一计划也正符合了政协决议中的要求，才试办，其试办出来之方法及经验，可供给政府及社会人士参考，大规模的办起来的。

如果是法西斯政治，这一个学校是不可能存在。所以社会大学之前途，将来是决定于政治是否走上民主之路，或停留在法西斯主义，或真假不明的阶段。

（原载 1946 年 3 月 30 日《民主星期刊》第 27 期）

注：

① 苏格拉底　（前 469—前 399），古希腊哲学家。

② 柏拉图　（前 427—前 347），古希腊三大哲学家之一，和苏格拉底、亚里士多德共同奠定西方文化的哲学基础。

③ 社会贤达　抗日战争时期，指社会上非党派的学者、民主人士。

④ 较场口的事件　1946 年 2 月 10 日，重庆各界人民在较场口举行大会，庆祝政治协商会议成功召开。陶行知、郭沫若、李公朴等 20 人为大会主席团。后郭、李被打伤，陶即带领育才师生上街游行，抗议示威。称之为“较场口惨案”，即“较场口事件”。

⑤《陋室铭》　唐代文学家、哲学家刘禹锡（772—842）的作品。

⑥ 政协会　指 1946 年 1 月召开的旧政治协商会。

为中国教育寻觅曙光

——致王琳

王琳先生：

前星期接到你一月二十八日的信，可算是这次过年最好的礼物，我读这封信比小孩子吃年糕还快乐。不久曹先生从真如来信为你介绍，他的信和你的一样的感动人，真是令人喜而不寐，我本想写一封长信给你，因此就耽误了好多天。谅想你现在必定急待回信，所以只好缩短笔阵，先给你一个简短的回答。你对于《农业全书》《养鸡全书》《养羊全书》的批评，真是一针见血。纸上谈教育或农业，原来与纸上谈兵一样，何能发生效力？你说“洋八股”依旧是一个“国粹”老八股，离开整个生活，以干禄为目的，也是千真万真的。我们现在要打倒的就是这八股教育、干禄教育[①]。我们决定再不制造书呆子和官僚绅士们，你愿意舍身从事适合于农村生活的教育，我们是十二分的欢迎，我们可以共同为中国教育寻觅曙光，为中国教育探获生路。章程详《乡教丛讯》，已于接信时寄奉，谅已收到了。

敬祝康乐！

陶知行[②]上

十六、二、二十一

（原载 1929 年 7 月《知行书信》）

附：王琳致陶知行函

知行先生：

读到那篇《答客问》，真是喜而不寐。光绪末年，启蒙曹师在敝乡设立育才小学，想以切实的学问来救济空疏的旧八股。来学的青年，必须亲自做洒扫烹涤日常生活上不可少的事。后来洋八股的风气进来，高贵的学生不屑做这琐屑细事了。像我，除了偶尔做过一些轻便的农事，竟不曾对于耕作有相当训练呢。民国初年，曹师着眼到实业上去，从养鸡、养羊起，做到种蔗、制糖、养蚕、织布。失败固不曾失败，成功也不曾有过什么大成功。《农业全书》固然还不及长工的口头闲谈，《养鸡全书》《养羊全书》更是连覆瓿还嫌太硬。结果只好凭自己的经验去应付，这当然不会有大大成功的希望了。近年，我在外面“鬼混”，渐渐明白病源所在：洋八股依旧是一个“国粹”老八股，离开整个生活，以“干禄”为目的，什么教育都不曾有效果。而最适当的补救，必得使教育和生活全为整个的才行。因此，决计进贵校来研究，在诸将擎旗冲锋的当儿，呐喊助威一阵。我是杭州第一中学毕业的，曾任过教务，也进过工厂，对于农事虽未有相当经验，却自信有农夫的身手，愿舍身从事！请先生给我一线曙光吧！

王琳鞠躬

一九二七、一、二八

章程请寄下一份

注：
① 干禄教育　指读书只为做官以求得丰厚的待遇。
② 知行　为陶行知先生曾用名。

共同为中国乡村教育立一基础[①]

我们这里开会是时常举行的，但是没有这一次格外快乐，因为宝山师范诸位同志给我们很好的印象。虽然只能在短时间和我们过共同生活，但是我知道他们早在那里实行这种主张了。……我记得两年前，这个学校还没有开办时，我曾到宝山师范去演讲过，就把“教学做合一”的理论，早在他们那里播下种子了，如今也在发芽抽枝的时期。我很希望我们两校像兄弟一般，携着手共同为中国乡村教育立一基础起来……

注：

① 1928 年初，江苏省宝山县立师范学校管校长带领学生 40 余人，到晓庄试验乡村师范学校参观学习多日。本篇是陶行知 1928 年 4 月 23 日在欢送会上的讲话纪要。记录者：程本海。摘自程本海《在晓庄》，1930 年 1 月中华书局版。

国难与教育

我们知道，教育的目的，在于解决问题，所以不能解决问题的，不是真教育。不能解决国难问题的，尤其不是真教育。我们一定有了真教育，才能对付国难。教育是什么？教育就是力的表现、力的变化。实则整个宇宙，也就是一个力的表现、力的变化的过程。我们现在要解除国难，先要有力量，因为我们力量不充分，所以才不能对付国难。因此，我们要对付国难，就须以教育为手段，使我们的力量起了变化，把不能对付国难的力量，变成能够对付国难的力量，这才能达到目的。

力量发生了变化，其大小之比较，可分别如下：就是少数人的力，比不上多数人的力；空谈的力，比不上行动的力；散漫的力，比不上组织的力；被动的力，比不上自动的力；头脑的力，比不上手脑并用的力。

我国的传统教育和现行的教育，只能造成少数人的力，空谈的力，散漫的力，被动的力，头脑的力。我们从此要改造教育，使教育普及于大众；使受教育者都能实践力行，从行动上去求得真知识，并使大众组织起来，自动去做他们的事；而仅用脑的知识分子，要使他们变成兼用手的工人，仅用手的工人、农人等都变成兼用脑的知识分子。这才能把少数人的力，变成多数人的力；空谈的力，变成行动的力；散漫的力，变成组织的力；被动的力，变成自动的力；仅用脑和仅用手的力，变成脑手并用的力。于是我们就可以造成极伟大的民族力量，来解除一切国难。

教人读书　做国民

吾国号称四万万人，但是四万万人，简直有四万万条心。我国自命为五族共和，但是五族的人，简直有五条心。南北不统一，岂止南北不统一。现在要把破破碎碎、散散漫漫的中华民国，造成一个万众一心、五族一心的中华民国，且有两种根本办法，一是四通八达的交通，二是四通八达的教育。现在平民教育的最高无上的目的，就是教人读书，做国民，就是用教育的精神和方法，创造一个万众一心、五族一心的中华民国。懂得这条大道理才能放手向前去做。否则，芦柴丛中，钻来钻去，曾费尽心血，终于国家大局无补。办平民教育，要不要学问？要。学问少的人能不能办平民教育？能、能、能。我家五岁的孩儿，能教五十七岁的祖母读第一本《千字课》。办平民教育要不要经费？要。钱少的人能不能办平民教育？能、能、能。山东乞丐武训，开三个学堂。学问和钱是要，要的是有一分学问，就可做一分事，有一文钱，就可做一文钱的事。平民教育，是平常人的教育，平常人办、平常人学的教育。平常人啊，只要你们各尽各的本分，平民教育不怕不普及。万众一心、五族一心的中华民国，不怕造不出来。

今后中华民族的使命

我有一种脾气，要回想以往的事，是很痛苦的；想未来的事，是非常快乐的。所以，我很喜欢谈未来的事。

今年的国庆纪念[①]和去年的国庆纪念不同之点，就在去年的国庆纪念的时候，北伐还没有完成，今年国庆纪念的时候，北伐已经完成了。但是现在在形式上北伐虽则已经成功了，而我们真正的国民革命还没有成功呢。刚才我们在唱《国民革命歌》的时候，我们只唱了第二首，没有唱第一首歌。我以为第一首歌现在还是应当要唱的。我们现在仍是要“努力国民革命”，仍是要“齐奋斗”哩！

我们站在教育的立场上，我们应当把教育的力量来建设新中国，我们的使命是要唤醒民众，使民众团结起来！

教育的力量与别种力量不同之点，就在教育的力量是能够达到个个民众的内心里头去的，他能够使民众自己从“心里”发出一种力量来自己团结的。别的力量不能达到内里而只是外面的，他像绳一样，只能把东西捆起来，绳子一断就散了。所以我们可以说，现在国民革命还没有成功，因为中华的民众还不能自己团结起来。现在我们只有努力教育，用教育的力量来建设新中华！这是我今天所要讲的第一点。

还有第二点要说的。譬如我们现在南京要到北平或天津去，是不能一直去的，一定要绕道而到北平或天津。这是什么道理？因为我们的济南，现在还是给日本人占据住。

现在我们要叫日本人回日本去，只有我们自己先团结起来，才能够叫他回去。

听说，日本有很多架飞机。他们只要把十分之一的飞机飞到南京来，我们的中华民国就会根本动摇。这是我们应当注意的。我们要下一个决心，用教育的力量使民众团结起来，叫日本人回到日本去。

我们晓庄学校的理想，是要用教育的力量来叫日本人自己回到日本去，是要用教育的力量来建设新中华民国！所以现在日本方面很注意我们。最近我有一位朋友新从日本回来，他说，日本人已在注意晓庄学校的理想和办法，文字方面如《支那之理想学校》等，已有几篇发表。

假使我们晓庄学校不能叫日本人停止横蛮的行动，不能叫日本人回到日本去，那么晓庄学校便算失败的。

我们要叫日本人回到日本去，并不是帝国主义的思想。因为我们只是叫日本人回到日本去，不是要压迫日本民族，打倒日本人。只叫日本人回到日本去含有两层意义：一、叫日本的坏人回到日本去重受本国的教训，不敢再到中国来害中国人；二、叫日本的好人带了民主思想和大同理论回到日本去从事日本人的心理改造，使得他们把日本民国建设好了，可以做我们的同志，通力合作的去建设大同世界。

今天我所讲的归纳起来，可以分为两点：

（一）我们要用教育的力量建设新中华；

（二）我们要用教育的力量，叫日本人回到日本去改造日本。

十七年双十节

注：

① 国庆纪念　1911 年（辛亥）10 月 10 日，爆发了武昌起义，推翻了帝制。中华民国成立后，定这一天为国庆纪念，亦称双十节。

改革乡村教育案

理由

（一）中国农民约有三万万四千万，占人口百分之八十五。我们要想建设新中国，必须用教育的力量，来唤醒老农民，培养新农民，共同担负这个伟大的责任。

（二）现在中国的乡村教育，不合于乡村实际生活。中国的乡村教师，多是书呆子；中国的乡村学校，多是书呆子制造厂——把好好的农民子女，继续不断的变为不事生产的废人。这种教育倘不彻底改革，则旧的力量不能维持，新的力量不能产生，我们的民族恐怕要日益贫弱，以至于灭亡。

办法

（一）大学校乡村教育系应：1. 指定乡村数处，以为研究乡村教育问题之中心；2. 开办或特约乡村师范一处，以为训练乡村师范教师之中心；3. 指定县教育局一处，以为训练乡村教育行政人员之中心。

（二）乡村师范学校应设在乡间，并应：1. 依据中心乡村小学办法，以训练乡村小学教师；2. 依据中心乡村幼稚园办法，以训练乡村幼稚园教师。

（三）乡村小学教师应按照下列目标训练之：1. 农人的身手；2. 科学的头脑；3. 艺术的兴趣；4. 改造社会的精神。

（四）乡村幼稚园教师应按照下列目标训练之：1. 看护的身手；2. 科学的头脑；3. 艺术的兴趣；4. 儿童的伴侣；5. 乡村妇女的朋友和导师。

（五）乡村小学应以乡村实际生活为中心；应有校园，使学生得有“在劳力上劳心”的机会。

（六）乡村幼稚园应为平民的、省钱的、适合国情及乡村生活的。

（七）乡村成人教育应注重农暇工艺、改良茶馆及民众学校三种办法，不可专靠学校形式之教育。

（八）改良私塾，应由附近中心小学负责邀集优良塾师，依据“教学做”办法，切实训练引导改良，专靠演讲讨论，是无补实际的。

晓庄学校之使命
——给全体同志的信

乡村师范全体同志：

知行于卅一夜到沪，已十一时，四面电网密布①，只有邮路一条可通。遍觅住宿地点，无收容者。最后至一老虎灶，与吴夷则、张协南二君同进投宿，幸蒙接待。但经半小时之说情，已是舌敝唇干了。此处有长桌一条，方桌两张，三个人即拼铺同睡，仰面望着“三星茶园”四字。我说：“今晚福禄寿三星降临，这个茶园一定要兴旺了。”

昨今两天接洽结果，安徽公学已有解决可能，乡村师范计划且可望充分实现。深望诸同志努力合作，训练真农民使生产力与武力合而为一。我们第一步要谋中国三万万四千万农民之解放，第二步要助东亚各国农民之解放，第三步要助全世界农民之解放。这个学校不但要做中国教育革命之出发点，并且要做世界教育革命之中心。这是我们全体同志的学校，不是一个人的学校。深望大家不要因为我个人受了偶然的打击而灰心。将来的打击比这次十倍百倍厉害的还多着呢。本校既已参加农民协会，当为乡村组织教学做之实例，就是已经开始与土豪劣绅、伪农民短兵相接了。我们必须有百折不回的精神，才能达到我们的目标。

上海杀机四伏，倘使外国炮火把我顺便轰死了，这封信就算作我的遗嘱。倘诸事办理就绪，仍得生还，必当穿草鞋与诸君共同耕种，并从事增进农民之生产力与自卫力，以为全世界农民解放之准备。

敬祝康健！

十六年四月二日

（原载 1929 年 7 月《知行书信》）

注：

① 指蒋介石“四一二”政变前的上海形势。

为新中国之新教育继续奋斗[①]
——致育才学校师生

绿芷、博禹、意林、微林、公泽、永扬、冷云、蒋路、启刚、让能、再为、彭松、百令、淑怡诸位同志[②]：

七月十三日的信刚才收到，至为感谢。下关事件发生后，也接到你们的慰问信。大家，尤其是我，从这些信里，得到了无上的鼓励，使我知道我努力的方向没有错，也不是孤军奋斗。我今天也知道，我向援华会提议增加预算和增加薪金的建议已经通过，每月薪金加二万元，合计五万元。究自何月起，容我问明再行奉闻。自四月份起最好聚起来做点有益的生产，每月可以多得营养，这只是一点有胜于无的补助。希望它能给大家一点小小的安慰。从重庆来的报告都使我兴奋。由于各位同志、同学、同工的集体合作，育才是比我在渝时办得精神好，我在此向大家致敬。

公朴去了，昨今两天有两方面的朋友[③]向我报告不好的消息。如果消息确实，我会很快地结束我的生命。深信我的生命的结束，不会是育才和生活教育社之结束。我提议为民主死了一个，就要加紧感召一万人来顶补，这样死了一百个就是一百万个人，死了一千个就是一千万个人。死了一万个就有一万万人肯得为民主牺牲，而中华民族才活得下去。此地我们现在第一要事，是感召一万位民主战士来补偿李公朴之不可补偿之损失，只有这样才是真正的追悼。平时要以“仁者不忧，知者不惑，勇者不惧，达者不恋”的精神培养学生和我们自己。有事则以“富贵不能淫，贫贱不能移，威武不能屈，美人不能动”[④]相勉励。前几天，女青年会在沪江大学约我演讲《新中国之新教育》，我提出五项修养：一为博爱而学习，二为独立而学习，三为民主而学习，四为和平而学习，五为科学创造而学习。这些也希望大家共勉并指教。

我这封信是写给全体的。只因为诸位写了信给我，也就是同时给了诸位的回信。肖生、竹因以及其他没有写信的朋友，都希望使他们知道这信的内容，麻烦之处，容当后谢。

敬颂康健！

陶行知

卅五、七、十六

（原载 1946 年 7 月 27 日《国民公报》）

注：

① 这是陶行知生前所写的最后一封亲笔信。7 月 25 日，陶行知突发脑溢血，在上海逝世。

② 信首所列诸同志均系育才学校教职员。

③ 两方面的朋友　指共产党人和民主人士。

④ 前三句见《孟子·滕文公下》。后一句系陶行知加的。

道德情操

我的小怀抱

民国十四年一月一日，我把一生的旧账结了一结，并问自己说："你有什么怀抱？"我便写了几句诗答复自己，题为《我的小怀抱》。今天拿了这面镜子照了一照，还是依然故我！不长进呢？意志坚决呢？我如何可以辨别呀！我那天写的一首诗是：

好也不算好，
坏也不算坏。
好好坏坏随人讲，
心中玉一块。
恩怨有偶然；
毁誉多意外。
翻手作云覆手雨，
朋友我不卖。

我的朋友潮信，看了第一段之后戏问我："你这心里所怀的玉，是卞和之玉呢？还是贾宝玉衔着出世之通灵宝玉呢？"我说："这也随你去猜吧！"

自勉并勉同志

人生天地间，
各有所秉赋：
为一大事来；
做一大事去。
多少白发翁，
蹉跎悔歧路。
寄语少年人，
莫将少年误。

十三年三月二十五日
写于徐州旅馆

自立立人歌

一

滴自己的汗，
吃自己的饭，
自己的事自己干。
靠人、靠天、靠祖上，
不算是好汉。

二

滴自己的汗，
吃自己的饭，
别人的事帮忙干。
不救苦来不救难，
可算是好汉？

三

滴大众的汗，
吃大众的饭，
大众的事不肯干。
架子摆成老爷样，
可算是好汉？

四

大众滴了汗，
大众得吃饭，
大众的事大众干。
若想一个人包办，
不算是好汉。

尊重公有财产

凡是公共团体必须有公共财产，方能实现他的公共生活，举办他的公共事业。无论团体大小、生活繁简、事业多少，必须有点财产做他的经济基础。这点财产或是本团体里的人自己出的，或是外面捐来的，但一归本团体所有，即成为大家共同的财产了。例如学生自治会是学生组织的公共团体，学生每人出一元钱和拿钱为本会置办的东西合起来就可算为学生自治会的公有财产。既是学生自治会的公有财产，每个学生对于他就得要十分尊重。保管的人务要把他保管得十分稳妥；支配的人务要把他支配得十分适宜；使用的人务要把他使用得十分当心。我们对于自治会的公有财产应当如此，即对于一校、一村、一市、一县、一省、一国的公有财产也应当如此。

凡团体活动要切实，必须有计划；计划要切实，必须有预算；预算要切实，必须有决算。所以尊重公有财产的第一件要事，就是要有预算和决算。没有决算，则预算蹈空；没有预算，则计划蹈空；计划蹈空，则便宜行事，甚至应当用钱的地方或竟不用，不应当用钱的地方或竟浪用。结果既不能量出为入，又不能量入为出，必至一塌糊涂。且我们既属团体中人，对于本团体之资产、负债、收入、支出，都应当明白，管事的人应当把预算决算一齐公开。中国中央政府从民国八年以后就没有预算，更谈不到决算，所以弄到如同天天过三十晚一样。我们从学生自治会做起，自治会的职员都要为我们预备一个公开的预算决算。由此类推，做一件公共的事，必须有一个公开的预算和决算。村政、市政、县政、省政、国政，都要公开的预算决算。太阳光所到的地方必无微生物。要免公有财产的损失，最要紧是要有公开的预算决算。到处要求一个公开的预算与决算，是公民的一种重要的责任。

预算既成之后决算未成之前，要有清楚的账目。账目根据预算又为决算所根据。预算决算只是大纲，账目则非详细不可。管理公有财产的人务须收支有据，逢账即录。一日必结一日之总，一月必结一月之总，决不可懈怠，决不可拖延。他要做到随时可以交账的地步，才算无负于公家的付托。如果一天一天的拖延下去，事后记忆必难周到。错出不过赔钱而已，错进就难免侵吞公款的嫌疑，这是万万不可不谨慎的。再，凡是银钱进出，必须经两个人看过签字。这个办法一则可以免去嫌疑，二则可以预防作弊。经管公款的人务须遵守。最后，一切账目及决算，必须有专家的审查，每半年或一年审查一次皆可。没有经过专家审查的决算账目是不能取信于人的。这些工具手续的目的在使账目清楚，以免公款之损失。凡属公共团体之一分子，皆负有要求他们实现之责任。

公有财产中之一部分就是公有的物品。这些公物是给人公用的。公物比私物容易损坏，就是因为用的人对于公物不加爱惜。公园的花木随意乱折；图书馆的书随意乱翻；还有人希望流芳百世，到处题名，以至名胜都被糟蹋。学生出外旅行的时候尤其容易犯这个毛病。殊不知这就是损坏公物，不是公民应有的习惯。这种坏习惯如不斩草除根，让它蔓延出来，渐渐的可以盗卖公产，甚至于可以盗卖国权。做公民的一方面要自己爱惜公物，一方面对于损坏公物的人还要一致反对。我们应当爱护公物如己物。

最后，我们每个人有两种资格：一是私人；二是公共团体的一分子。我们应当把这两种资格所包含的任务分得清清楚楚。即就财产一项而论，个人的私产和团体的公产是应当有很分明的界限的。我国人应当痛改的一个习惯就是公私混杂。政界中人，有的连家里用的煤炭、妇女们用的首饰，也要在公家开账。学校中人，有的写私信也要用公家的信纸信封。甚至于有人把公款放在家，记在自己的账上。结果，始而混杂，继而挪移，继而亏空，终于公家破产，个人信誉扫地。公私之间应当划条鸿沟，绝对隔离，不使他有毫厘之交通。私账混入公账，公账混入私账，就是混账。公民不但自己不混账，并且要反对一切混账的人。

总体来说：一、公开的预算；二、清楚的账目；三、爱护公有物品；四、划分公私界线。是尊重公有财产的四种主要办法。“苟非吾之所有，虽一毫而莫取”[①]，做公民的不可无此精神。莫取之义有三：一不愿取，二不可取，三不敢取。使人不敢取是刑法之事，使人不可取是会计严谨之事，公民教育之事乃在使人自得一种不愿取之精神。要晓得一个人爱国不爱国，只须看他对于公有财产之态度，只须看他对于公有财产有没有不愿取之精神。

（原载 1926 年 4 月《新教育评论》第 1 卷第 20 期）

注：

①“苟非吾之所有，虽一毫而莫取” 见苏轼《前赤壁赋》，全句为“且夫天地之间，物各有主，苟非吾之所有，虽一毫而莫取”。

解决经济困难
——答王琳弟的信

王琳吾弟：

您的两封信，我今天都收到了。可是看看寄信的日子，令我吃了一大惊。一个多月接不到我的回信，您心里岂不焦急吗？我在您的意想中，岂不成了一个不负责任的人吗？我深信您必能委曲的想出种种缘故原谅我，但我把您这样告急的信居然搁了一个多月，心里实在是万分不安。

您的经济困难，我深表同情，必定尽力助您成功。您所提的第一条是贷金学额办法，最有道理，可以实现。我要特别筹一笔款来做这件事。利息最好不取。您的第二条办法更令人起敬。可是这样一来，就要打破了我们惟一校工的饭碗，我心里有些不忍。我们的生命里都含有他的气力所变化的血液，他也是我们当中一个，决不可招之即来，挥之即去。我想您仔细考虑一下，也必定赞成我这点意思。此外我还想了一个办法。我们已经买了一百多亩田地，是供给学生生利之用。您要几亩就用几亩，资本可由学校借垫，出产除去费用尽归耕种者所有。我不久就要拟订一篇《学生耕种校地办法》，使得和您情形相类的同学可以照样办理。但您不妨先行试他一试。总之，学生因经济困难退学是最悲惨的事情；平日以师生共甘苦相号召的乡村师范，见此情形而袖手旁观，也是不可思议的。我们因经济的缘故而失去同志是最可耻的，老实说，从下个月起，我也是和您一样了，半个钱的薪水也拿不到了。我预备翻书过活。日里为乡村教育努力，晚上翻书，这就是我的预定的计划。我决不想走近路。您万一没有别的法子，我每月多写两千字也够助您成功了。您放心，我们二十几个人每人少吃一口不就够了吗？

您第二封信说：“试师[①]的使命原在救国；说得明白些，就是三民主义的教学做。”这句话惟独三民主义的真正信徒才能道得出，也惟独彻底了解晓庄式的乡村师范者才能说得这样痛快，我们向前干罢。

敬祝平安康健！

十六年五月十六日

注：

① 试师　即南京晓庄试验乡村师范学校。

拜金主义

——给胡适之先生的信

适之吾兄：

我读了您的近作《拜金主义》，万想不到您做这篇文章会用这个题目，真可谓张冠李戴了。

这篇文章的影响，不但是矫枉过正，而且是火上添油。稚晖先生所提的三个信条：第一，要自己能挣饭吃；第二，不可抢别人的饭吃；第三，要能想出法子来，开出生路来，叫别人有挣饭吃的机会。这是无论什么人都应当赞成的。但是称他为拜金主义，未免是牛头不对马嘴。这是拜己主义，不是拜金主义；是崇拜劳工，不是崇拜大拉[①]。

您说："《硃砂痣》[②]里那个男子因为贫穷，便肯卖妻子。卖妻子便是一桩罪恶。"据我的意思看来，那个男子之所以卖妻子，不但是因为贫穷，乃是因为贫穷而拜金。他爱金胜于爱他的妻子，所以拿妻子去换金。你所列举的种种罪恶——小偷、大盗、扒儿手、绑票、卖娼、贪赃、卖国——都不是单因贫穷，乃是因贫穷而拜金。穷人拜金而不拜己，乃是万恶之源。您提倡拜金，乃是火上加油。倘使人人照您的题目去充分实行，只见罪恶增加，难望罪恶减少。

您说中国人不配骂美国人崇拜大拉，我很表同意。中国人简直是崇拜银角，崇拜铜板。崇拜银角和崇拜铜板的人当然不配骂美国人的崇拜大拉。但是连美国人一齐教训一顿可以不可以呢？不料您反说美国“夜不闭户，路不拾遗”，是因为崇拜大拉。美国的“夜不闭户，路不拾遗”，是因为它的政教修明，科学发达，农工业进步，不是因为崇拜大拉。美国崇拜大拉的结果是“金钱结婚，金尽则离”，和崇拜银角、崇拜铜板的卖老婆是同一个妈妈生出来的。你的附注说：“几个城市里自然还有罪恶，但乡间真能夜不闭户，路不拾遗，是西洋的普遍现状。”这种事实与您的断语，恰恰相反。乡下路不拾遗，是因为乡下人拜己胜于拜金，而且路上所遗几何，家家自食其力，简直是不屑拾此区区了。“城里还有罪恶”——岂仅是还有罪恶，简直是罪恶冲天——是因为城里人拜金已经把金子拜到极点了。只须看看《每日新闻》所载的图财害命的案子，我们还忍劝崇拜铜板的中国人去效法崇拜大拉的美国人吗？至于您所说的那个老太婆，背着一只竹箩，拿着一根铁扦，天天到弄堂里去扒垃圾堆，去寻那垃圾堆里一个半个没有烧完的煤球，一寸两寸稀烂奇脏的破布，我所下的断语也和您相反。您说：“这种人连半个没有烧完的煤球也不肯放过，还能有什么‘道德’‘牺牲’‘廉洁’‘路不拾遗’？”我说：这个老太婆顶可敬。她能利用废物。她的能力小，只能保存一个半个没有烧完的煤球，就保存一个半个没有烧完的煤球。您们能力大，能保存一个半个没有侵略完的国家，就得要保存这一个半个没有侵略完的国家啊！

我赞成您提倡人人要能挣饭吃，决不承认人人能挣饭吃是拜金主义，我所以不承认的缘故也很寻常。胡适之先生有钱的时候，我固然愿意去看他；无钱的时候，我也愿意去看他。倘使我做了“拜金主义”的信徒，岂不是只能看有钱的胡适之先生，而不能看没有钱的胡适之先生吗？此外还有一个缘故，倘使胡适之先生当真成了“拜金主义”的教主，那么有钱的陶知行固然有福气听一声“请进来”，没有钱的陶知行就要尝一尝“不在家”的滋味了。适之，我不愿意您做拜金主义的教主！倘使您以为我是“迷了心头”，还请您指点指点。

敬祝康乐！

十六年九月

附：《拜金主义》

吴稚晖先生在今年五月底曾对我说："适之先生，你千万再不要提倡那害人误国的国故整理了。现在最要紧的是要提倡一种纯粹的拜金主义。"

我因为个人兴趣上的关系，大概还不能完全抛弃国故的整理，但对于他说的拜金主义的提倡，我却表示二十四分的赞成。

拜金主义并没有什么深奥的教旨，吴稚晖先生在他的《一个新信仰的宇宙观与人生观》里，曾发挥过这种教义。简单说来，拜金主义只有三个信条。

第一，要自己能挣饭吃。

第二，不可抢别人的饭吃。

第三，要能想出法子来，开出生路来，叫别人有挣饭吃的机会。

《硃砂痣》里有一句说白："原来银子是一件好宝贝。"这就是拜金主义的浅说。银子为什么是一件好宝贝呢？因为没有银子便是贫穷，贫穷便是一切罪恶来源。《硃砂痣》里那男子因为贫穷，便肯卖妻子，卖妻子便是一桩罪恶。你仔细想想，哪一件罪恶不是由于贫穷？小偷、大窃、扒儿手、绑票、卖娼、贪赃、卖国，哪一件不是由于贫穷？

所以古人说："衣食足而后知荣辱，仓廪实而后知礼节。"这便是拜金主义的人生观。

一班瞎眼睛、迷了心头孔的人，不知道人情是什么，偏要大骂西洋人，尤其是美国人。骂他们"崇拜大拉"（worship the dollar）！你要知道，美国人因为崇拜大拉，所以已经做到了真正"夜不闭户，路不拾遗"的理想境界了。（几个大城市里自然还有罪恶，但乡间真能夜不闭户，路不拾遗，是西洋的普遍现状。）

我们不配骂人崇拜大拉；请回头看看我们自己崇拜的是什么。

一个老太婆，背着一只竹箩，拿着一根铁扦，天天到弄堂里去扒垃圾堆，去寻那垃圾堆里一个半个没有烧完的煤球，一寸两寸稀烂奇脏的破布。——这些人崇拜的是什么？

要知道，这种人连半个没有烧完的煤球也不肯放过，还能有什么"道德""牺牲""廉洁""路不拾遗"？

所以现今的要务是要充分提倡拜金主义，提倡人人要能挣饭吃。

上海青年会里的朋友们现办了一个职业学校，要造成一些能自己挣饭吃的人才。这真是大做好事，功德无量。我想社会上一定有些假充道学的人嫌这个学校的拜金气味太重，所以写这篇短文，预先替他们做点辩护。

胡适

注：

① 大拉　英语“dollar”的译音，意即美元。

②《硃砂痣》　京剧剧目。剧情梗概为：双州太守韩廷凤调任东平刺史，值金兵之乱，与妻郑氏及儿子玉印失散，另娶一妇。于洞房中见妇啼泣，问之，始知妇尚有夫吴惠泉秀才，因贫卖妻。韩怜之，赠银送她还家。吴惠泉夫妻团圆，感而拜谢。后适吴外出，知韩无子，代买一子携归。韩询子身世，验其足有硃砂（朱砂）痣，始知即为失散之子玉印，父子重逢。

为农人和儿童谋幸福①

若果你要在南方请教师到江北去办学校吗？则每月的薪水，至少至少，没有三十元，人家是不愿意去的！而一个学校，至少也要三个教师才够用！那么，教师的薪水，一年就要花去一千多元！你还有多少经费可以作别的用途呢？这都不说，若果教师是好的，那也不要紧。不过，你倘若请了一个传统的教师去，办一个传统的学校，仍然在那里去培植一般双料少爷和双料小姐，对于地方不惟无益，而且有害！那么，你把这一千多元的租息和房屋来开办学校，本来是件好事，但结果不是反而弄成坏事了吗？我这里的学校，是以培植一般乡村农人和儿童所敬爱的教师为目的。我这里所培植出来的教师，能努力办事，能吃苦耐劳，能和农人和儿童做成好朋友。而且，所办的学校是新学校，不是旧学校。他们是为劳苦大众谋幸福，不是为资产阶级做奴隶；他们是把学生培植成为能够生产的劳动者，不是把学生培植成为只知消费而且加倍消费的双料小姐与双料少爷；他们一定能够把这件事办得合你的意，不会把这件事弄坏了来遗害地方的。我就在我的学校里征求三个人去帮你的忙吧。他们去的时候，对于待遇方面，每月只拿八元钱的伙食费，此外没有什么薪水，你老先生以为如何？

你们此次到淮安去，是一支远征的军队。你们是到那里去创造，不是到那里去享受。你们是去为农人和儿童谋幸福，你们三人要能够和衷共济，凡事都以农人和儿童的利益为前提。这是我所希望于你们的第一点。

我们是树起新教育的旗帜，和旧的传统教育奋斗。我们是要在教育上革命，进而办一种革命的教育。你们若果到那里去仍然办一种传统的学校，那你们就不必多此一举，而晓庄也就不必需要这种远征的军力。你们要抱着我们的主张到那里去开疆拓土，到那里去做一种新教育的试验。将来，我们的主张能够在那荒凉的江北去发芽，抽条，开花，那你们三人便是第一次最荣幸的使者。这是我所希望于你们的第二点。

你们到那里去，是为那里的农人和儿童办学校，这个学校开办起来，马上就是那里的全体农人和儿童的共有物，不要把它看成你们三人或者此外的任何一人的私有品。你们要和当地的农人联合起来，共同设法，以谋学校之进展。你们要训练当地的农人能够起来自己保护自己的学校，又要培植你们的学生能够起来办理他们自己的学校，然后这种新教育的力量才能永远推动，永远产生新的效力。这是我所希望于你们的第三点。

注：

① 这是 1929 年春陶行知的两次谈话，由孙铭勋记录。第一次是对淮安河下镇莲花街新安会馆吴俊卿讲的；第二次是寅会后对自告奋勇出征的吴廷荣、蓝九盛、李友梅三位同学讲的。淮安新安小学因此于 1929 年 6 月 6 日诞生。

从守财奴想到守知奴

社会里有一种人叫作守财奴。这种人的惟一的嗜好是把金子银子弄到自己的腰包里来。腰包装满了，藏到皮箱里去；皮箱藏满了，埋到地下去。他惟一的遗憾是棺材太小，虽然小，还是要拼命的装。带得多少便带多少去，是他不得已的苦衷。当他活着的时候，肚子总是大大的。他的肚子比人大，固然是平日保养得好，其实另一原因是那腰包点水不漏。纵然看见一个人冻得要命，饿得要死，他是一个钱也不肯花。

这个大肚的怪物，只要提起他的名字，人都知道，而且看不起他，不屑跟他学。有志的青年谁愿做守财奴呀？但是要留神，还有大头鬼在那儿等着您呢！

这些大头鬼会用一种漆黑的东西灌在您的脑袋里去，不给他流出来，久而久之，您的头就渐渐的大了。这种漆黑的东西据说是乌金——一字值千金。灌头礼是在所谓之学校里举行。因此，您一进了小学，头就觉得大了一些；进了中学，更大一些；进了大学，更大一些。如果您还嫌不够大，可以出洋，再给外洋大头鬼灌一会儿回来，那么您在中国的大头鬼中可算是一个大王了。那时，您看大家的头都比您小，好不开心！可是，您要知道，开心虽是开心，鬼终是一个鬼。那漆黑的东西，只进不出，把您的心肝都染黑了。在小头人的群众中做一个黑心的大头鬼，是真的开心吗？

这种大头鬼，我给他取了一个新名字，叫作守知奴。守知奴的名词虽然出炉不久，但是守知奴这种怪物是从人类发现知识的第一天就出世了。他把知识占为私有，他把知识当作传家宝，他把知识当作古董藏着，他把知识当作商品卖，他把知识变成神秘的符而自做教主，他把知识变成愚民的工具而自做国王或军师。于是您要想得知识，必得做他的儿子（女儿还不行），做他的信徒，做他的学生，做他的主顾，做他的王！做儿子不能由您作主。做王便要问您有没有这本领。做信徒、学生、主顾，都得拿钱来！没有钱休想得知识！现在的留学生，是大众花钱给他出风头的。当他风头出得起劲的时候，劝他每天花几分钟教几个不能上学的大众的苦孩子，他会回您一个“没有工夫”！真的没有工夫吗？给他三百块钱薪水，就会有工夫了。

守知奴是个怪物而大家不以为怪，那才是一件可怪的事咧。这种怪物本是害人的。大家不想收伏他们，反而恭敬他们，羡慕他们，不惜费尽大众血汗钱，大批的一群一群的栽培他们，那是更加奇怪了。我们培养人才的经费连家庭供给算在内每年不下十万万；所造就的是什么？是一千多万不肯教人的守知奴！

我也曾经在守知奴的队伍里站过班。骂人是连自己一起骂。我既觉悟到做守知奴是一件可耻的事，便该老实不客气的说出来。中国人愚，大概是不能否认的事实。因为士大夫的新代表胡适之先生已经把这个“愚”字列为五鬼之一[①]，那大概是没有人反对了。可是我要向大家建议：愚人便是守知奴一手造成的，我们应该认清。所以要叫中国人聪明起来，非收伏守知奴不可。我有四条办法：

（一）大家要自取知识，一取得便立刻教人，不再借重守知奴；

（二）凡有知识的都要教人，不做守知奴；

（三）学生要学教人，不再做守知奴；

（四）教师要教学生教人，不再做守知奴的妈妈。

（原载 1934 年 3 月 16 日《生活教育》第 1 卷第 3 期）

注：

① 胡适在《我们走那条路》一文中，将贫穷、疾病、愚昧、贪污、扰乱归结为中国积弱不振的“五鬼”。

陶知行的颜色[①]

去年陶知行以勾结叛逆的罪名被中央通缉[②]。这叛逆大概是指冯玉祥。西北军的制服是蓝色，通缉令下，首都即有蓝色知行之封号。胡展堂[③]在立法院讲演，独说他是国家主义派，突然将一身国粹党的黑衣罩在他身上。过了几个月，晓庄学生中有十几个共产党被捕，于是陶知行赤化之风声，传遍都下。这时展堂给他那件黑衣服也立刻变为通红了。朋友们不放心，屡屡问他说："你究竟是蓝色，是黑色，是红色？"

他说："我一样也不能否认。我的静脉是蓝的，我的头发是黑的，我的血是红的。"

（原载 1931 年 10 月 20 日《申报·自由谈》）

注：

① 此文是陶行知以笔名"不除庭草斋夫"发表的。

② 指 1930 年 4 月 12 日国民党政府所颁通缉令。通缉令全文是："为晓庄师范学校校长陶知行勾结叛逆，阴谋不轨，查有密布党羽，冀图暴动情事，仰京内外各军警、各机关，一律严缉，务获究办，此令。"

③ 胡展堂　即胡汉民（1879—1936），广东番禺（今广州）人，原名衍鸿，字展堂。

说真话

一　变了又变了的态度

在二三百年以前，西洋人对于中国人，是很尊敬的。因为那时候，中国的文明，实在比他们高。比如印刷术、指南针、纺织、火药等，中国几千年前就有了，但他们很久很久才知道。至于日常生活上，中国人很早就有了洗澡的习惯，但西洋人则不然，我这次曾经去看过路易十四的澡盆，比我们中国一个普通人家的洗脚盆好不了多少！皇帝尚且如此，一般民众可想而知。中国人很早就会用煤，马可·波罗的游记上说“中国人用黑石头烧水”。这游记传到西洋去以后，西洋人才知道用煤。瓦特看见煤火上的壶水冲开壶盖，因而发明蒸汽机。中国人的文明，既然比他们高，他们对于中国人，当然就有一种尊敬的态度。

可是，在这一百多年来，中国人自己不争气。所以，他们那种尊敬的态度，就变成了轻蔑的态度。尤其是“九一八”以后，他们对于中国人，更是看不起。“八一三”以前，我到外国去演讲，来听的人，就没有好几个。

“八一三”以后，这种轻蔑的态度，又变成了敬爱的态度。一听到有中国人演讲，来听的人真是人山人海。演讲者一走进会场，听众一致肃立拍掌。讲到“中国已经团结起来了”，听众就拍掌欢呼。讲到日本的地方，听众就发出

“斥！斥！斥！”的声音，好像要立刻把日本帝国主义“斥”出去一样。讲完了，走出会场，又是全体肃立拍掌，还有不少人跑来和你握手。这是为了什么呢？就因为我们已经能够争气，已经能够站立起来了。只要我们加紧团结，抗战到底，一定能够取得最后胜利，一定能够得到他们加倍的敬爱与尊重的。

二　不要忘记了别人

世界上所有的民族，是不是都能够了解中国的抗战呢？这也不见得。举个例来说吧！英国的爱尔兰，是一个很小的民族，也是一个能够反抗的民族。自从他们被英格兰统治以来，他们都没有停止过反抗。这次，我去访问他们的当局，我提了两个问题问他们：“第一，你们为什么首先承认意大利并吞阿比西尼亚？第二，你们为什么一直到现在还没有抵制日货？”他们答复说：“因为我们反抗英格兰，我们处处要和他作对，凡是他们不做的，我们偏要做；他们要做的，我们就偏不做。”“那么，你们为什么要反抗英格兰呢？”“因为他们压迫我们！”“好了！阿比西尼亚是不是受压迫呢？中国人是不是受压迫呢？你们要反抗压迫，但是，你们就不要忘记了别人。英格兰本来不敢大胆的承认意大利并吞阿比西尼亚，但因为你们一承认，他就有借口的理由了。现在英格兰也不想认真抵制日货，如果你们再不抵制，他也有借口的理由了。这样的做法，只是帮助了压迫者，对于被压迫者，是只有害处的。你们要反抗压迫，你们就要和别的被压迫者联合起来，互相帮助，才能够成功。”他们听了我的话，就立刻承认：“错了！错了！”“那么，现在怎么办呢？”“承认意大利并吞阿比西尼亚，已经做了，没有办法了！至于抵制日货，我们立刻发动，而且我们要督促英格兰认真做，我们以后要和一切被压迫民族切实联合起来。”

由于这件事，可以知道，我们的国民外交，过去实在做得太不够，以后是应该要加倍的努力去做，才能使别的民族真正了解我们，同情我们。

三　纳粹的打手

世界上的国家，大多数都是同情我们的，只有少数的两个国家，就是德、意，是不同情我们的。我可以举出三个证据来！

第一，我将要到德国去的时候，我先就留心一个问题：德国政府对于中国人的态度怎样？我就在他们的著作里面去考察。在那本大名鼎鼎的《我的奋斗》[①]里面（德文本），他简直不把中国人当人看待，他说中国人是“半死不活的动物”，他认为中国人应该被淘汰，被消灭。

第二，也许有人要说，那本书是若干年以前作的，怎么拿在现在来讲呢？那么，我又来举一个例。别的国家的报纸，对于中国胜利的消息，如平型关、八百孤军、台儿庄等等，都是用顶大的字，登在第一版。德国却不然。我到了德国以后，跑到他们的图书馆里去，把“八一三”以来的报纸，从头看一遍。凡是中国打胜仗的地方，他们都是用很小很小的字，登在报纸的一支角落，几乎要用显微镜才看得出来。后来，我们又发见了一个秘诀，凡是德国报纸骂我们的时候，就是我们打胜仗的时候。你记好日子，过几天，等英法的报纸来了，翻开一看，果然是中国打了胜仗。

第三，也许有人要说：这只是报纸上谈谈，无关紧要。那么，我又举出他们的实际行动来。在德国的中国人的救国运动，是常常受到禁止的。有一次，救国会开座谈会，我也列席。法西斯知道了，就派了几个打手来，准备打我们。哪晓得，他来得迟了，我们的会快要开完了，他来听了一下，觉得并没有什么要紧，结果也没有打我们。

意大利的情形，和德国也差不多。

孙中山先生要我们“联合世界上以平等待我之民族，共同奋斗”，像这样“不以平等待我”的民族，我们应不应该和他联合呢？

可是，这绝不是说，所有的德国人，都是这样的看不起我们。德国法西斯政府的态度，和民众的态度是不一致的。有一天，我到柏林乡下去玩，我要去看看他们乡村民众的生活状况。在路上，遇到了一个农人，我走上去招呼他，说了几句应酬话，就谈起话来。先从他们的生活谈起，慢慢谈到中国的抗战。

谈了一会，他忽然问我："你是中国人，还是日本人？"我说："我是中国人。"他立刻就举起大拇指来说："我赞成中国人，我佩服中国人。"他又立刻对我说："但是，请你不要把我这个话讲出去，如果你把我这个话讲出去，给我们的政府知道了，我就不得了。"

四　应该说真话

我们办教育的人，对于儿童、对于青年、对于民众，都应该说真话，不应该说假话。对于抗战有利益的，我们要真正的说出来，使大家知道了，好照着去做。对于抗战有害的，我们也要真正的说出来，使大家明白了，好留心防备。今年我到雅典[②]的时候，去拜访苏格拉底的古迹，曾经在他的那个石牢里面，站了五分钟。当时，我的脑子里面，就想好了一首诗，到现在才写出来。

这位老人家，
为何也坐牢？
欢喜说真话，
假人都烦恼。

（原载 1938 年 12 月 10 日《战时教育》第 3 卷第 8 期）

注：

①《我的奋斗》　德国法西斯头子希特勒所著，内容包括反共、反苏政纲和极端种族主义谬论。

② 雅典　希腊首都，欧洲古代文明发源地之一。艺术古迹很多。

捧着一颗心来，不带半根草去[①]

友梅、九盛、和中、达之[②]：

接到你们四月二十四日所写的信，知道你们用两件大衣跑了三十里路当不得两元钱，又饿着肚子跑回学校。这件事是你们在长江北岸为乡村教育史写成悲壮的一页，亦即光荣的一页。我们是何等的安慰而又是何等的敬佩你们啊！在前一个礼拜，我们接到文采[③]先生转来的信，即汇了三十元经常费给你们，可惜竹因[④]不慎，给扒手拿去了。我只希望这人需要此款比你们还切，那么我们总算对于他有些贡献了。但是想念着你们的困难，急得了不得，立刻又凑了一笔款寄去，谅现在已经收到了吧！请你们放心，你们要我们做的事，我们是已经做了，我们是决不会忘记你们的。捧着一颗心来，不带半根草去。你们抱着这种精神去教导小朋友，总是不会错的。

何日平[⑤]

十九、四、三十

注：

① 此信是陶行知为正处于极端困难条件下仍然坚持办学的新安小学师生写的。

② 即李友梅、蓝九盛、台和中、汪达之。

③ 文采　即姚文采。

④ 竹因　即方与严。

⑤ 何日平　陶行知的笔名之一。

愿为新安小学托钵化缘

达之、九盛、和中、铭勋[①]诸弟：

接读七月十六日来信与新安小学[②]十年计划，精神为之一振。诸弟持此精神向前做去，必有成功之一日。

生活教育与教学做合一之理论，现仍继续探讨，苟有所得，必愿随时奉告。近一年来研究结果，除与达之面谈托他转达外，仍希参阅《儿童生活》[③]第三期所载之《儿童生活之中心主张》、《师范生》[④]第三期所载之《儿童文艺研究社宣言》、《中华教育界·教育出路专号》[⑤]所载之《中国教育出路》及《教科书专号》[⑥]所载之《教学做合一下之教科书》四篇文字。从农业文明渡到工业文明，必须特别注重科学，以培养创造、建设、生产之力量。现代之教师，每人必须终生探讨一门自然科学。经费一层，现已由全体同志共负责任，这比一个人负担更为坚稳而有精神。我不是推诿。无论在何种形式之下，我必尽心力而为之。我不能说数目，因为所需的款子，不在我的直接支配之下。但我已下决心，愿为新安小学托钵化缘。诸弟宜谅解我的，是我现在化缘的力量远不如从前。所以对于筹款的观念应当具有弹性：十万不为多，一千不为少。碰巧遇了一笔遗产，则十万实不算多；倘使遇不着，则一千八百也不无小补。晓庄开校只有二千元。以后虽是量出筹入，实是量入为出。为实行计，诸弟宜有两个预算：一是最低限度；二是望达限度。总而言之，大数着眼，小数着手，是我们应有之方针。我必尽我的力量，与诸弟共同实现一个光荣的新安学校。

所拟计划都很好，只需把“发明教学做合一者审定”字样除去便可用。

敬祝全校康健！

不除庭草斋夫[⑦]

二十年七月十九日

附：汪达之等致陶知行函

日平先生：

念小草之无知，长依宝树；

比丛葵之向日，终矢丹心。

就用这几句现成话来代表我们对于新安，对于晓庄，对于事业的虔诚。

新安，是晓庄的唯一的孤儿。我们对于这孤儿有很大的希望，希望他能够好好地发扬光大，永远保留着慈母的令名。而自开办以至于现在，同志之前后来此者，亦莫不以试验生活教育与教学做合一相呼号。

然而两年来的成绩怎样？这是我们不敢自问也不敢答复的。若果今后的生活仍然照现在这样苟延残喘的下去，这不惟对于小朋友有很大的牺牲，对于慈母的令名有很大的败坏；就是在这里工作的几个园丁，也无异是走上慢性的自杀之路。

然而我们的血未曾冷，我们的心未曾枯，我们要在这里继续不断的努力下去，所以最近有十年计划的产生。现在将这计划呈请指正，并有下面的两个问题，要求先生有具体的答复：

1. 生活教育与教学做合一的试验的或成或败，先生都不能辞其责，那就应该常常给我们一些切实的指导。

2. 经费的力量可以左右事业的成败，十年计划里的经费的筹措，不得不要求先生负完全之责。

十年计划之能否进行，完全看这两个问题之能否解决为断。先生是我们唯一的领导者，对于我们的要求，决不致令我们失望。所有新安的一切现状，统由达之面详，兹不多赘。望先生与达之谈话后，给我们一个书面的答复。

敬祝健康！

达之、九盛、和中、铭勋

二十年七月十六日

注：

① 铭勋　即孙铭勋。

② 新安小学　1929 年 6 月 6 日晓庄校友创办，校址在江苏淮安。

③《儿童生活》　月刊。创刊于 1931 年 4 月 1 日，共出七期。陶行知被通缉由日本潜回上海后，以筹建的“小朋友书店”作为联络点而派方与严出面负责出版的刊物。

④《师范生》　月刊。创刊于 1931 年 4 月 15 日，仅出两期就因经济困难停刊。

⑤《中华教育界·教育出路专号》　指《中华教育界》第 19 卷第 3 期《中国教育出路专号》，1931 年 7 月出版。

⑥《教科书专号》　指《中华教育界》第 19 卷第 4 期，1931 年 10 月出版。

⑦ 不除庭草斋夫　陶行知使用的笔名之一。

师范生的第一变
——变个孙悟空

教育是什么？教人变！教人变好的是好教育。教人变坏的是坏教育。活教育教人变活。死教育教人变死。不教人变、教人不变的不是教育。

师范教育是什么？教学生变成先生。先生是什么？自己会变而又会教人变的是先生。师范生不是别的，是一个学变先生的学生。

自古到今，从东到西，我找来找去，只找着一位差不多可以比得上这学变先生的学生。您猜是谁？是那保唐僧上西天取经的孙悟空！

你们别瞧不起老孙。他那大闹天宫的天界革命功劳我且不提，只说几桩与你们最有关系的事迹。

第一件，他有目的，有远虑，有理想。他做了美猴王，还是烦恼。众猴对他说："大王好不知足！我等日日欢会，在仙山福地，古洞神洲，不伏麒麟辖，不伏凤凰管，又不伏人王拘束，自由自在，乃无量之福，为何远虑而忧也？"他说："今日虽不归人王法律，不惧禽兽威服，将来年老血衰，暗中有阎王老子管着，一旦身亡，可不枉生世界之中，不得久住天人之内？"所以他存心要"学一个不老长生，躲过阎君之难"。这是他所抱的目的。师范生的目的何在？我想美猴王如果做了师范生，他必定也是烦恼。如有人问他为何烦恼？他一定是这样回答了："今日虽为双料少爷，事事有听差服侍，先生照应，只管教学，可以不做，将来双手无能，误人子弟，暗中有帝国主义老子管着，一旦教人做奴隶的，自己也做了奴隶，可不枉生世界之中，不得久住主人之内！”

第二件，他抱着目的去访师。他所住的水帘洞是在东胜神洲傲来国花果山。为着要“躲过轮回，不生不灭，与天地山川齐寿”，他便飘洋求师，飘到南赡部洲，又渡西洋大海，才到西牛贺洲，因樵夫指引，找到灵台方寸山中的斜月三星洞，遇着须菩提祖师，算起来已是花了十几年光阴了。无论哪个现代留学生也没有像他这样诚恳了。教师多于过江鲫，谁能教人达目的？如果美猴王做了师范生，他必定要找一位能达他的目的的老师。不能达他的目的的老师，他是不要的。空口说白话，能教不能做的老师，他也是不要的。他又是一位大公无私的好汉。他飘洋求师，不是为着他一个人的长生不老，他所求的是猴类大家的幸福。您看他在生死簿上，把猴属之类但有名者，一概勾之，得了瑶池之玉液琼浆也是拿回洞来大家吃。他的目的是，老孙、二孙、三孙、细孙、小孙——一家孙、一国孙、一窝孙，一个个长生不老。如果他是师范生，他决不访那教人做奴隶的老师，也决不访那教少数人做主人多数人做奴隶的老师；他所要访的是教一家人、一国人、一世界人，个个做主人的老师。

第三件，他抱着目的求学。孙悟空在斜月三星洞住了好久，一日须菩提祖师登坛讲道，问他说：“你今要从我学些什么道？”悟空道：“只要有些道儿气，弟子便就学了。”祖师道：“道字门中有三百六十旁门，旁门皆有正果，不知你学哪一门哩？……我教你个术字门中之道，如何？”悟空道：“术门之道怎么说？”祖师道：“术字门中，乃是些请仙扶鸾，问卜揲蓍，能知趋吉避凶之理。”悟空道：“似这般可得长生么？”祖师道：“不能！不能！”悟空道：“不学！不学！”祖师又拿“流字门”“静字门”“动字门”中之道问他学不学，他总是反问道：“似这般可得长生么？”祖师道：“不能！不能！”他便说：“不学！不学！”祖师闻言，咄的一声，跳下高台，手持戒尺，指定悟空道：“你这猢狲，这般不学，那般不学；却待怎么？”走上前，将悟空头上打了三下，倒背着手，走入里面，将中门关了，撇下大众而去。悟空心中明白，这是祖师暗示叫他三更时分从后门进去传道。悟空当夜依着暗示进去，果然得着长生之道，还学了七十二套地煞变，和一翻十万八千里的筋斗云。

由此可见，孙悟空不是一个糊涂的学生。他抱着一个“长生不老”的目的而来，必定要得到一个“长生不老”的道理才去。凡是不合这个目的的东西，他一概不学。学做先生的道门中有几多旁门，我可不知道，可是现在通行的一个，便是“讲”字门，大家好像都以为这讲字门中有正果可找。假使孙悟空做了师范生，教员问他说：“我教你个讲字门中之道，如何？”悟空必定问：“讲门之道怎么说？”教员说：“讲字门中，乃是些上堂下课，高谈阔论，好比一部留声机器。”悟空必定要追问到底，如果不能达到他的大目的，他的断语也必定是：“不学！不学！”

我们做学生的当中有多少是像孙悟空这样认真的啊？

变吧！变吧！

变个孙悟空，

飘洋过海访师宗。

三百六十旁门都不学，

一心要学长生不老翁。

七十二般变化般般会，

翻个筋斗十万八千里儿路路通。

学得本领何处用？

揭起革命旗儿闹天宫。

失败英雄君莫笑，

保个唐僧过难亦威风。

降妖伏怪无敌手，

不到西天誓不东。

请看今日座上战斗佛，

岂不是当年人人嘴里的雷公？

师范生要变做孙悟空的道理是说明白了。但是既有孙悟空，便有唐三藏。师范生变了孙悟空，那唐僧推谁去做呢？师范生的唐僧是小朋友。师范生应该拜小朋友做师傅，也如同孙行者的本领比唐僧大倒要做唐僧的徒弟。小朋友是我们的总指导。不愿受小朋友指导的人不配指导小朋友。唐僧向西天取经，经过了八十一难，若不是孙悟空保驾，也不知死了几十次，哪能得到正果？小孩子学着做人，一身遇着的病魔、恶父母、坏朋友、假教员，个个都是吃人的妖怪，差不多也好比是唐僧的八十一难，若没有孙悟空的心术和本领的师范生保驾：不死于病，必死于亲；不死于亲，必死于友；不死于友，必死于老师之手了。还能望他成人为民族人类谋幸福吗？

老孙！老孙！

校长招你来，

当个师范生。

西天保谁去取经？

小朋友是你的唐僧。

（原载 1931 年 4 月 15 日《师范生》[①] 月刊创刊号）

注：

①《师范生》 月刊。由小朋友书店出版，两期后就停刊。陶行知先生为《师范生》月刊写过几篇诗文，发表时用的笔名有“时雨”“梧影”“自由诗人”等，本文署名“时雨”。

师范生的第二变
——变个小孩子

“小孩子懂得什么？”

在这个态度下，牛顿是被认为笨伯，瓦特是被认为凡庸，爱迪生是被认为坏蛋。

您若想在笨伯中体会出真牛顿，在凡庸中体会出真瓦特，在坏蛋中体会出真的爱迪生，您必得把自己变成一个小孩子。

您若不愿变小孩子，便难免要被下面两首诗说着了：

一

你这糊涂的先生！
你的学堂成了害人坑！
你的墨水笔下有冤魂！
你说瓦特庸，
你说牛顿笨，
你说像个鸡蛋坏了的爱迪生。
若信你的话，
哪儿来火轮？

哪儿来电灯？

哪儿来的微积分？

二

你这糊涂的先生！

你的教鞭下有瓦特，

你的冷眼里有牛顿，

你的讥笑中有爱迪生。

你别忙着把他们赶跑。

你可要等到

坐火轮，

点电灯，

学微积分，

才认他们是你当年的小学生？

倘使被这两首诗说中，那是多么可悔恨的一件事啊！

“小孩子懂得什么？！”

小孩子是再大无比的一个发明家。生下地一团漆黑，过不了几年，如果没有受过母亲、先生和老妈子的愚惑，便把一个世界看得水晶样的透明。他能把您问倒。这有什么羞耻？倘使您能完全回答小孩子的问题，便取得一百个博士的头衔也不为多。

您不可轻视小孩子的情感！

他给您一块糖吃，是有汽车大王捐助一万万元的慷慨。他做了一个纸鸢飞不上去，是有齐柏林飞船[①]造不成功一样的踌躇。他失手打破了一个泥娃娃，是有一个寡妇死了独生子那么悲哀。他没有打着他所讨厌的人，便好像是罗斯福讨不着机会带兵去打德国一般的怄气。他受了您盛怒下的鞭挞，连在梦里也觉得有法国革命模样的恐怖。他写字想得双圈没有得着，仿佛是候选总统落了选一样的失意。他想您抱他一会儿而您偏去抱了别的孩子，好比是一个爱人被人夺了去一般的伤心。

人人都说小孩小，
谁知人小心不小。
您若小看小孩子，
便比小孩还要小！

未来的先生们！忘了你们的年纪，变个十足的小孩子，加入在小孩子的队伍里去吧！您若变成小孩子，便有惊人的奇迹出现：师生立刻成为朋友，学校立刻成为乐园；您立刻觉得是和小孩子一般儿大，一块儿玩，一处儿做工，谁也不觉得您是先生，您便成了真正的先生。您立刻会发现小孩子的能力大得很：他能做许多您所不能做的事，也能做许多您以为他不能做的事。等到您重新生为一个小孩子，您会发现别的小孩子是和从前所想的小孩子不同了。

我们必得会变小孩子，才配做小孩子的先生。师范学校的同学们！小孩子变得成功便算毕业；变不成功，休想拿文凭！

我们却要审查一番，这第二变的小孩子与那第一变的孙悟空有无重复。师范生既然会变孙悟空，那么凡是孙悟空所会变的，师范生都能变了。现在留下的问题是："孙悟空可会变小孩子？"我们调查他的生平，他只能变一个表面的小孩子，而不能变一个内外如一的小孩子。他在狮驼洞曾经变过一个小钻风，被一个妖怪察觉，"揭起衣裳看时，足足是个弼马温。原来行者有七十二般变化，若是变飞禽、走兽、花木、器皿、昆虫之类，却就连身子滚去了。但变人物，却只是头脸变了，身子变不过来，果然一身黄毛，两块红股，一条尾巴"。所以：

儿童园里无老翁；
老翁个个变儿童。
变儿童，
莫学孙悟空！
他在狮驼洞，
也曾变过小钻风。
小钻风，
脸儿模样般般像，

拖着一条尾巴儿两股红！

（原载 1931 年 5 月 15 日《师范生》第 2 期）

注：

① 齐柏林飞船　齐柏林公司制造的硬式飞艇。第一艘这种飞船由德国退役军官齐柏林伯爵设计，1900 年 7 月 2 日首次飞行。

从五周年看五十周年[①]

育才学校在千灾万难中居然活了五年，可以算是一个奇迹。这个奇迹是校董、育才之友、教师、工友、同学最可纪念之集体创造。

我们纪念这个奇迹之最好的方式，是爱护它、保护它、发展它、繁殖它，使它在新中国和新世界之创造中，发挥出它的力量与贡献。

让我们克服自己的弱点，抱着我们的优良传统向前进吧。明天就是六周年的第一天。开步走的一刹那，就决定了我们的前途。弱点是最重的担子，肃清弱点才走得动，否则会使我们半途而废。弱点是最大的敌人，肃清内奸才能无后顾之忧，否则，会使自己打败自己。远征的战士，首先要有勇气对着自己的弱点开刀。每一个人都要有这种勇气，才能展开光明的前途，走上十万八千里之长程。

什么是我们的优良传统？我们所带在身边的武装是什么？检查自己这武装配备得够不够。

第一，奉头脑作总司令。人之高下，大致可以依他所奉的总司令为判断的标准，有的人奉肚子为总司令，也有人奉生殖器为总司令。我们育才则坚决的要推头脑作为总司令，指挥我们追求真理，贯通真理，为真理作战。这样说法，并不是叫我们把肚皮像个葫芦一样挂起来，也不是叫我们把生殖器像一个太监那样割掉去，只是不许把它们顶在头上走路，不许它们喧宾夺主来指挥我们行动。我们的统帅只有一个，就是我们的头脑。它永远不曾引导我们走错路，打败仗。

第二，止于大众幸福。我们求学，所为何事？为着升官发财吗？为着自己的小圈子的利益吗？不是！《大学》说："大学之道，在明明德，在亲民，在止于至善。"我们想说得更清楚些："大学之道，在明民德，在亲民，在止于人民的幸福。"大德不能小于"天下为公"。人民是我们的亲人，我们是人民的亲人，是必须亲近，打成一片，并肩作战。"止"是表示瞄准的意思，一切所教所学所做所探讨，为的都是人民的幸福。人说育才好比是一个"小大学"，即使育才长成了——一个十足大学，也是一贯的要根据这个道理去办。

第三，全校团结成一个巨人。开校后三个月，保育会院长来校参观，曾称本校师生为家人子弟。去年部视学[②]来校视察，也称本校雍雍穆穆，精诚团结。我们自问，是希望到而没有做到这个境界；虽然没有做到，但是大家自觉的都要同心协力，把这境界创造起来。因为有了这个团结的心理，虽然偶然发生小组小磨擦，只要一提醒，便能冰消云散，更形团结。大而言之，全世界民主团结才能战胜法西斯；全国团结才能战胜日本帝国主义；我们学校师生工友团结，才能完成人才幼苗之培植之实验，及参天大树之森林之繁殖。我们需要保持团结的优良传统，需要更高更坚固更自觉的团结，以保证进一步的创造之成功。

第四，虚心，虚心，虚心，承认一无所知，一无所能；学习，学习，学习，学到人所不知，人所不能。虚心学习这四个字，在文字上是我们的优良传统，在实际上是我们的最大弱点。许多人是犯了眼高手低的毛病，虚心的成了虚伪。我们今后的任务是要使文字宣传与实际生活统一起来，做到名副其实之"虚心"学习，将"骄"字从我们态度里拔掉，这"骄"字是阻碍我们进步的最大的敌人。我们要虚心的跟一切人学：跟先生学，跟大众学，跟小孩学，跟朋友学，也跟敌人学；跟大自然学，也跟大社会学；要学得专，也学得博。

第五，建立起健康之堡垒。这身体不属于自己，我们的生活是为整个民族乃至新人类所有，我们要以卫生教育与环境卫生来代替医生，造成健康的堡垒，使得一点一滴的生活力与创造力都不致浪费。尤其是每一个人自己要爱惜他的身体。这身体要留着、锻炼着，与民族和新人类的敌人拼。浪费自己的精力以至于夭折，便等于敌人之帮凶而成为民族与新人类之罪人。

大时代早已来到，我们除了特修科要继续探讨外，应该要加强几样大的学问，以应大时代之需要。

第一，在战时，每一个学校应该不止是一个学问的组织，而且是一个战斗体。因为中国在战时仍旧办平时教育，故有些学校，甚至于大学，一遇敌人来到，仓皇失措，弄得这个跳井，那个上吊。三百年前的甲申，有上吊的皇帝[③]，是他自作自受。现在的甲申，有上吊的学生，教育政策及教育当局却不能辞其责。每个学校和所在地的人民应当构成一个战斗体，能有拼死的学生，不能有上吊的学生。当月明星稀，铁鸟[④]西来，谁能说敌人的降落伞不会落在凤凰山上？如果降落下来，应该不是我们上吊的时候，而是敌人送上门来挨打的机会。为着要加重这目的，我们加重军训。军训不能武八股，军训要教真武艺。

第二，在平时，尤其在战时，每一个学校应该不止是一个消费的组织，而且是一个生产体。我们要伸出双手来做生产劳动，我们要学习自食其力。我们每一组，拿出力量来建立本组之经济基础，合起来建立全校的经济基础。在可能范围之内，我们要做到：吃菜自己种，穿衣自己纺、自己织、自己制。我们把青春送给了光铁坡[⑤]的荒野，光铁坡会把青春送回给我们。

第三，学习科学，帮助创造科学的新中国。现在的世界是一个科学的世界。整个中国必须受科学的洗礼，方能适于生存。抗战建国的大业，都要靠科学的力量完成。我们首先要把自然组充实起来，并以自然组为服务中心普及科学于全校——普及科学的生活，科学的学习。科学的意义应该包括社会科学，这要社会组负责任，引导全校以科学的眼光观察世界，观察人生。探讨它，分析它，以求得正确之了解，合理之处理。时机早已来到，刻不容缓，我们必须培养科学的幼苗，撒播科学的种子，使全中国遍开科学之花，丰收科学之果。

第四，学习民主，帮助创造民主的新中国。民主的洪流、浪头已经到来，没有力量可以抵抗它。我们必须在民主的生活中学习民主，并帮助老百姓在民主的组织中学习民主，学习管理众人的事，学习怎样做中华民国的主人。

（原载 1951 年 4 月《育才学校》）

注：

① 本篇写于 1944 年 6 月，系未完稿。

② 部视学　指当时国民政府教育部的学官，专管视察所属学校和教育行政机构的工作。

③ 上吊的皇帝　指明朝末代皇帝朱由检。

④ 铁鸟　指当时日本侵略者的轰炸机。

⑤ 光铁坡　当时育才师生进行开荒生产的荒山，离育才学校约 5 千米。

教师自动进修

近来上海小学教师有一个极重要的运动，这运动是自动求学、自动进修、自动追求进步。有些人一做了教师，便专门教人而忘记自己也是一个永久不会毕业的学生。因此很容易停止长进，甚而至于未老先衰。只有好学，才是终身进步之保险，也就是长青不老之保证。

孔子说："学而不厌，诲人不倦。"有些人做了几年教师便有倦意，原因固然很多，但主要的还是因为不好学，天天开留声机，唱旧片子，所以难免觉得疲倦起来。唯独学而不厌的人，才可以诲人不倦。要想做教师的人把岗位站得长久，必须使他们有机会一面教、一面学，教到老、学到老。当然，一位进步的教师，一定是越教越要学，越学越快乐。

但在不民主的社会里，教育官不但不鼓励教师进修，而且见着教师看书、看报、同学生座谈，还要怀疑他别有作用。所以教师们要想得到充分的进修自由、研究自由，必得和老百姓站在一条战线，争取民主的实现。在民主没有实现以前，教育官不会顾到我们真正需要的进修。那么我们自己组织起来，依地域学科进行学习，是再好没有的一件事，我想教师的进修，应该包括下列几种要素：

（一）社会科学，如政治问题、经济问题以及世界史、本国史必须弄清楚。

（二）教育本身的理论与技术，必须精益求精。

（三）每星期有两晚或三晚的系统讲习，可分区分科举行。

（四）星期日早晨的讲演大会，务必继续不断的举行。

（五）程度较高者，宜从事专题研究，每人在一个专题上继续不断探讨，到本题解决或有系统详尽之报告……才告一段落。

（六）寒暑假运用旅行修学。

（七）联合组织一教师流通图书馆，以便利大家参考。

好学是传染的。如果教师们以集体力量鼓励彼此进修，影响所及，决不会让上海专美，将见全国闻风兴起。各地教师自动组织起来，学习再学习，其结果不但是能造成好学之教师，好学之学生，而且一人传十，十人染百，将会造成一个好学之民族，那么中华民国亿万年之进步，亦于此得到有力的保证了。

追求真理做真人[①]
——致陶晓光

晓光：

最近听说马肖生寄了一张证明书给你。他擅自做主，没有经我看过，我不放心，故即于当晚电你将该件寄回，以便审核有无错误，深信你已经遵电照办。现恐你急需文件证明，特由我亲自写了一张，附于信内寄你。你可根据这样证明，找尚达弟[②]力保。我们必须坚持“宁为真白丁，不作假秀才”之主张进行。倘使这样真实的证明不合用，宁可自己出钱，不拿薪水，帮助国家工作，同时从尚达弟及各位学术专家学习。万一竟因证明不合传统，而连这样的工作学习亦被取消，那么，你还是回到重庆，这里有金大电机工程，也许可去，或与陈景唐兄商量，径考成都金大[③]。总之，“追求真理做真人”，不可丝毫妥协。万一金大也不能进，我愿筹集专款，帮助你建立实验室，决不向虚伪的社会学习或妥协。你记得这七个字，终身受用无穷，望你必须努力朝这方面修养，方是真学问。

我近来为校经费困难所逼，驻渝筹款，而重庆天气易令人咳，这两天才愈，因此不能早日写信给你，至为歉然。

你给银行的信，误由银行转到学校去，故来不及和陈毅[④]先生会面。我接信他已走了。你所要脚踏车，如能留蓉工作，当寄款来给你自买。此地自行车也不便宜，而路远难带，我们也非内行，怕买来不合用。

绍良先生代买东西之款已托涵真先生代还。

育才有戏剧、图画两组驻渝见习，进步甚快。今吾⑤十七日动身，日内可望抵渝，大致担任指导部主任。来信寄重庆村十七号。

衙

三〇、一、二十五

注：

① 1940 年底，陶行知的儿子陶晓光到成都一家无线电厂工作，厂方催索学历证明书。陶晓光没有正规的学历，只好写信给育才学校副校长马侣贤求助，很快要了一张晓庄学校的毕业证明书。陶行知在重庆闻讯后，即电告晓光将此证明书寄回，接着又寄出这封快信，同时又开了一张“宁为真白丁，不作假秀才”亲笔证明信，要求晓光“追求真理做真人”。

② 尚达弟　指倪尚达，当时在陶晓光工作的成都无线电厂任厂长。

③ 金大　指抗战期间迁往成都的金陵大学。当时陈景唐（即陈裕光）任校长。

④ 陈毅　当时为陶晓光所在的无线电厂的同事。

⑤ 今吾　即程今吾。

对于教员和师范生的几点希望

对于教员的希望：一、如何而后可使教员与学生关系密切。学校是施教育的地方，教员负施教育的责任。教员与学校，相互间的关系，当然是最密切的了。然而，现在大多数教员，对于学校，总带着一个客体观念，似乎事事都没有切己利害。一方面又因生计问题，不能不多求钟点。但是一个学校，能有许多钟点呢？一校的钟点，既不足供其需要，势不能不兼求于他校，因之视教授等于贩卖。用那已经带有“贩卖性质”的教授，说是不敷衍塞责，岂非欺人之谈吗？再有什么“学生个性的研究”等问题，那更不必问了。但是我们也不能深怪他，因为他的钟点既多，预备上也得有相当的时间。一天除却预备和讲授，实在再没有旁的时间给他研究那些问题了。然而这种情形，直接受影响的，就是学生；间接受影响的，就是教育前途。仔细想想，真个十二分危险。余谓此问题的解决，除了先解决经济问题，委实没有别的法子。解决经费问题，就是增加教育经费。要如此，学校对于教员，也才能讲到优遇；教员的生计，也才能根本解决。生计既已解决，学校又加以至诚的精神，专一的托付，哪还怕相互间的关系不密切么？二、如何而后可使各科联络贯通。学科是为便利研究，有系统的知识，贵明了，尤贵实验。有了实验，已经学过的，既足证明；还未学过的，更可发明。惟是讲到实验，非先求各科联络贯通不可。因为各科都有互为辅助的能力，要是任他各不相关，那实际也是空谈了。然而，要各科如何才能联络贯通呢？说到这里，关系于教员的却不少。因为各科教员，要有旁的工作的时间，方能期他认真研究，共同讨论。比方定一个标准，大家的向心力，都是依着这标准去的。教授程序有钩接的方法，那么到了实验的时候，不单是可以得其所以然，且能特别发生若干新思想、若干新意味。所以既要望教育发达，对于此点，就应该详细研究，求个结果。而第一问题的解决，尤其不可缓了。三、当使教员有进步的机会。学科仿佛是机器，教员仿佛是贩卖机器的人。机器天天有发明的，学科也天天有进步的。假使贩卖机器的人，所预备的货物有限，或者非现时代的货物，不能供给人的需要，试问那事业可能发达么？又能同着顺潮流的贩卖竞争么？所以，他必定要计算，看众人的需要，是什么新发明的？是那些机器计算的？他就照着预备，等待别人需用。教员对于教授上，还是如此。要他有了进步的机会，能进步，然后教材才丰富，教授法才生动，学生所得的科学知识，也就切合于现代的趋势了。但是进步的机会，要在什么地方去求呢？总之，这个问题也与经济有关系。要是经济问题解决了，教员不起生计上的恐慌，还愁没有机会么？按以上三个问题，于教育前途关系绝大。然而根本的解决，都在经济上面。所以增加教育经费一层，实不可缓，否则虽有巧妇也难为无米之炊，那么还讲什么教育发达呢？恐怕我们中国的教育，从此一天要比一天退下去了。

对于师范生的希望：一、推广教育。推广教育是师范生的责任。推广教育的方法，是多办学校。但是，应该在什么地方办学校呢？鄙意以为当在教育幼稚的地方去办，在没有学校的地方去办，切忌赶热闹：只往有学校的地方打主意，只往教育比较发达的地方打主意。因为局部的推广，断难望教育普及，那更讲不到“平均发达”四个字的上面了。我这主张，也专在“平均发达”四字上着眼，所以盼望他们要办学校的，想推广教育的，总要避开热闹，自己去辟一个新世界，创一个新纪元，那也才算得推广教育的真精神呢！二、对于自身的修养。做事即修养，修养即做事。余之修养为动的修养，为事务的修养，即以从事为修养的机会。大凡人做一件事体，要是没有兴味，简直可以说没有结果的。要晓得兴味有了，才可以期必往前进。往前进就是肯干。试问没有得着做事的兴味，哪里会有前进的精神？越发肯往前进，兴味越发浓厚。因此无论什么事，都可期他必成，都可收很好的结果；并且此一事有了结果，就是彼一事有了起因。做事的时间，越发修养；修养的机会，也同等的增加。事与事相接而来，修养的机会，也就没有间断，兴味更是无穷的了。故我以为做事即修养，修养即做事。然而人何必有修养？修养又有什么好处？就普通所得，修可以丰富经验，养可以活泼精神，身体且亦因之健全，所以人人讲修养。不过人之修养，多是静的，余则每以无事为苦。

国难中教育界应有之自觉
——敬告大学当局

昨日一评，吾人已以诚挚言辞，勉励国内大学生切实负荷其求学致用之责矣。今请更向大学校当局，献其刍荛。

洪水骤临，举国束手，外侮突至，朝野失色。既无以御自然之祸变，复无以抗强邻之侵袭，如肉陈俎，坐待宰割。我民族衰耄无能、积弱不振之弱点，至此已暴露无余矣。曩者国人尚以地大物博人众之文明古国，强自解嘲。而今则何如者？地虽大而半没洪流，物虽博而民皆冻馁，人虽众而死亡累积。此日之巨难，更隐伏他日之危机。然而国内歌舞之声，犹不绝于耳，娱乐之群，达旦不休，对此惨劫，漠不动心。“商女不知亡国恨，隔江犹唱后庭花。”吾人诚不解我民族何以堕落衰颓一至此极？

彼暮气已深行将过渡之国人，吾人已不能对其有若何希望矣！将来之一线希望，即系于今日之大学生。如何教育大学生，如何训练大学生，使其成为我国家将来之健全柱石，以复兴我民族，振兴我国家，此巨大之重责，即全在大学校当局之身。何以言之？大学教育，为一国之最高级教育，作育人材，树立风气，皆在于是。现在之大学生，即他日支撑我国家之柱石，未来中国之命运，即决断于今日之大学教育！故大学教育，即为立国之基础。而今日在学学生，都为健全纯洁之青年，尚未沾染积重恶习；眼前悲惨事实之刺激，更易激起其发扬蹈厉之雄心，但使一念转捩，决意奋起，则我国前途光明，正自可期。独是“十年树木，百年树人”，“种瓜得瓜，种豆得豆”，如何为国家树植人材？如何为未来社会播植良种？欲收良果，必种善苗。大学校当局即今日播植种子之农夫，他日果实之为佳为劣，我国家前途之为盛为衰，即全系于今日之播植。是则大学校当局肩上所负荷之责任，其艰巨果为何如乎？！

今日学校当局一谈及教育，辄曰：政治未上轨道，学生好乱成性，教育自难收良好之效果。是诚然矣，然而否否！吾人与其诿过于人，毋宁先求其在己，先尽己责，乃能责人，先正己身，乃能正人。试一检阅近数年来教育界之现象，一校之内，派系分歧，争持倾轧，各不相下，利用学生为爪牙，联络显达为奥援，视学校如官署，视校长如官缺，教育至此，尚堪问乎？！次之，今之大学校长，或则异地遥领，或则兼长数校，校长不理校中之事，学生不识校长之面，校长成为官僚化，等教育如儿戏，视责任如鸿毛，一校之长尚且如此，其他尚堪问乎！复次，学校教授，大都一渡重洋，读书数载，即若有无限学问，取之不竭，用之不尽，不更求进益，徒视教书为衣食工具，或目为做官之阶梯，弱者则浮沉取容，强者则播弄风潮。己不能正，焉能正人；己不能立，焉能立人？为之师者如此，而欲望其学者遵循正轨，勤其所业，是何能得？上有好者，下必有甚焉者。以故学生中之意志薄弱者，即沉湎放浪，征逐于电影跳舞之场；其优秀而怨愤内积无可宣泄者，乃铤而走险，趋于歧途。频年以来，国内学潮，彼伏此兴，瘴气一团，学风荡然，教育破产，谁为为之？孰令致之？不以自责，辄曰政治未上轨道，学生好乱成性，是真明于责人而暗于责己者矣！教育所以改良社会，今教育本身，尚日夕呼吁枪弹之弹压与维护，其欲以之树人材，正风气，为国家建立新基础，是何能得？吾人言此，固非抹杀一切，教育界尽有自好尽责，视教育为终身事业者。但如上所述，要亦为陈现于吾人之眼帘不可掩饰之事实也！

过去已成过去，与其顾后，毋宁瞻前！当此国家大难，民族惨劫，从前种种，切应痛自悔艾。身任何职，即应尽其本分，正己以正人，立己以立人，勤勤恳恳，务求践实。时时以国难为念，时时以国家与民族之前途为念，时时以自身艰巨之责任为念，毋以一己之私利，贻误青年，且误国家，则教育前途，庶有转机，民族前途，或尚有望！逆境当前，祸福自择，吾人其各沉痛觉醒，毋甘作国家与民族之罪人。

抗日救国运动中教育界之责任

自日本暴行发生以来，我举国学生青年，椎心泣血，悲愤万状，有投笔从军者，有啮指血书者，更有愤恨自杀以促国人之觉醒者，奔走呼号，血泪交流，一种爱国家爱民族之热忱，可歌可泣。中华民族之一线生机，应其在是。中国尚有此民气，有此青年，吾人敢断言中国必不至灭亡，中国前途尚充满有无限之希望。

虽然，流泪流血嘶声呼吁，终属可暂而不可常。青年血气未定，情感起落无常，骤然之刺激，可使其血脉腾沸，事过境迁，其情绪亦极易降落。五四运动时代之朝气，而今安在？济南惨案时代之朝气，今天又安在？今日内忧外患，交相煎迫，不断国脉，仅存一线。如国民再不作最后之觉醒，终始之努力，如不能常持其朝气，日即于新之路程，则古老破落之民族，决无幸存之理。故处此一发千钧之时机，如何诱掖青年步入奋斗之正轨；如何指导青年之奋斗应急而有效；如何保持青年之朝气，助长其创造新时代之能力；如何坚定其意志，使其情感不至涨落无常，斯为我全国教育家在今日抗日救国运动中所应负荷之重责。

吾人认为目前之中国，已入于非常时代，教育界本身应有非常之认识，教育本身亦应有非常之教育。

非常之认识与非常教育为何？吾人以为：

第一，教育家本身应认清本国，认清日本，并认清世界。当前欲灭我民族者为日本。但日本何以侵我？我何以被日侵？世界列国何以不出面干涉？进一步言，日本侵我之意义何在？日本暴行于远东与世界将发生若何影响？设使我东北遂长此落入日人之手，世界局势又将起若何变化？我国将陷入若何地位？都应有相当之认识与把握，惟知彼知己者乃能决胜负，惟内审国情外晓世界者乃能谋对策。故欲抗日救国，必先自知，必先知日，亦必先知世界。此全国教育界在今日应有之认识一。

第二，应认识学生。学生未受旧社会之熏陶，其思想与行动，都为纯洁的、活泼的、前进的。教育界应认识此点。应时时与学生亲密接触，与学生打成一片；应时时以自身生活之经验，供学生之体认；更时时以学生之朝气，防自身之衰颓。万不应岸然道貌，故自矜持，上课为师生，出门成路人，学生与教员有若不处于同一时代，无形中划成新旧分野之鸿沟。惟认识学生，乃能把握民族之将来；惟亲近学生，乃能使学生之行动趋于积极而有效；亦惟有与学生打成一片，乃能使教育之效率增多。此全国教育界在今日所应有之认识二。

第三，应认识教育之使命。教育之使命，在于推进社会，推进时代，使社会日即于合理之轨道，使人群日步近幸福乐园。青年学生即为推进社会之动力，即为创造时代之先锋。如何使用此动力，如何领导此先锋，即为教育界之责任。故教育界绝不应有传统观念，不应因循守旧，不应固守成轨，应领导学生日趋于维新之途。此全国教育界在今日所应认识者三。

国处今日，势如累卵。举国上下，从今日起，如再不以毫无疑虑之态度，领导朝气勃勃之青年，作维新有效之奋斗，而犹畏首畏尾，固守旧轨，因循徘徊，则民族前途决无可救。上述三者，我举国上下，盖都应有此认识。

次之，在此非常时期，自应有非常时期之课程。非常时期之课程为何？吾人认为，应删除一切不切实际不切需要之课程，即最经济之时日与办法，教授应急之救国科目。所谓应急之救国科目，初不仅限于男学军事，女习看护。于此之外，吾人认为更应注意于：（一）增进冲锋陷阵之体力；（二）增进和内御外之团结力；（三）增进判断事态之思想力；（四）增进经济战争之生产力；（五）增进抗御强暴之抵抗力。一言以蔽之，即应于此非常时机之下，教育学生青年，使其身体健全，思想健全，行动健全，坚定意志，持久奋斗。若敌骑薄城，山河破碎，而犹如平时之教其所教，学其所学，如仅以为男学军事，女习看护，即可以抗强，即可以救国。前者为迂阔，后者为识浅，其实皆非。吾人兹谨贡其管见如此。时危势急，教育界急起肩荷其应负之重任。

躬耕态度

因循篇

披阅英儒培根所著之《因循论》（Essay of Delays），兴起无穷感触。盖以生乎今之世，列强既具有进取之特性，其学术工商复高出吾人之上，以强佐强，进步一日千里。吾人欲与并驾齐驱，其进取当有列强十百倍之猛勇。即欲在世界求一生存，犹当夙兴夜寐，不容稍事蹉跎。苟仍萎靡不振，习于因循，则保守已无余地，大局何堪设想？爰引申培氏之说，撰著因循之篇，究因循之原因，揭因循之结果，俾国人晓然于因循之害，不独妨一己之发展，实足以障人群之进化焉！

一　释名

趑趄其行，应前不前，是为因循。因循之人，除退化无收效，除敷衍无方法。对于事言，是为放弛责任；对于己言，是为自暴自弃。阳膺职守，其实滥竽也。

二　辟因循者之图说

因循者，每自饰其说曰："'欲速则不达'，'其进锐者其退速'。与其不达何如迟？与其退速何如藏其锋？”曰：孔孟之为此言，盖以警夫世之暴躁者，深恐有如宋人之揠苗[①]，非徒无益，而又害之。然揠苗诚过矣，而圃人迁就其培植，延迟其灌溉，以致禾苗日即于枯槁，则又何说耶？不及犹过也！因循与欲速，皆背中庸之正道。则彼因循者之图说欺人，适以彰其偏耳！

三 因循之原因

甲、原于畏 处此物竞之世界，与器间有竞争，与物诱有竞争，即下至饮食起居之细，亦莫不含有竞争之义。于是筹备竞争也，宜任劳；实行竞争也，宜耐苦。竞争而不能胜，则难生矣！竞争而败北，则痛生矣！彼畏怯者，心既懦弱，气安能壮？于是见劳而畏焉，见苦而畏焉，见难而畏焉，见痛而畏焉。畏则虽知其应进而不敢进，虽知其应行而不敢行；不敢进，不敢行，而因循之念萌矣。

乙、原于惰 存诸念者，谓之惰；惰之见于事实者，谓之因循。“今日不学，曰有明日；今年不学，曰有明年。”因循自误，实惰为之原动力也。

丙、原于自满 自满则目空一切。凡事举不足介其意，以为即稍自暇逸，先鞭亦莫我着。于是朝夕因循，放心不求。推求其故，则皆自满一念有以致之耳！（泰西寓言有所谓龟兔竞走者。一日，兔与龟订竞走之约。兔见龟行笨滞，以为莫能为，偷息中途，卒以延时太久，龟得先登。斯兔之所以失败，由于因循；而所以致兔之因循者，则自满耳！此言虽小，可以喻大。）

丁、原于自私 人自私之念太过，则所为莫非扩张一己之利益。有益于我，则求之惟恐不力；利益少杀，则泄沓从之。甚或今日慕其利，明日见利之更大于此者，复移其爱慕之心于彼。既得所欲，而向昔之职守，或碍于势而未能遽卸；或尚有利益可渔，则其结果必为因循敷衍无疑。今日官僚界、社会界中，以一人而兼数差者，不可更仆数[②]，而所事皆鲜有成效可睹。问其何以至此？曰：惟因循故。问其何以因循？曰：惟自私而不量力故。

戊、原于宴安 管子[③]曰：“宴安鸩毒，不可怀也。”吕东莱[④]又从而说明之，谓为隳心丧志之所由来。盖形为物役，形已不克自主；心志又为形役，而复由形而役于物，则心安得不丧？志安得不隳？心丧志隳，而能不因循者几何哉？是故国事虽艰，先之以妻妾之奉，耳目之乐。宴安既不可须臾离，则敷衍国事，以循情欲，势所必然也。

以上五者，乃因循之大原。间有因大事牵连，势不得不迁延小事者，其情可原，故不列论。

四　因循之结果

因循之原既明，则吾人所急当研究者，即因循于个人果具何等之结果，于社会果有何等之影响。

甲、失机宜　培根氏对于此点，论之最详。其言曰："机会之去，如射弹空中，霎时即没。"培氏又以为机会既难得而易失，则乘迎必期敏捷，断不容稍事徘徊。故其章末曰："吾人处事，当察之以阿耳嘎斯[⑤]（Argus）之百目，行之以白流辽斯[⑥]（Briareus）之百臂。"若舍此不务，专事狐疑，则由狐疑而观望，由观望而因循，忍此大好机会，偷逝于无声无臭之间，迨至四十五十，始嗟一事无成，悔之无及矣，岂不悲哉！

乙、长惰　人能习于勤，亦能习于惰。人之有惰念，不难芟除之；所可惧者，既由惰而因循，复由因循而长惰。习与性成，斯惰之根牢不可拔矣。

丙、伤名誉　因循者，鲜不陨职。迨至事无成，或成而不良，人必訾议之曰："此某责任之不尽也，此某因循之贻误也。"人相诽，家相谤，名誉隳落矣。吾雅不欲以名誉勉人为善，然此实因循必然之结果，无可讳者也。

丁、妨他人之进步　人非皆鲁滨孙[⑦]，谁能处世而可离其群者哉？不能离群，则我与群有相互之关系。故名誉不独我伤，全体受其玷辱；机宜不独我失，全群滞其进步。我既因循，群亦难于有为，理势然也。懦弱如余，宁随勇为者之疾趋，虽力竭声嘶，犹觉愉快；一与因循者遇，则如逢逆风，如拉千钧。吾心焦，吾首疾，吾额蹙，吾不可以一朝居，吾无可如何。况彼忧时如焚之士，吾知其与因循者同群，其苦楚当有更甚于余者矣。

戊、引他人之因循　因循之人，不独妨他人之进步，且足以引他人之因循。盖勇行之士，固可努力前进，曾不因人之因循而稍存退步。而懦弱之徒，其始亦未尝不以因循为非是，然浸假而灰心矣，浸假而效尤矣，浸假而随浪浮沉矣。观乎吾国在野各会之委蛇不进，参议院、政府之敷衍溺职，何一非由于一二人之因循，而牵及全局之因循者哉？

五　结论

由上论观之，则因循之害，既足以自误，复足以误人，更足以误国。吾人果自爱，则不当因循；吾人果爱人爱国，尤不当因循。然世人之因循，相习既久，脑印已深，一旦除之，自非易事。于此则吾人所当垂择者，有二事焉：（一）不问他人因循与否，吾惟努力前进，勇行其是；（二）因循既由畏、惰、自满、自私、宴安诸念所致，则欲远离因循，自非排去畏、惰、自满、自私、宴安五念不可。自警警人，务期易怯为勇，易惰为勤，易自满为不足，易自私为利人，易宴安为忧劳，使国人共跻于勇为之士，则吾辈所不可放释之责任也。由（一）说，则已不致陷于因循；由（二）说，则可勉人力行。果能如是，则吾国虽弱且贫，其前途必有光荣之希望。不然，社会因循而民气不张，政府因循而国魂不振，吾国行将由贫弱而渐臻于沦丧，岂不甚可畏乎？勉哉国人！

注：

① 宋人之揠苗　事见《孟子・公孙丑上》。揠，拔也。宋人想通过拔苗以助其长。
② 不可更仆数　即更仆难数，语出《礼记》。后用以形容事物繁多，数不胜数。
③ 管子　即管仲（？—前 645），春秋初期政治家。
④ 吕东莱　即吕祖谦（1137—1181），南宋理学家、文学家。字伯恭，人称“东莱先生”。
⑤ 阿耳嘎斯　通译“阿勾斯”，亦译“阿尔戈斯”，百眼巨人，希腊神话人物。
⑥ 白流辽斯　通译“布里亚柔斯”，百手巨人，希腊神话人物。
⑦ 鲁滨孙　通译鲁滨逊。

伪君子

伪君子之居乡而假愿者，即孔子所谓之乡愿[①]。人之为伪，不必居乡，凡率土之滨皆可居。人之行诈，不仅假愿，凡君子之德皆可假。然必假君子之德以行诈，始谓之伪。故总名之曰：伪君子，从广义也。

伪君子曷由乎来？曰：非圣贤皆求名，惟其求名，故避毁邀誉。人之有誉，而己不能行、不敢行或不愿行，又欲邀其誉，则不得不假之。人之所毁而明由之，必损于名；又欲邀毁中之名，而避名中之毁，则不得不掩之。中人以下，莫不趋利，惟其趋利，故避祸邀福。由其道而可得福，而己不能行、不敢行或不愿行，又欲邀其福，则亦不得不假之。明由其道而祸从之，又欲趋祸中之利，避利中之祸，则亦不得不掩之。假人之所誉，掩人之所毁，与夫假其可得福，而掩其可得祸，皆伪也。为伪所以求名趋利也。天下之名，莫美于君子，而非分之利，则舍小人之道莫由趋。世人慕真君子，而真君子之墙数仞，不得其门而入。真小人则亡国败家，身死为天下笑，复凛然可惧。为真君子难，为真小人不易。舍难就易，于是相率而为似君子非君子、似小人非小人之伪君子。是故伪君子非趋利即求名，而趋利求名者，必是伪君子。伪君子之由来，名利为之也。

世衰道微，人欲横流。遇一名正言顺之词说，必群相假之以饰人之耳目，防人之攻击，而逞其心思之所欲。于是伪君子乃杂然应时而兴，随地而起。位高者为伪大，位卑者为伪小；时急则伪烈，时安则伪微。就总纲论之，有言是心非者，有行是心非者。其尤者，则心有杀人之心，行有杀人之行，而惟以语言文字为之涂饰。其险者，则造其近因，而收其远果，沫以小惠而攫以大利。就细目分之，争权则曰平等，逞志则曰自由，好事则曰热心，有求则曰力行，“任情则曰率性”〔丙〕，“矫饰则曰尽伦，拘迫则曰存心，粘缀则曰改过，比拟则曰取善”〔乙〕，“虚见则曰超悟”〔丙〕，“持位保禄则曰老成持重，躲闲避事则曰收敛定静，柔媚谐俗则曰谦和逊顺”〔丁〕，“意气用事则曰独立不惧”〔己〕，漫然苟出则曰如苍生何，逐物意移则曰随事省察，心志不定则曰讼悔迁改，苟贱无耻则饰以忍耐。“随俗袭非则饰以中庸”〔己〕，“不悖时情则饰以忠厚，不分黑白则饰以混融”〔庚〕。“阳为孔颜无上乐，阴则不事检点”〔丙〕；“名为圣人无死地，实则临难苟安”〔己〕。“以破戒为不好名者有之”〔丙〕，以冥顽为不动心者有之。放心不求，姑以恬淡无为为搪塞；枉寻直尺，直以舍身济世为解释。“有利于己，而欲嘱托公事，则称引万物一体之说；有害于己，而欲远怨避嫌，则称引明哲保身之说”〔庚〕。假警惕以说滞，借自然以释荡。直而讦，辩而佞，恭而劳，慎而葸。“自谓宽裕温柔，焉知非优游怠息，自谓发强刚毅，焉知非躁妄激作”〔甲〕？外似斋庄，中实忿戾；表似密察，里实琐细；貌似正而志在矫，容似和而神在流。仲尼其面，阳货其心；虞舜其瞳，项羽其行。睚眦必报，则藉口于奋勇；鸡鸣狗盗，则借辞于用智；两毛不擒，则图说于施仁；狡兔三窟，则托称于示惠；逢亲之恶，所以显吾之孝；遂兄之过，所以著吾之悌；成国之暴，所以彰吾之忠；践诺之误，所以明吾之信；嫂溺不援，自谓执礼；率土食人，自称义师；避兄离母，自号操廉；矜己傲物，自谓知耻。众矣哉！伪君子之类。杂矣哉！伪君子之途。

伪君子虽百出而莫穷，然自外言之，其所以为诱者则一。一者何？名利而已。伪君子与世浮沉，随祸福毁誉而变其本色，以博名利。故其出处、去就、进退、取与，不定于义理，而定于毁誉祸福，而义理亡。夫人之出处、去就、进退、取与，贵当其义理耳。出处、去就、进退、取与，而违乎义理，则非人之出处、去就、进退、取与矣。自内言之，人之所以受名利之诱，而演出千百之伪状者亦一。一者何？心伪而已。张甑山曰：“为人须为真人，毋为假人。”朱子[②]曰：“是真虎必有风。”真人必有四端之心：“心不在焉，视而不见，听而不闻，食而不知其味。”故人而心伪，则耳目口舌俨然人也，而实假人矣。孔子曰：“恶乎成名？”谓其无以成真人之名也。

天下非真小人之为患，伪君子之为患耳。真小人，人得而知之，人得而避之，并得而去之。伪君子服尧之服，诵尧之言，而处心积虑，设阱伏机，则桀纣也。桀纣，汤武得而诛之也。桀纣而尧，则虽善实恶，虽恶而难以罪之也；虽是实非，虽非而难以攻之也；真中藏假，虽假而难以察之也。博尧之名，而无尧之艰；享桀纣之利，而无桀纣之祸。无人非，无物议，伪君子以此自鸣，世人以此相隐慕。一家行之而家声伪，一国行之而国风伪，行之既久而世俗伪。嗟夫！真小人之为患，深之不过数世，浅则殃及其身而已；伪君子则直酿成伪家声、伪国风、伪世俗，灾及万世而不可穷。故曰：“乡愿，德之贼也！”孔子恶似而非，恶乎此也。综天下而论，伪君子惟吾国为最多；统古今而论，伪君子惟今世为最盛。吾国之贫，贫于此也；吾国之弱，弱于此也；吾国多外患，患于此也；吾国多内乱，乱于此也。读者疑吾言之骇乎？他姑不论，使吾总统之神武大略，国会之济济多才，苟于公诚一端，稍加之意，同心同德，以戮力国事，则中国不其大有为乎？不以公诚使其才与势，此其宵旰忧劳，所以鲜补于国计民生也。诗云：“君子如怒，乱庶遄已。”孟子曰：“文王[③]一怒而安天下之民。”吾政府对于年来内乱，亦既赫赫斯怒，然而平乱而乱不平，安民而民不安，毋亦能怒而不能真文王、真君子之怒乎？呜呼！真人不出，如苍生何？

著者曰：吾十八以前，只知恶人之为伪，不知恶己之有时亦为伪，且每以得行其伪为得计。呜呼，误矣！自入本校，渐知自加检点。然初一二年中，致力于文科之学，未暇在受用学问上加功。虽时有道学演说，心不在焉，故诚心终不伪心胜。入大学后，暇时辄取《新约》[④]展阅之，冀得半言片语以益于身心而涤其伪习。读至耶稣责法利赛人徒守旧俗假冒为善一节，恍然自失曰：“吾从前所为得毋为法利赛人乎？”触想孔圣亦有“恶似而非”及“乡愿，德之贼也”之言；又痛自深恨曰：“吾从前所为，得毋为贼乎？”自后乃痛恶己之为伪，视为伪之我如贼，如法利赛人。自呼为真我，呼为伪之我曰伪我，或曰贼，或曰法利赛人。吾圆颅不啻为真我与伪我之战场，真我驱伪我不遗余力。伪我虽有时退却，然我之大病根，在喜誉恶毁。名之所在，心即怦然动，伪言行即不时因之而起。事后辄痛悔不安，因思不立定宗旨，徒恃克治，终少进步。龙溪先生[⑤]曰：“自信而是，断然必行，虽遁世不见，是而无闷；自信而非，断然必不行，虽行一不义而得天下，不为。”小子不敏，窃愿持此以为方针。历不破除名利之见，决无不为伪之理。率此行后，纵未能一时肃清伪魔，然较前颇有进步。孟子自言四十不动心，王子[⑥]自言南都以前尚有些乡愿意思。二贤岂欺我哉？阅历则然耳！夫二贤，一则善养浩然之气，一则善致良知。其立真去伪，尚且若是其难，何况吾辈小子！然其工夫虽困难万状，二贤终有成功之日。吾于是乎且喜将来真我之必胜，而伪我之必可败。其胜其败，是在及早努力，百折不回，在心中建立真主宰，以防闲伪魔。行出一真是一真，谢绝一伪是一伪。譬如淘金，期在沙尽金现，顾可因其难而忽之哉？暑假中，存养省察有得，辑之成篇，意在自勉而兼以勉人也。

原注

〔甲〕欧阳南野[⑦]

〔乙〕罗念庵[⑧]

〔丙〕王塘南[⑨]

〔丁〕邹南皋[⑩]

〔己〕顾泾阳[⑪]

〔庚〕顾泾凡[⑫]

注：

① 乡愿　《论语·阳货》：“乡原，德之贼也。”原通愿，乡愿指乡里言行不一、伪善欺世的人。

② 朱子　即朱熹（1130—1200），南宋理学家、教育家。字元晦，号晦庵。

③ 文王　即周文王，商末周族领袖。

④《新约》　《圣经·新约全书》的简称。

⑤ 龙溪先生　即王畿（1498—1583），明理学家。字汝中，别号龙溪。

⑥ 王子　即王守仁（1472—1529），明理学家、教育家。字伯安，尝筑室故乡阳明洞中，世称“阳明先生”。

⑦ 欧阳南野　即欧阳德（1496—1554），字崇一，号南野。

⑧ 罗念庵　即罗洪先（1504—1564），明代地理学家、地图学家。字达夫，号念庵。

⑨ 王塘南　即王时槐（1522—1605），字子植，号塘南。

⑩ 邹南皋　即邹元标（1551—1624），字尔瞻，号南皋。

⑪ 顾泾阳　即顾宪成（1550—1612），字叔时，号泾阳。

⑫ 顾泾凡　即顾允成（1554—1607），字季时，号泾凡。顾宪成之弟。

“伪知识”阶级

自从俄国革命以来，“知识阶级”（intelligentsia）[①] 这个名词忽然引起了世人之注意。在打倒知识阶级呼声之下，我们不得不问一问：什么是知识阶级？知识阶级是怎样造成的？应当不应当把他打倒？这些问题曾经盘旋于我们心中，继续不断的要求我们解答。近来的方向又转过来了，打倒知识阶级的呼声一变而为拥护知识阶级的呼声。我们又不得不问一问：什么是知识阶级？知识阶级是怎样造成的？应当不应当将他拥护？在这两种相反的呼声里面，我都曾平心静气的把这些问题研究了一番，我所得的答案是一致的。我现在要把我一年来对于这些问题考虑的结果写出来，与有同样兴趣的朋友们交换意见。

我们要想把知识阶级研究得明白，首先便须分别“知识”与“智慧”。智慧是生成的，知识是学来的。孟子说：“由射于百步之外也：其至，尔力也；其中，非尔力也。”会射箭的人能百步穿杨。射到一百步的力量是生成的限度；到了一百步还能穿过杨树的一片叶子，那便是学来的技巧了。这就是智慧与知识的分别。又比如言语：说话的能力是生成的，属于智慧；说中国话、日本话、柏林话，便是学成的，属于知识。人的禀赋各不相同，生成的智慧至为不齐。有的是最聪明的，有的是最愚笨的。但从最愚笨的人到最聪明的人，种种差别都是渐渐的推上去的。假使我们把一千个人按着聪明的大小排列成行，我们就晓得最聪明的是少数，最愚笨的也是少数，而各人和靠近的人比起来都差不了几多。我们只觉得各个不同，并找不出聪明人和愚笨人中间有什么鸿沟。我们可以用一个最浅近的比方把这个道理说出来。人的长矮也是生成的。我们可以把一千个人依着他们的长矮顺序排列：从长子看到矮子，只见各人渐渐的一个比一个矮；从矮子看到长子，只见各人也是渐渐的一个比一个长。在寻常状态之下，我们找不出一大群的长子，叫做长子阶级；也找不出一大群的矮子，叫做矮子阶级。我们在上海的大马路上或是在燕子矶关帝庙会里仔细一望，就可以明白这个道理。从人之长矮推论到人之智愚，我们更可明白生成之智慧只有渐渐的差别，没有对垒的阶级。智慧既无阶级，自然谈不到打倒、拥护的问题。

其次，我们要考察知识的本身。知识有真有伪。思想与行为结合而产生的知识是真知识，真知识的根是安在经验里的。从经验里发芽抽条开花结果的是真知灼见，真知灼见是跟着智慧走的。同处一个环境，同等的智慧可得同等的真知灼见。智慧是渐渐的相差，所以真知灼见也是渐渐相差。智慧既无阶级，真知识也就没有阶级。俗语说：“三百六十行，行行出状元。”真知识只有直行的类别，没有横截的阶级。各行的人有绝顶聪明的，也有绝不中用的。但在他们中间的人，智力上的差别和运用智力取得之真知识的差别都是渐渐的，都是没有阶级可言。倘使要把三百六十行的“上智”联合起来，称为知识阶级，再把三百六十行的“下愚”联合起来，称为无知识阶级，那就是一件很勉强很不自然的事了。

照这样说来，世界上不是没有知识阶级了吗？不，伪知识能成阶级！什么是伪知识？不是从经验里发生出来的知识便是伪知识。比如知道冰是冷的、火是热的是知识。小孩儿用手摸着冰便觉得冷，从摸着冰而得到“冰是冷的”的知识是真知识。小孩儿单用耳听见妈妈说冰是冷的而得到“冰是冷的”的知识是伪知识。小孩儿用身靠近火便觉得热，从靠近火而得到“火是热的”的知识是真知识。小孩子单用耳听妈妈说火是热的而得到“火是热的”的知识是伪知识。有人在这里便起疑问：“如果样样知识都要从自己经验里得来，岂不是麻烦得很？人生经验有限，若以经验范围知识，那么所谓知识岂不是也很有限了吗？没有到过热带的人，就不能了解热带是热的吗？没有到过北冰洋的人，就不能了解北冰洋是冷的吗？”这些疑问是很重要的，我们必须把他们解答清楚，方能明了真知识与伪知识的分别。我只说真知识的根是要安在经验里，没有说样样知识都要从自己的经验上得来。假使我们抹煞别人经验里所发生的知识而不去运用，那真可算是世界第一个大呆子。我们的问题是要如何运用别人经验里所发生的知识使他成为我们的真知识，而不要成为我们的伪知识。比如接树：一种树枝可以接到别一种树枝上去使他格外发荣滋长，开更美丽之花，结更好吃之果。如果把别人从经验发生之知识接到我们从自己经验发生之知识之上去，那么，我们的知识必可格外扩充，生活必可格外丰富。我们要有自己的经验做根，以这经验所发生的知识做枝，然后别人的知识方才可以接得上去，别人的知识方才成为我们知识的一个有机体部分。这样一来，别人的知识在我们的经验里活着，我们的经验也就生长到别人知识里去开花结果。至此，别人的知识便成了我们的真知识。其实，他已经不是别人的知识而是自己的知识了。倘若对于某种知识，自己的经验上无根可找，那么无论如何勉强，也是接不活的。比如在厨房里烧过火的人，或是在火炉边烤过火的人，或是把手给火烫过的人，便可以懂得热带是热的；在冰房里呆过的人，或是在冰窖里呆过的人，或是做过雪罗汉的人，便可以懂得北冰洋是冷的。对于这些人，“热带是热的，北冰洋是冷的”虽从书本上看来，或别人演讲时听来，也是真知识。倘自己对于冷热的经验丝毫没有，那么，这些知识虽是学而时习之，背得熟透了，也是于他无关的伪知识。

知识的一部分是藏在文字里，我们的问题又成为：“什么文字是真知识？什么文字是伪知识？”经验比如准备金，文字比如钞票。钞票是准备金的代表，好一比文字是经验的代表。银行要想正经生意必须根据准备金去发行钞票，钞票是不可滥发的。学者不愿自欺欺人，必须根据经验去发表文字。文字是不可滥写的。滥发钞票，钞票便不值钱；滥写文字，文字也不值钱。欧战后，德国马克一落千丈，当时有句笑话，说是“请得一席客，汽车载马克”。这句话的意思是马克纸币价格跌得太低，寻常请一席酒要用汽车装马克去付账。这是德国不根据准备金而滥发纸币之过。滥发钞票，则虽名为钞票，几是假钞票。吾国文人写出了汗牛充栋的文字，青年学子把他们在脑袋子里都装满了，拿出来，换不得一肚饱。这些文字和德国纸马克是一样的不值钱，因为他们是在经验以外滥发的文字，是不值钱的伪知识。

我国先秦诸子如老子、孔子、孟子、庄子、墨子、杨子、荀子[②]等都能凭着自己的经验发表文字，故有独到的议论。他们好比是根据自己的准备金发可靠的钞票。孔子很谦虚，只说“述而不作，信而好古”，自居为根据古人的准备金为古人清理钞票；他只承认删诗书，定礼乐，为取缔滥发钞票的工作。孟子虽是孔家的忠实行员，但心眼稍窄，只许孔家一家银行存在，拼命的要打倒杨家、墨家的钞票。汉朝以后，学者多数靠着孔子的信用，继续不断的滥发钞票，甚至于又以所滥发的钞票做准备库，滥上加滥的发个不已，以至于汗牛充栋。韩文公[③]的脾气有些像孟子，他眼看佛家银行渐渐的兴旺，气愤不过，恨不得要拼命将他封闭，把佛家银行的行员杀得干干净净。他至今享了“文起八代之衰”的盛名，但据我看来，所谓“文起八代之衰”只是把孔家银行历代经理所滥发的钞票换些新票而已，他又乘换印新票的时候顺带滥发了些新钞票。程、朱、陆、王[④]纵有许多贡献及不同的地方，但是他们四个人大部分的工作还是根据孔、孟合办银行的招牌，和从前滥发的钞票去滥发钞票。他们此时正与佛家银行做点汇兑，所以又根据佛家银行的钞票，去滥发了些钞票。颜习斋[⑤]看不过眼，谨慎的守着孔家银行的准备库，一方面大声疾呼的要严格按着准备金额发行钞票，一方面要感化佛家银行行员使他无形解体。他是孔家银行里一位最忠实的行员，可是他所谨守的金库里面有许多金子已经上锈了。等到八股发达到极点，朱注的“四书”[⑥]被拥护上天的时候，全国的人乃是以朱子所发的钞票当为准备金而大滥特滥的去发钞票了。至此，中国的知识真正濒于破产了。吴稚晖先生劝胡适之先生不要迷信整理国故，自有道理。但我觉得整理国故如同清理银行账目一样，是有他的位置的。我们希望整理国故的先生们经过很缜密的工作之后，能够给我们一本报告，使我们知道国故银行究有几多准备金，究能发行多少钞票，哪些钞票是滥发的。不过他们要谨慎些，千万不可一踏进银行门，也去滥发钞票。如果这样，那这笔账更要糊涂了。总括一句：只有从经验里发生出来的文字才是真的文字知识，凡不是从经验里发生出来的文字都是伪的文字知识。伪的文字知识比没有准备金的钞票还要害人，还要不值钱。

伪的知识、伪的文字知识既是害人又不值钱，那么，他如何能够存在呢？产生伪知识的人，应当连饭都弄不到吃，他们又如何能成阶级呢？伪知识和伪钞票一样，必须得到特殊势力之保障拥护才能存在。“伪知识”阶级是特殊势力造成的，这特殊势力在中国便是皇帝。

创业的皇帝大都是天才。天才忌天才是很自然的一件事。天下最厉害的无过于天才得了真知识。如果政治的天才从经验上得了关于政治的真知灼见，谁的江山也坐不稳。做皇帝的人，特别是创业之主，是十分明了此中关系的，并且是一百分的不愿意把江山给人夺去。他要把江山当作子孙万世之业，必得要收拾这些天才。收拾的法子是使天才离开真知识去取伪知识。天才如何就他的范围、进他的圈套呢？说来倒很简单。皇帝引诱天才进伪知识的圈套有几个法子。一、照他的意旨在伪知识上用功，便有吃好饭的希望。俗话说“只有穷秀才，没有穷举人”，伪知识的功夫做得愈高愈深，便愈能解决吃饭问题。二、照他的意旨在伪知识上用功，便有做大官的希望。世上之安富尊荣，尽他享受。中了状元还可以做驸马爷，娶皇帝的女儿为妻。穿破布烂棉花去赴朝考的人，个个都有衣锦回乡的可能。三、照他的意旨在伪知识上用功，便有荣宗耀祖的希望。这样一来，全家全族的人都在那儿拿着鞭子代皇帝使劲赶他进圈套了。倘使他没有旅费，亲族必定要为他凑个会，或是借钱给他去应试。倘使他不去，又必定要用“不长进”一类的话来羞辱他，使他觉得不去应试是可耻的。全家全族的力量都做皇帝的后盾，把天才的儿孙像赶驴子样一个个的赶进皇帝的圈套，天下的天才乃没有能幸免的了。

“伪知识”阶级不是少数人可以组织成功的。有了皇帝做大批的收买，全社会做这大批生意的买办，个人为名利权位所诱而不能抵抗出卖，“伪知识”阶级乃完全告成。依皇帝的目光看来，这便是“天下英雄，尽入我彀中”。雄才大略的帝王个个有此野心，不过唐太宗口快，无意中把他说破罢了。最可叹的是皇帝手段太辣：一方面是积极的推重伪知识，所谓“满朝朱紫贵，尽是读书人”一类的话，连小孩都背熟了；一方面是消极的贱视伪知识以外的人，所谓“万般皆下品，惟有读书高”，又是从娘胎里就受迷的。所以不但政治天才入了彀，七十二行，行行的天才都入了他的圈套了。天才是遗传的，有其父必有其子。老子进了圈套，儿子、孙子都不得不进圈套。只要“书香之家”四个大字，便可把全家世世代代的天才圈入“伪知识”阶级。等到八股取士的制度开始，“伪知识”阶级的形成乃更进一步。以前帝王所收买的知识还夹了几分真，等到八股发明以后，全国士人三更灯火五更鸡去钻取的知识，乃是彻底不值钱的伪知识了。这种知识除了帝王别有用意之外，再也没有一人肯用钱买的了；就是帝王买去也是丝毫无用，也是一堆一堆的烧去不要的。帝王是醉翁之意不在酒，他哪里是收买伪知识，他只是用名利、权位的手段引诱全国天才进入“伪知识”的圈套，成为废人，不能与他的儿孙争雄罢了。

这些废人只是为“惜字炉”继续不断的制造燃料，他们对于知识的全体是毫无贡献的。从大的方面看，他们是居于必败之地。但从他们个人方面看，却也有幸而成的与不幸而败的之分别。他们成则为达官贵人，败则为土豪、劣绅、讼棍、刀笔吏、教书先生。最可痛心的，就是这些废人应考不中，只有做土豪、劣绅、讼棍、刀笔吏、教书先生的几条出路。他们没有真本领赚饭吃，只得拿假知识去抢饭吃，骗饭吃。土豪、劣绅、讼棍、刀笔吏之害人，我们是容易知道的；教书先生之害人更广、更深、更切，我们是不知道的。教书先生直接为父兄教子弟，间接就是代帝王训练“伪知识”阶级。他们的知识，出卖给别人吧，嫌他太假；出卖给皇帝吧，又嫌他假得不彻底。不得已，只好拿来哄骗小孩子。这样一来，非同小可，大书呆子教小书呆子，几几乎把全国中才以上的人都变成书呆子了，都勾引进伪知识阶级了。伪知识阶级的势力于是乎雄厚，于是乎牢不可破，于是乎继长增高，层出无穷。

皇帝与民争，用伪知识来消磨民间的天才，确是一个很妙的计策。等到民间的天才消磨已尽，忽然发生了国与国争，以伪知识的国与真知识的国抗衡，好一比是拿鸡蛋碰石头，哪有不破碎的道理！鸦片之战，英法联军之战，甲午之战，没有一次幸免，皇帝及大臣才明白伪知识靠不住。于是废八股，兴学堂，这未始不是一个转机。但是政权都操在“伪知识”阶级手中，他们哪会培养真知识？他们走不得几步路，就把狐狸尾巴拖出来了。他们自作聪明的把外国的教育制度整个的抄了一个来。他们曾用眼睛、耳朵、笔从外国贩来了些与国情接不上的伪知识。他们把书院变成学堂，把山长改为堂长[⑦]。“四书”用不着了，一律换为各种科学的教科书。标本、仪器很好看，姑且拣那最好看的买他一套，在玻璃柜里陈列着，可以给客人参观参观。射箭很不时髦，要讲尚武精神，自须学习兵操。好，他们很信他们的木头枪真能捍国卫民咧！这就算是变法！这就算是维新！这就算是自强！一般社会对于这些换汤不换药的学堂却是大惊小怪，称他们为洋学堂，又称学堂里的学生为洋学生。办学的苦于得不到学生，于是除供饭食发零用外，还是依旧的按着学堂等级给功名：小学堂毕业给秀才；中学堂毕业给贡生；高等学堂毕业给举人；大学堂学生给进士；外国留学回来的，赴朝考及第给翰林点状元。社会就称他们为洋秀才、洋贡生、洋举人、洋进士、洋翰林、洋状元。后来废除功名，改称学士、硕士、博士等名目，社会莫名其妙了。得到这些头衔的人还是仍旧用旧功名翻译新功名，说是学士等于秀才，硕士等于举人，博士等于翰林，第一名的博士便是从前的状元。说的人自以为得意，听的人由羡慕而称道不止，其实这还不是穿洋装的老八股吗？穿洋装的老八股就是洋八股。老八股好比是根据本国钞票发行的钞票，洋八股好比是根据外国钞票去发行的钞票，他们都是没有准备金的假钞票。洋八股和老八股虽有新旧之不同，但同不是从经验里发生的真知识，同是不值钱的伪知识。从中国现在的情形看来，科学与玄学[⑧]之争，只可说是洋八股与老八股之争。书本的科学，陈列的实验，岂能当科学实验之名？他和老八股是同样无用的东西。请看三十年来的科学，发明在哪里？制造在哪里？科学客倒遇见不少，真正的科学家在哪里？青年的学子：书本的科学是洋版的八股，在讲堂上高谈阔论的科学客，与蒙童馆里的冬烘先生[⑨]是同胞兄弟，别给他们骗走了啊！

所以中国是有“伪知识”阶级。构成中国之伪知识阶级有两种成分：一是老八股派，二是洋八股派。这个阶级既靠伪知识骗饭吃，不靠真本领赚饭吃，便没有存在的理由。

这个阶级在中国现状之下已经是山穷水尽了。收买伪知识的帝王已经消灭，再也找不出第二个特殊势力能养这许多无聊的人。但因为惰性关系，青年们还是整千整万的向着这条死路出发，他们的亲友仍旧是拿着鞭儿在后面使劲的赶。可怜得很，这些青年个个弄得焦头烂额，等到觉悟回来，不能抢饭的便须讨饭。伪知识阶级的末路已经是很明显了，还用得着打倒吗？又值得拥护吗？

但是一班狡猾的“伪知识”者找着一个护身符，这护身符便是“读书”两个字。他们向我们反驳说：“书也不应当读了吗？”社会不明白他们葫芦里卖的是什么药，也就随声附和的说：“是啊！书何能不读呢！”于是“读书不忘救国，救国不忘读书”，便成了保障伪知识阶级的盾牌。所以不把读书这两个字说破，伪知识阶级的微生物便能在里面苟延残喘。我们应当明白，书只是一种工具，和锯子、锄头是一样的性质，都是给人用的。我们与其说“读书”，不如说“用书”。书里有真知识和伪知识，读他一辈子，不能辨别他的真伪；可是用他一下，书的本来面目便显了出来，真的便用得出去，伪的便用不出去。也如同真的锯子才能锯木头，真的锄头才能锄泥土，假的锯子、锄头一用到木头、泥土上去就知道他不行了。所以提到书便应说“用书”，不应说“读书”，那“伪知识”阶级便没得地方躲了。与“读书”联成一气的有“读书人”一个名词。这个名词，更要不得。假使书是应当读的，便应使人人有书读。决不能单使一部分的人有书读，叫做读书人；又一部分的人无书读，叫做不读书人。比如饭是应当吃的，应使人人有饭吃。决不能使一部分的人有饭吃，叫做吃饭的人；又一部分的人无饭吃，叫做不吃饭的人。从另一方面看，只知道吃饭，不成饭桶了吗？只知道读书，不成为有脚可以走路的活书架子了吗？我们为避免堕入伪知识阶级的诡计起见，主张用书不主张读书。农人要用书，工人要用书，商人要用书，兵士要用书，医生要用书，律师要用书，画家要用书，教师要用书，音乐家要用书，戏剧家要用书，三百六十行，行行都要用书。行行都成了用书的人，真知识才愈益普及，愈能发现了。书是三百六十行的公物，不是读书人所能据为私有的。等到三百六十行都是用书人，读书的专利营业便完全打破，读书人除非改行，便不能混饭吃了。这个日子已经来到，大家还不觉悟，只有死路一条。凡受过中国新旧教育的人，都免不了有些“伪知识”的成分和倾向。为今之计，我们应当痛下四个决心：

一、从今以后，我们应当放弃一切固有的伪知识；

二、从今以后，我们应当拒绝承受一切新来的伪知识；

三、从今以后，我们应当制止自己再把伪知识传与后辈；

四、从今以后，我们应当陪着后起的青年共同努力去探真知识的泉源。

最后，我要郑重的说：二十世纪以后的世界，属于努力探获真知识的民族。凡是崇拜伪知识的民族，都要渐就衰弱以至于灭亡，三百六十行中绝没有教书匠、“读书”人的地位，东西两半球上面也没有中华书呆国的立足点。我们个人与民族的生存都要以真知识为基础。伪知识是流沙，千万不可在他上面流连忘返。早一点觉悟，便是早一点离开死路，也就是早一点走向生路。这种生死关头，十分显明，绝无徘徊迟疑之余地。起个取真去伪的念头，是走向生路的第一步。明白伪知识的买主已经死了永不复生并且绝了种，是走向生路的第二步。以做“读书”人或“读书”先生为最可耻，是走向生路的第三步。凡事手到心到——在劳力上劳心，便是骑着千里驹在生路上飞跑了。

注：

①“知识阶级”（intelligentsia） 即知识界或知识分子的总称，把知识分子称为“知识阶级”是五四运动时期的叫法。

② 墨子 即墨翟（约前 468—前 376），春秋战国之际思想家、政治家，墨家的创始人。
杨子 即杨朱，战国初魏国人。
荀子 即荀况（约前 313—前 238），战国末思想家、教育家。

③ 韩文公 即韩愈（768—824），唐文学家、哲学家。卒谥文，世称韩文公。

④ 程、朱、陆、王 程，即程颢（1032—1085）与程颐（1033—1107）兄弟，北宋理学家、教育家，合称“二程”；朱，即朱熹；陆，即陆九渊（1139—1193），南宋理学家、教育家；王，即王守仁。

⑤ 颜习斋 即颜元。

⑥“四书”指朱熹所注的《四书章句集注》，包括《大学章句》一卷、《中庸章句》一卷、《论语集注》十卷、《孟子集注》七卷。朱熹在书中按其唯心主义理学的观点，对四书作了系统的注释。宋以后被历代封建统治者规定为必读的教科书。

⑦ 山长 元代书院设山长，讲学之外，并总领院务。清乾隆时改名院长，清末仍名山长。
堂长 清末创设各级各类学堂后，设堂长总理校务、教务。

⑧ 玄学 指魏晋时期主要的哲学思潮。它以宣传《老子》的“玄而又玄，众妙之门”而得名。玄学主张“以无为本”，认为世界的本原是“无”，万事万物都是“无”所派生的。宣扬“无为而治”。

⑨ 冬烘先生 指思想迂腐、学识浅陋的教师。

社会改造之出发点[①]

从事社会改造的人，要远处着眼，近处着手。现在中国注重社会改造的人渐渐的增加，是一件很可庆幸的事。但是总觉得肯在近处着手的人还是太少。我们要想做近处着手的功夫，最要紧的是划分范围，确定责任。社会的范围可大可小。大而言之，社会就是全世界；小一点就是一国；再小就是一省、一县、一城；再小就是我们最近的环境，在我们前后左右的邻居。我以为要在我们自己机关以外服务社会，最好是从我们的最近环境着手，逐渐的推广出去。我们最近的环境要待改造的事体也很多。卫生问题、生计问题、道德问题、娱乐问题，以及种种别的问题都待解决，都是从事社会改造者不忍放弃的问题。但是人民不能识字读书也是个待解决的问题，恐怕是一个基本的问题。我们倘能把种种问题用大刀阔斧来同时解决，岂不痛快！世上做这种梦的人确实不少。无如天下事没有这样容易，我们的精力也很有限，要想把一切问题同时解决，结果必定是一个问题也不能解决。倒不如按着自己的能力，看准一件具体的事，会精聚神的来干他一下。如果我们对于一件事肯得专心继续的努力去干，一定有解决的希望。一个人，一个时候在一个地方干一件事，是社会改造的不二法门。本社依据这个原则，就拿羊市大街[②]一百二十一号门牌里的读书问题，来做我们改造社会的出发点。

（原载 1923 年 12 月 23 日《中华教育改进社第二周年纪念会会刊》）

注：

① 这是作者在中华教育改进社三周年纪念会及羊市大街平民教育会成立会上报告中华教育改进社社务时的讲话。该会由董事长熊秉三致开幕词，平民教育总会会长朱其慧的代表周作民致祝词。

② 羊市大街　北京市的一条街，中华教育改进社推行城市平民教育的一个试点。

四个先生

中国大众的肚皮吃不饱，脑袋也饿得要命。会写文章的人是像厨子一样，只为阔佬烧大菜，不顾穷人吃糟糠。

现在有几种杂志，材料很好，写法不对。他们谈的是大众的事情，但是看得懂的只有少数人。识字的大众都看不懂，为了要知道自己的事情，又不得不看。他们只好皱起头皮来，拿着小字典，一面看，一面查生字。生字查不出来，要问人又没有人问。这是多么痛苦啊！给大众受这种痛苦的人是骄傲、懒惰、拥护方块字的文人。

《大众生活》是大众要看的一种杂志。我敢说必定有许多读过《千字课》的劳苦大众会拿《大众生活》来当作他们的高级课本读。我们若不想法子，叫他们容易看得懂，那真是罪过。法子在哪儿？投稿的人要努力学写大众文。大众文怎样写法？我也不敢胡说，但有四个先生可以介绍。只要我们自己虚心向他们请教，他们是愿意免费指导我们的。

一　耳朵先生

我们平常写文章，只要眼睛看得满意就算是好的了。但是我们的眼睛，看惯了古文，看惯了白话文，最容易叫我们上当。它会教我们写成大众看不懂的文字。我们的耳朵呢，比起眼睛来是和大众接近些。我们听得懂的话，大众多半听得懂。根据我们听得懂的话语写出文章来，识字的大众是比较容易看得懂。写之前，写之时，写之后，都要把自己的耳朵请出来指导一下，读起来，耳朵听得懂，高兴听，就算及格；听不懂，不高兴听，就把它摔到字纸篓里去。这样我们便可以少走一点错路。

二　大众先生

我们的耳朵虽然比眼睛靠得住，但不是顶靠得住的。顶靠得住的是大众的耳朵，农人、工人、车夫、老妈子、小孩子都是我们必须请教的先生。倘使能够认识几位前进的大众，那是格外的好。写好一篇文章或是一篇诗歌，读起来给他们听听，他们必定能够给我们改得很好。他们听到新名词的时候，有时听不懂，我们必得解释。但是新名词也应当充分的根据大众语来创造或改造。比如，微生物学里的“草履虫”是无疑的应当改成“草鞋虫”。

三　生活先生

把写好的文章请大众给我们改，还不如钻进大众的生活里面去过大众的生活。过大众的生活才算受大众的教育，才能写大众的文章。我们必须在大众的队伍里做一个队员，与大众打成一片，才能感觉大众的痛苦，发现大众的问题，明了大众的迫切的要求，这时候才有资格来写真正的大众文。所以第一流的大众文，是大众自己写的文章，而不是站在局外的人所能写得好的。

四　新文字先生

现在有一种拼音的新文字出来。我依着新文字的方法，写过几篇短文。我发现新文字是我们写大众文的最好的先生。有一回我用新文字写好了一段，放在桌子上，过了两三个钟头回来，有一句看不懂了。这真奇怪咧！自己写的东西，自己看不懂。仔细的考察一下，我自己所以看不懂的缘故，是因为读起来听不懂了。若用汉字写，自己以为看得懂，就马马虎虎的让它算做大众文。新文字丝毫不许我们马虎。我们若不根据耳朵听得懂的话语来写，过不了几多时候，连自己也读不懂了。从根本上说，大众文就得用拼音的新文字来写。因为一种文字必定是要容易认、容易写，才容易普及而成为大众的文字。我们用汉字写大众文，结果是会变成小众文，因为汉字难认、难写、难于普及。用汉字写的文章，就不得不变成有闲的小众的消闲品。

八位顾问[①]

我有八位好朋友，
肯把万事指导我。
你若想问真名姓，
名字不同都姓何：
何事，何故，何人，何如，
何时，何地，何去。
好像弟弟与哥哥。
还有一个西洋派，
姓名颠倒叫几何[②]。
若向八贤常请教，
虽是笨人不会错。

注：

① 八位顾问　作者在 1942 年 10 月 4 日讲《育才十字诀》时曾对“八位顾问”解释说，英国诗人吉卜林有一首小诗题为《六个裁缝》，即：（一）什么事；（二）什么人；（三）什么缘故；（四）什么方法；（五）什么时间；（六）什么地方。我们为着要改造一般书生的笼统的静止的头脑，加了两位：（七）什么数目；（八）什么动向。这八贤是我们治学治事不用报酬的常年顾问，此诗为了简便易记，把每位顾问简化成两个字。

② 几何　此处是指数量多少，不是数学里的几何学。作者诗中说它是个“西洋派”带有幽默性，八位顾问都姓“何”，七位把姓放在前，唯有第八位把姓摆在后面，好像西洋人姓名排列法。

行知行[①]

谢育华先生看了《古庙敲钟录》之后对我说："你的理论，我明白了，是'知行知'。知行底下这个知字是安得何等有力！很少的人能喊出这样生动的口号。"我向他表示钦佩之意之后，对他说："恰恰相反。我的理论是，'行知行'。"他说："有了电的知识，才去开电灯厂；开了电灯厂，电的知识更能进步。这不是知行知吗？"我说："那最初的电的知识是从哪里来的？是像雨一样从天上落下来的吗？不是。是法拉第[②]、爱迪生几个人从把戏中玩出来的。说得庄重些，电的知识是从实验中找出来的。其实，实验就是一种有目的、有计划、有组织、有步骤、有创意的把戏。把戏或实验都是一种行动。故最初的电的知识是由行动中得来。那么，它的进程是'行知行'，而不是'知行知'。"

"既是这样说，你就应该改名了。挂着'知行'的招牌，卖的是'行知'的货物，似乎有些不妥。"

改名！我久有此意了。在二十三年前，我开始研究王学[③]，信仰知行合一的道理，故取名"知行"。七年前，我提出"行是知之始，知是行之成"的理论，正与阳明先生的主张相反，那时以后，即有顽皮学生为我改名，常称我"行知吾师"。我很乐意接受。自去年以来，德国朋友卫中先生，即傅有任先生，每每欢喜喊我"行知"。他说："中国人如果懂得'行知'的道理而放弃

‘知行’的传统思想，才有希望。”近来有些人常用“知行”的笔名在报纸上发表文字，我不敢夺人之美，也不愿代人受过。本来，“知行”二字，不是我姓陶的所得据为私有。我现在所晓得的，在中国有黄知行先生、熊知行先生，在日本有雄滨知行先生，还有几位无姓的知行先生。知行队中，少我一个，也不见得寂寞，就恕我退出了吧。我对于二十三年来天天写、天天看、天天听的名字，难免有些恋恋不舍，但为求名实相符，我是不得不改了。

（原载1934年7月16日《生活教育》第1卷第11期）

注：

① 本篇发表时，署名为陶行知，此后即改知行为行知。

② 法拉第　（1791—1867），英国物理学家、化学家。

③ 王学　王阳明（王守仁）的学说。

每天四问

今天[1]是本校三周年纪念，我有一些意见提出来和大家谈谈，作为先生、同学和工友们的参考。

本校从去年的二周年纪念到今年的三周年纪念，能在这样艰难困苦中支持了一年，几乎是一个奇迹。这一个奇迹，不是一个人的力量所能够做得出来的，而是全体先生、同学、工友共同坚持，共同进步，共同创造，以及社会关心我们人士的尽力赞助所得来的。

本校在这一年中，好像是我们先生、同学、工友二百人坐在一只船上，放在嘉陵江中漂流，大的漏洞危险虽然没有，但是小的漏洞是出了一些，这些小漏洞也可以变成大漏洞，使我们的船沉没下去的！然而我们的船没有因为这些小漏洞沉没，竟因为我们这些同船的人，一见有小漏洞，即想尽方法用力去堵塞，有时用手去堵，有时用脚去堵，甚至有时用头用全身的力量去堵，终于把这只船上这些小漏洞堵塞住，而平稳地度过这一年，达到了目的地。这是一个奇迹，一个共同努力、共同创造的奇迹。

“一切为纪念”，刚才主席说的这一个口号，当然提出的意义是有他的作用的。大家用力对着这一个目的来创造，是很好的。但是我对于这一个口号有点骇怕，骇怕费钱太多，骇怕费力太多，以致精疲力尽，恐怕得不偿失。所以我主张明年四周年纪念，要改变方针。我们的成绩，要从明天起，即开始筹备，日积月累，“水到渠成”的成绩。不要再在短期内来多费钱和多费力量，只要到了明年七月一日，开始把平日的成绩装潢一下，便有很丰富的成绩，再不像今年和去年这样忙了。大家也可以很从容很清闲而有余裕的过着四周年纪念。

现在我提出四个问题，叫做“每天四问”：

第一问：我的身体有没有进步？

第二问：我的学问有没有进步？

第三问：我的工作有没有进步？

第四问：我的道德有没有进步？

第一问：“我的身体有没有进步？”

首先，我们每天应该要问的是：“自己的身体有没有进步？有，进步了多少？”为什么要这样问？因为“健康第一”。没有了身体，一切都完了！不禁使我想到了去年二周年纪念前九日邹秉权同学之死！与今年三周年纪念前九日魏国光同学之死！二人之死的日子是恰恰一周年，不过时间上相差八九个钟点罢了。因这两位同学的死，使我联想到，我们必须继续建立“健康堡垒”。要建立健康堡垒，必须注意几点：

（一）“科学的观察与诊断”。科学是教我们仔细观察与分析，譬如邹秉权、魏国光两同学之死，尤其是魏国光同学这一次的死，不能不说是我们先生、同学的科学的观察力不够。魏国光同学患的是“蛔虫”症候，他在学校寝室内吐过蛔虫，有同房的同学见到没有报告，先生也没有仔细查看，到了医院又在痰盂中吐过蛔虫，又没有留心注意到，这就是科学重证据的“敏感”，而成为一种不科学的“钝感”了！而医生又复大意，则在这种钝感之下据之而误断为“盲肠炎”。虽然他腹痛的部位是盲肠炎的部位，但既称为“炎”，就必得发“热”，今既无热，就可以断定不是盲肠炎了。何以需要开刀割治？！其实魏国光同学的病症是蛔虫积结在肠胃内作怪，不能下达，而向上冲，吐了出来！如果，把这吐过蛔虫的证据提出来，医生一定不致遽断为盲肠炎，而开刀，而发炎，而致命！因为魏国光同学之死，我们必须提高“科学的警觉性”。以后遇病，必要拿出科学上铁一般的证据来，才不致有错误的诊断，而损害了身体。否则，都有追踪邹秉权、魏国光两同学之死的危险！所以提高科学的警觉性，是保卫生命的起码条件。最重要还是要用科学的卫生方法，好好的调节自己的身体，不使生病！科学能教我们好好的生活，生存！我们今后应该多提高科学的知能，向着科学努力，努力建立科学的健康堡垒，以保证我们大家的健康和生命。

（二）“饮食的调节与改进”。我这次去重庆，因事到南岸，会到杨耿光[②]先生，杨先生是我们这一年来，经济助力最多最出力的一位热心赞助者。顺便谈到儿童和青年的营养问题，杨先生提到德国对于儿童和青年的营养问题的关心，是无微不至的。德国有一位大学教授，对于自己儿子的营养，说过这样一段话：“我为什么有这样好的身体，可以担任这样繁重的事情？就是我的父母把我从小起的营养就调节配备得好，所以身体建筑得像钢骨水泥做的一样。身体建筑最好的材料是牛肉，所以我决定每天要给我的儿子吃半斤牛肉，一直到二十五岁，就能够把他的身体建筑成为钢骨水泥做成的一样，可以和我一样担任繁重的大事了。”纳粹德国政府，对于全国儿童及青年身体健康的营养的关心，是无微不至的，我们今天关于营养的问题提到德国，并不是要像纳粹德国一样，把儿童和青年的身体培养得坚实强健，然后逼送他们到前线上去当侵略者的炮灰！但是这种注重新生一代的儿童和青年营养问题的办法，是值得注意的。苏联是社会主义的国家，对于儿童和青年的营养问题的关心，也是无微不至的，所以它在一切建设上，在抵抗侵略上，到处都表现着活跃的民族青春的活力。其他许多国家政令中亦多注意到儿童和青年的营养问题。我们在今天提出营养问题来，就是为着现在和将来人人能够出任艰巨。悬此为的，以备改进我们的膳食，为国家民族而珍重着每一个人的身体的健康。

（三）“预防疲劳的休息”。“饱食终日，无所用心”，固然不对，但是过分的用功，过分的紧张劳苦工作，也于一个人身体的健康有妨害。使脑力贫弱，使体力匮乏，甚至于得大病，不但耽误了学习和工作，而且减损及于全生命的期限！所以我在去年早已提出“预防疲劳的休息”问题，今天重新提出，希望大家时时提示警觉，预防疲劳，不致使身体过分疲劳。天天能在兴致勃勃中工作学习，健康必然在愉快中进步了。至于已经有人过分疲劳了，要快快作“恢复疲劳的休息”。适当的休息，是健身的主要秘诀之一，万不可忽略。忽略健康的人，就是等于在与自己的生命开玩笑。

（四）“用卫生教育代替医生”。卫生的首要在预防疾病。卫生教育就在于教人预防疾病，减少疾病。卫生教育做得好，虽不能说可以做到百分之百不生病的效果，但至少是可以减少百分之九十的病痛。其余在预防意料之外而发生的只有百分之十的病痛，可是已经是占着很少成分，足以见出卫生教育效力之大了。以现在学校的经济状况说来，难以支出两三千块钱来请一个医生。我们的学校是穷学校，中国的村庄是穷村庄。我们学校是二百人，若以五口之家计算，是等于一个四十户人家的村庄。若以这个比例来计算，全中国约有一百万个村庄，每村需要请一个医生，便需要有一百万个医生。现在中国的人力和经济力都不允许这样做，不能够这样做，所以我们学校也就决定不这样做，决定不请医生。我们要以决心推进卫生教育的效力来代替医生，以保证健康的胜利，以卫生教育代替医生。在两月前，我已有信来学校，提出十几条具体事实来，希望照行，现在想来，还是不够，需要补充。待补充之后，提交校务会议商决进行。但是，今天在此先提出来告诉大家，希望大家多多准备意见，贡献意见。在建立“科学的健康堡垒”上多尽一份力量，便是在卫生教育施行上多一份力量，卫生教育胜利上多一份保证。大家都成为建立“科学的健康堡垒”的主要的成员之一、健将之一，共同来保证“健康第一”的胜利。

第二问：“我的学问有没有进步？”

其次，我们每天应该问的是：“自己的学问有没有进步？有，进步了多少？”为什么要这样问？因为“学问是一切前进的活力的源泉”。学问怎样能够进步？重要在有方法的研究。现在我想到有五个字，可以帮助我们学问易于进步。哪五个字呢？

第一个，是“一”字。一是“专一”的一。荀子说：“好一则博。”这句话是很有精义的。因为有了一个专一问题做中心，从事研究，便可旁搜广引，自然而然的广博起来了。我看世界名人学者对于治学的解释，尚少如此精约的。治学必须“专一”的“一”，这是天经地义的了。“专一”在英文为 concentrated，我们对于一件事物能够专心一意的研究下去，必然能够有一旦豁然贯通之时。所以我希望有能力研究的先生和同学，必须择定一个题目从事研究，即使是一个很小的问题，也可以研究出很深刻很渊博的大道理来。于人于己都可得到切实的益处，而且可能有大的贡献。

第二个，是“集”字。集是“搜集”的集。集照篆字的写法，是这样：“集”。好像许多钩钩一样。我们研究学问有了中心题目，便要多多搜集材料，像“集”的篆写一样，用许多钩钩到处去钩，上下古今、左右中外的钩，前前后后、四面八方的钩，钩集在一起来，好细细研究。“集”字在英文为 collection，我们有了丰富的材料，便可以源源本本的彻头彻尾的来研究它一个明明白白，才能够真正理解这个问题的症结所在，才能够“迎刃而解”，才能够收得“水到渠成”的效力。所以我希望大家对于每一个问题，都必须多多搜集材料，以便精深的精益求精的研究。在研究上发生力量，在研究上加强创造力量，集体创造，共同创造，在创造上建立起我们事业的新生命，树立起我们事业的新生机，稳定我们事业的新基础。

第三个，是“钻”字。钻是钻进去的钻，就是深入的意思。钻是要费很大的力量，才能够钻得进去，深入到里面去，看得清清楚楚，取得了最宝贵的宝贝。做学问虽不能像钻东西那么钻，但是能够用最好的方法，也可以很快钻进去。我在 × 国，参观一个金矿，他们开采的机器，是运用大气的压力来发生动力的。我见到他们开采的速度，是比现代所称的“电化”的电力，还不知要增加若干倍咧。我们做学问也是一样，如果我们能够在学术气氛中的大气压力下，发生动力去钻，一定能够深入到里面去，探获学问的根源奥妙与诀窍，而必有很好的收获。“钻”字在英文为 penetration，所以我希望大家对于一个问题拿定了，便要尽力向里面钻，钻出一大套道理来，使我们学术气氛有着飞跃的进步。

第四个，是“剖”字。剖是“解剖”的剖，就是“分析”的意思。有些材料钻进去还不够，必须解剖出来看它的真伪，是有用的还是有毒素的？以便取舍，消化运用。“剖”字在英文为 analyzation，所以我希望大家对于每一个问题搜集得来的材料，除了钻进、深入之外，必须更加着意做一番解剖的工夫，分析入微，如同在解剖刀下，在显微镜下，看得明明白白，分析得清清楚楚，真的有用的没有毒素的就拿来运用；如果是假的有毒素的就舍去抛掉不用。如此，鉴别材料，慎选材料，自然因应适宜了。

第五个，是“韧”字。韧是坚韧，即是鲁迅先生所主张的“韧性战斗”的韧。做学问是一种长期的战斗工作，所以必须有韧性战斗的精神，才能够在长期战斗中，战胜许许多多困难，化除种种障碍，开辟出一条新的道路，走入新的境界。“韧”字在英文中尚难找得一个适当的字来翻译，勉强可以译为 toughness，所以我希望大家在做学问上，要用韧性战斗的精神，历久不衰的、始终不懈的坚持下去，终可达到“柳暗花明又一村”的境界。

我想我们每一个人，能把“一”“集”“钻”“剖”“韧”五个字做到了，在做学问上一定有豁然贯通之日，于己于人于社会都有贡献。

第三问：“我的工作有没有进步？”

再次，我们每天要问的是：“自己担任的工作有没有进步？有，进步了多少？”为什么要这样问？因为工作的好坏影响我们的生活、学习都是很大的。我对于工作也提出几点意见，以供大家参考。

第一点最要紧的，是要“站岗位”。各人所负的责任不同，各人有各人的岗位，各人应该站在各人自己的岗位上，守牢自己的岗位，在本岗位上努力，把本岗位的职务做得好，这是尽责任的第一步。我最近在想，人人应该有“站岗位”的教育。站牢在自己的工作岗位上，教育自己知责任，明责任，负责任——教育着自己进步。

第二点最要紧的，是要“敏捷正确”。人常说，做事要“敏捷”，这是对的。但我觉得做事只是做到敏捷还不够，敏捷是敏捷了，因敏捷而做错了怎么办？所以敏捷之下必须加上“正确”二字，工作敏捷而正确才有效力。一件工作在别人做起来需要四小时，你只要二小时或三小时就做好了，而且做得很正确，这才算是工作的效力。工作怎样能够做得敏捷正确呢？这就要靠熟练与精细。粗心大意，是最易弄错弄坏事情的。做事要像做算术的演算草一样，要演得快演得正确。

第三点最要紧的，是要“做好为止”。有些人做事，有起头无煞尾，做东丢西，做西丢东，忙过不了，不是一事无成，就是半途而废。我们做事要按照计划，依限完成，就必须毅力坚持，一直到做好为止。

第四问：“我的道德有没有进步？”

最后，我们每天要问的是：“自己的道德有没有进步？有，进步了多少？”为什么要这样问？因为道德是做人的根本。根本一坏，纵然使你有一些学问和本领，也无甚用处。并且，没有道德的人，学问和本领愈大，就能为非作恶愈大。所以我在不久以前，就提出“人格防”来，要我们大家“建筑人格长城”。建筑人格长城的基础，就是道德。现在分“公德”和“私德”两方面来说。

先说“公德”。一个集体能不能稳固，是否可以兴盛起来，就要看每一个集体的组成分子能不能顾到公德、卫护公德，来衡量它。如果一个集体的组成分子，人人以公德为前提，注意着每一个行动，则这一个集体，必然是日益稳固、日益兴盛起来。否则，多数人只顾个人私利、不顾集体利益，则这个集体的基础必然动摇，并且一定是要衰败下去！要不然，就只有把这些不顾公德的分子清除出这个集体，这个集体才有转向新生机的希望。所以我们在每一个行动上，都要问一问：是否妨碍了公德？是否有助于公德？妨碍公德的，没有做的即打定决心不做，已经开始做的，立刻停止不做。若是有助于公德的，大家齐心全力来助他成功。

再说“私德”。私德不讲究的人，每每就是成为妨害公德的人，所以一个人私德更是要紧，私德更是公德的根本。私德最重要的是“廉洁”，一切坏心术坏行为，都由不廉洁而起，所以我在讲“建筑人格长城”的时候，提到了杨震的“四知”[③]，甘地的漏夜“还金”，华盛顿的勇敢承认错误和冯焕章[④]先生所讲的平老静[⑤]“还金镯”的故事。这些，都是我们大家私德上的好榜样。我们每一个人都可以效法这些榜样，把自己的私德建立起来，建筑起“人格长城”来。由私德的健全而扩大公德的效用，来为集体谋利益，则我们的学校必然的到了四周年，是有一种高贵的品德成绩表现出来。

我今天所讲的“每天四问”，提供大家作为进德修业的参考。如果灵活的运用、行到做到，明年今日四周年纪念的时候，必然可以见出每一个人身体健康上有着大的进步，学问进修上有着大的进步，工作效能上有着大的进步，道德品格上有着大的进步，显出“水到渠成”的进步，而有着大大的进步。

（原载 1951 年 4 月《育才学校》）

附：

这是陶校长在育才学校三周年纪念的晚会上的演讲词。我当时坐在台下听讲，把它默记着，第二天即把它默写下来，送给陶校长改正。他一直忙着，搁置了四年还没动笔修改。去年七月，七周年校庆后五日，陶校长在沪病逝的消息传来，全校震悼。我刚出医院不久，即奉派来上海，继续筹备迁校事宜。临行时，在陶校长房内看见这篇记录原稿，顺便带在手边。现在八周年校庆来到，不能再听到陶校长的殷勤致词了，这是一个难以形容的怆痛！但是温习遗教，发扬遗教，是我们大家的责任。“每天四问”，是我们每天做人做事的警钟，也是一切有血性、有志气、有正义感的人，做人做事的宝筏，能把我们的人生渡上更高境界的宝筏！将以此来纪念育才学校八周年的成长，以及将来之发扬光大，并以此来祝颂中华民族共同登上光辉灿烂的历史更高境界。

方与严记

一九四七年七月二十五日

注：

① 今天　1942 年 7 月 20 日是育才学校三周年纪念日。

② 杨耿光　即杨杰（1889—1949），字耿光，军事理论家，云南大理人。早年留学日本，参加同盟会。辛亥革命后，参加讨袁“护国运动”。北伐后曾任总司令部总参谋长、陆军大学校长等职。1938 年 5 月，任驻苏联大使。曾给予陶行知所办教育事业极大资助。1949 年 9 月离昆明赴北平出席全国政协第一届全体会议途中，于 9 月 19 日在香港寓所遭国民党特务杀害。

③“四知”　杨震（？—124）当大官时，昌邑令王密黑夜怀金10斤送他。杨不受。王说：“暮夜无知者。”杨说：“天知，神知，我知，子知。何谓无知？”

④冯焕章　即冯玉祥（1882—1948），中国国民党爱国将领。字焕章，安徽巢县（今巢湖市）人。

⑤平老静　河北保定人，肉包铺老板。为人正直忠厚，拾金不昧，远近闻名。冯玉祥曾是他肉包铺的主顾。

在生活教育运动十五周年纪念会上的讲话（节选）

本社能存在十五年，完全是由于社会人士援助的力量。固然本社同人是尽了自己的本份，然今后更要格外努力，以不辜负社会人士的赞助。

生活教育的特点：（一）外行办的——免除过去那种酸溜溜的作风；（二）穷办法——中国是穷国家、穷社会，但是要以穷办法办内容丰富的教育；（三）丘八[①]作风——实行丘八教育，教育丘八学生，丘八教育的意义就是把教育当作武器以求民族解放和人类解放；（四）工人的手段；（五）科学的头脑。

十五年从事生活教育事业的经验，即是手脑作用并重的发现，小孩教小孩的自动学习的发生，生活教育在自然科学中的具体运用，小先生制的产生等当时在生活教育事业中的创建。

生活教育除本身是武器外，并是一种粗茶淡饭，使人吃了能生长一种力量，去为民族解放、人类解放事业而战斗。目前我国是处在一个非常严重时期，要渡过这个难关就要动员一切力量，生活教育社应为贡献出自己的一切力量而努力。

生活教育是有而一向未曾公开的朋友，一个是贫穷，一个是患难。十五年来的生活教育社同人是忍受了一切困苦与阻难，但是为了生活教育事业的推行，都能为生活教育事业而牺牲。

注：

① 丘八　旧中国对士兵的蔑称。陶行知提的丘八作风、丘八教育，是要学习士兵的战斗精神。

在生活教育新年叙餐会上的讲话（节选）

一

我晓得今天大家都要去赶第二个会[1]。我简短的报告两点：一、本社理事会决定今年扩大征求社员，已由本社办公室主任方先生[2]拟定计划，敬请全体社员指教协助。二、促进普及教育运动，试验省力省钱的普及方法，以供政府采择和期望社会人士共同努力、普遍推行，以提高全民文化水准。

二

时代在进步，社会在进步，偶一停留，就要落伍！所以必须及时好学。但好学必先虚心，才能够学得进去，才能够容得下更多更好更实际更有用的学问。最近我提出一个再教育的问题，过去大家是一切集中于抗战建国，消灭法西斯；现在是要一切集中于民主、团结、和平、建国，以及建立民主世界大家庭，所以必须有每人个别进行和集体进行再教育的必要！尤其是在过去每个人都或多或少沾染着法西斯细菌流毒，必须加以清洗。这清洗法西斯细菌的教育工作，是相当艰巨的、相当痛苦的，但我们必须忍住最大的痛苦，尽最大的努力，来完成这艰巨的清洗工作，才能获得新生命的降临，发生新力量，担当起新任务。同时，我并提出领袖再教育问题，便有人问我："我们最高领袖要不要再教育？"我毅然决然的答复是需要再教育。最高当局受了再教育，各方面多看得清楚些，广泛的容纳各方意见，必能把国事领导得更好些。提上更高的境界，把国际地位提得更隆重起来，岂不是更好吗？当然，最高当局的再教育应有些不同，但是有许多优越的条件，可以获得再教育。我的主张是最高当局能够争取机会出国去看看，尤其要到英美去看看他们的民主作风。英国的海德公园，是一个民主作风言论自由场所，各党各派都可公开自由在内演说，警察只在维持秩序，干涉破坏秩序的人，并不干涉言论自由。有机会出国的人，都应该去看看。我去过四次，最后一次我写了一首诗纪实。试读给大家听听（朗诵《海德公园》诗）。

外国的民主作风，是如何尊重言论自由啊。我把这首诗背出来，希望大家指教，对言论自由加以维护。现在陪都各界政治协商会议协进会，每晚在沧白纪念堂举办的公开演讲会，请政治协商会议代表出席报告，并请当代名人讲演，这是民主作风的瑰宝，我们要好好的努力来维护它、发扬它。生活教育同志赵叔愚先生，在他去世之前，他把人生的精义约成一句话："人生在世三大事：做工、求知、管政治。"的确，人生的真义如此。借此提出，愿与大家共勉。这是生活教育者当前的明晰的指标，也是每一个生活教育社同志应该负起的当前的使命。

注：

① 第二个会　指参加叙餐的社员冯玉祥、沈钧儒、邵力子、李德全、曹孟君等要去赶下午2时的陪都各界庆祝和平大会，他们都是主席团成员。

② 方先生　即方与严。

新武训

武训之所以成为普及教育之义人，是因为他抱着兴义学之宗旨，用整个生命来贯彻它：有钱的不肯出钱办学，他便向他下跪，跪到答应出钱办学才起来；有学问的不肯认真教人，他便向他下跪，跪到答应认真教人才起来；青年小朋友不肯用功求学，他也向他下跪，跪到答应用功求学才起来。他自己则挑水做夜工自食其力，丝毫不动用讨来的钱。所以他名为乞丐，实在不是乞丐。现在学生仍旧有不用功的，先生仍旧有不认真的，富人小康之家仍旧有不肯出钱兴学的。让我们大家跟武训先生学吧！学他自食其力，学他贯彻宗旨，学他注意后辈之长进，学他看重先生之负责任，学他苦口婆心劝人有力出力、有钱出钱共兴义学。今日大敌当前，如果武训复生，他所要兴办的不可能是旧日之义学，而一定是抗战建国之义学。倘使刻板去学武训，那又是武训之罪人了，我们所要学的是武训的真精神，配合新时代之需要，普及新义学，以增加抗战建国之力量。这便是我们的责任。怎样叫做新时代的需要呢？中国不能等待数十年出一位武训，我们大家要合起来做集体的武训，孳生千千万万的新武训来扶助贫苦的小朋友，取得求学机会。我更希望有财富的、有学问的、有青春的都做起新武训来督促自己慷慨出钱，督促自己认真教人，督促自己努力求学，毋须别人来苦劝。这样教育不但容易普及，而真正自由平等幸福的新中国，也可以创造成功了。

把武训先生解放出来
——为武训先生诞辰107周年纪念而写

武训先生已经被人画进小圈子了。让我们把他解放出来，把他从小圈子里解放出来。当心不要再蹈覆辙，把他关进“我们的小圈子”里去。他在别人的小圈子里和在我们的小圈子里是一样的不得其所。

张默生先生是武训先生的好朋友，为他写了一篇顶好的传。可惜张先生把武训传编入《异行传》，这就等于把武训先生送进异行的小圈子里面去了。人家在《异行传》里看见武训先生，不免要以为他是一个奇怪的人，说的是奇怪的话，做的是奇怪的事，于我们的日常生活难以发生关系。武训传成了今古奇观中之一篇，供人茶余酒后谈话之资料，最多不过是谈了之后赞叹几声罢了。

武训先生不是异人，不是异行人。他是一个平常的人，他是一个平常的老百姓。他一生只做了一件平常的事：兴学，兴学，兴学。在一个教育不发达的国家内，文盲竟占了人口百分之八十，兴学这件事是每一个平常人的责任。大家都忘了这个责任，而武训先生却将这责任负了起来。讨饭三十年，开办了三个学校，因此大家看看，有点奇怪。于是平常的责任变成异行，武训先生变成异行的人。我们要把武训先生从异行的小圈子里解放出来，还他一个老百姓尽其在我的本来面目。等到兴学的“异行”变为每个老百姓的日常生活，然后全民教育、教育为公才可实现。

有些进步的朋友觉得武训先生是一种刻苦修行的人，在这革命的大时代，刻苦修行是分散了革命的力量。他们认错了武训先生，画了一个“苦行”的圈子，让武训先生站在里面，使一切进步的青年望而生畏，连武训先生对于启蒙运动的宝贵贡献也一同封锁在“苦行”圈里，拒人于千里之外。

武训先生不是一个苦行者。他是抱着一件大事，高高兴兴的干，把一些私人的小小的痛苦都忘掉了。看他一面讨饭，一面做工，一面唱歌，朝朝暮暮，快快乐乐，三十年如一日，只是为着要完成他心目中的一件兴学的大事。他何曾是一个苦行者。现在革命教育最新而最有效的组织当推“民办学校”。武训先生实在可算是“民办学校”之开山祖师。我不是说他办的学校有今天的民办学校内容的丰富而进步。内容是时代所决定，武训先生的时代和他的修养决不能办到这样丰富与进步。但是顾名思义，他所办的三所学校实在是老百姓自己办的学校。我们要把武训先生从“苦行”的小圈子里解放出来，使大家知道武训先生是一个快乐的人，是一个以兴学为无上快乐的人。倘使大家都以兴学为大快乐，不是在兴学中追寻大快乐，而是以兴学本身为大快乐，以不能兴学、不敢兴学为大痛苦，我想民办学校——民有民办民享的学校，必定会如雨后春笋、千千万万的普遍全中国而办起来了。

最近有一位朋友为武训先生写纪念文，我一看标题“武训——现代的圣人”，大吃一惊。这位朋友是把武训先生画进“圣人圈”了。圣人是五百年才产生一位，这位朋友虽是崇拜武训先生，但是他这一举动是不知不觉的把武训先生画入更小的圈子里去了。我苦口向我的朋友建议，换一个题目，想把武训先生从圣人圈里救出来。武训先生不是圣人，他做梦也没有想到他会得到这个封号，他只是一位老百姓，平凡而伟大的老百姓。他所想的，老百姓都想得到。他所说的，老百姓都说得出。他所干的，老百姓都干得了。只要肯学习武训先生的尽其在我，每一个老百姓都可以成为武训先生，四万万五千万老百姓都可以成为千千万万不同样的武训先生。中国需要一百万位武训先生来完成普及教育的任务。假使我们要等候五百年才出一位武训先生，那么要等候五万万年才能产生一百万位，不但是普及教育干不成功，一切的一切都没有希望了。假使四万万五千万人，人人都有成为武训先生之可能，那么不但是普及教育干得成功，而且在二三十年内创造出一个独立自由平等幸福进步的新中国也并不太难。

最后，我听人说，武训诞辰是我们的纪念节；又听一种人说，纪念武训是陶派的把戏。这两种人，一种是我们自己把武训先生画入我们的小圈子；另一种是别人把武训先生推进我们的小圈子，好像和他们漠不相关。无论是主动的把武训先生画入我们的小圈子，或是被动的让人家把武训先生向我们的小圈子里推，都是因为我们有了小圈子所以连累了武训先生也被封锁。我要声明：武训先生不属于我们的小圈子。他不属于一党一派，他是属于各党各派、无党无派。他是属于整个中华民族。他是属于四万万五千万人中之每一个人。让我们把武训先生从我们的小圈子里解放出来吧。让武训先生从我们的圈子里飞出去，飞到四万万五千万人每一个人的头脑里去，使每一个人都自动的去兴学，都自动的去好学，都自动的去帮助人好学，以造成一个好学的中华民族，保证整个中华民族向前进、向上进、进步到万万年。

十二月五日为武训先生诞辰一百〇七周年纪念日。是日在七星岗江苏同乡会举行纪念会，有舞蹈音乐演讲节目。上午九时至十二时欢迎小孩参加；下午二时至五时欢迎成人参加。入场券请向和平路管家巷二八号、生活教育社索取，发完为止。陶附记。

仍在不辍研究中的“活的教育”

诸位同工：我的尊称诸位为同工，因为这“同工”二字很含意义，与我向来所研究的教育很相符。我国的教育历来只是教员教书，学生读书，刻板式的自古迄今不稍变易，就是读死书、死读书、读书死，因此弄成整个死的教育！惟有工作的教育才是活的。

我们与同工，同为新中国的创造者，工作大同小异，殊途同归。所以称为同工，是很有意思的。

晓庄停办已三年了，在这停办的时期中，我们仍然不辍的研究，满望这活的教育在中国得以实现。

晓庄是在国民革命军未到南京之前的旬日就开幕了，那日是三月十五日吧。开学时，只有四个帐幕，在天空的底下张搭；头上顶着青天，足下立着地球。东西南北的四极，就是我们的围墙；宇宙中的形形色色，就是我们的书本。我们无课室，社会就是课室；我们无学校，天地就是学校。谁都可以来入学！无形式范围的限制，所以不枯燥不困穷，亦不至于读死书。

我们晓庄教育的原则，是生活即教育。要先使有好的生活，才能得到好的教育；如社会上的生活，无条理、无目的的乱七八糟，那便要以教育去改造它。例如关坐在课室里，念改良劳动生活的课本，而不身临其境，做个实地的试验者，终是不能明白了解的。

还有教学做合一，亦是晓庄的基本原则。就是会者教，不会者学；如何做，则如何教，亦如何学。曾有一首小诗说："人生两个宝，双手与大脑。"旧时代可以动手不用脑，新时代则非脑手并用不可。光学而不做，或是光教而不做，都不是彻底的教育。王阳明说："知为行之始，行为知之成。"我说："行为知之始，知为行之成。"譬如骑脚踏车，不骑上脚踏车，不知车轮的如何转动；待骑上了车，始知道骑脚踏车的学识。骑大国的车亦是如此。训政须于运动上训练，民权须由实行做起，须得使四万万人都实行为主人翁，将民权交与人民之手，而加以训练才是。若一辈子不敢以民权交与人民，则人民将一辈子不知民权，谁都不会实行民权了。

本人不是单提倡实践，而轻看书本者。不过我们要用活书、活用书、用书活，以书本为工具，将书本置于两旁，而最要者还是做。拿书本与社会相对照，非为读书而读书，亦非因科学而科学。我还有一首小诗，形容读书说："用书如用刀，不快便须磨；呆磨不切菜，何以见婆婆？"整日大磨其刀，连婆婆都饿死了，磨刀又有何用？

晓庄的出发点是为爱心，爱人类，爱民族，爱三万万的村农。城市并不是不需要教育，惟城市的人民不如村农之多，故应先为多数者求出路。

晓庄教育的实施，第一点是侧重于自然的训练，亦可以说就是自然的科学。我们仿照罗马征服全欧的政策。罗马军到处首倡的两件事，就是第一掘井，第二筑路。我们校中掘有泉井一处，这井非但供给校内的饮喝，同时亦是公开的给村民取用。井小人多，井水时常不敷应用，而争来打水的人，几乎夜以继昼。我们因此请各村众，每家派出代表一人，以解决这困难的问题，号为"孔明团"。恰巧那天推举的主席，是一个十三岁的小孩，然而她倒很称职。第一幕就是代表中的一位太太发表意见，她说："我们人每日要休息，井亦应该有休息，日夜打水不有停止的时候，如何叫井生出水来？"此外相继发表意见者不少，都很自然。第二幕结果就是表决了四条决议案：第一，人要睡，井亦要多的"睡"，从下午七时起至次日早晨五时止，是井睡的时间，不能打水，违者罚洋一元。第二，先来先打，后来后打，不能争夺，违者罚洋半元。第三，派检察员一位，监视一切。第四，另凿新井一处，以相调剂，费用由大家公认，又将罚下来的钱，做凿井之用。从此以后，井水就永无枯涸之时。在这里，我们至少可得到下列四点结论：（一）社会即学校，能集中之，其力甚伟。（二）不可轻视乡下的老少，他们的头脑很清明而简单。（三）须要良好的领导者（孔明团之中须有诸葛亮）。（四）民权要实际拿在手内，才可能说训练。

第二点是生活即教育。一次，我们到了一爿修理钟表店，将表一只给与修理，而同时带了几位学生在旁看那表匠的装拆，回家以后，我们就着手学那表匠的动作，试拆试装。起初虽然很难，然而历数小时以后亦就完事了，并且同去的几个学生都统统学会。所不会者，只有我一个人，大概是因为吃书缘故，否则就是因为年纪大了，不肯细心劳神，亦说不定。

第三点是教学做合一。会的教，不会的学，七十二行，行行都有先生。即如上所提的钟表店就是学校，表匠就是先生。忆得晓庄中因无绘画教员，但是我们因为要编印课本，其中必须有许多图画才行，不得已我们均自己动手。开头当然涂鸦般不像样子，可是久而久之，便成老手，并且咸能熟中生巧，很能惟妙惟肖。我们总计前后所学的，不下五百余种。滑稽的说：就是五百余套的科学把戏，由科学的实验，而得到实验的结果。这是教学做合一。

（原载 1932 年 6 月 20 日《消息》）

整个的校长

去年我对南开中学学生演讲《学做一个人》，曾经提出五种“非整个的人”，内中有一种就是分心的人。分心的人是个命分式的人，不是个整个的人。整个的人的中心，只放在一桩主要的事上。他的心分散在几处，就是几分之一的人。这类人包括兼差的官吏，跨党的党人，多妻的丈夫。俗语说“心挂两头”，就是这类人。这类人是命分式的人，不是整个的人。

做一个学校校长，谈何容易！说得小些，他关系千百人的学业前途；说得大些，他关系国家与学术之兴衰。这种事业之责任不值得一个整个的人去担负吗？现在不然。能力大的人，要干几个校长。能力不够或时间不敷分配的，就要找几个人，合起伙来共干一个校长。

我要很诚恳的进一个忠告：一个人干几个校长，或几个人干一个校长，都不是整个的校长，都是命分式的校长。试问，世界上有几个第一流的学校是命分式的校长创造出来的？国家把个整个的学校交给你，要你用整个的心去做个整个的校长。为个人计，要这样才可以发展专业的精神，增进职务的效率。为学校计，与其做大人名流的附属机关，不如做一个学者的专心事业。具体的说，去年教育部所开的总长兼校长和校长兼校长的例不但不应沿袭，并且应当根本铲除。我希望现在以总长兼校长的诸公都自动的辞去总长或校长，以校长兼校长的诸公都自动的以担任一校校长为限。至于某大学设立会办一层，似有几人合做校长之情形；此种新例，亦不可开。总之，为国家教育计，为个人精力计，一个人只可担任一个学校校长。整个的学校应当有整个的校长，不应当有命分式的校长。

（原载 1926 年 2 月 5 日《新教育评论》第 1 卷第 10 期）

怎样做大众的教师

现在中华民国已经到了生死关头，我们做大众教师的人应当怎样做才能帮助解决国难而不致加重国难？我常以这个问题问人，现在人也常以这个问题问我了。这里是我的答复：

第一，追求真理。

大众是长进得很快，教师必须不断的长进，才能教大众。一个不长进的人是不配教人，不能教人，也不高兴教人。大众快赶上你了！你快要落伍了！“后生可畏”不是一句客气话，而是一位教师受了大众蓬蓬勃勃的长进的压迫之后，对于自己及一切教师所提出来的警告。只有不断的追求真理才能免掉这样的恐怖。也只有免掉这种恐怖才能教大众，否则便要因为怕大众而摧残大众了。我得声明，真理离开行动好比是交际花手上的金刚钻戒指。我们所要追求的是行动的真理，真理的行动（truth in action）。这种真理不是坐在沙发上衔着雪茄烟所能喷得出来的。行动的真理必须在真理的行动中才能追求得到。你不钻进老虎洞，怎能捉得小老虎。

第二，讲真理。

让真理赤裸裸的出来和大众见面。不要给它穿上天使的衣服，也不要给它戴上魔鬼的假面具。你不可以为着饭碗、为着美人、为着生命，而把“真理”监禁起来或者把它枪毙掉。教师只能说真话。说假话便是骗子，怎么能做教师呢?

第三，驳假话。

说假话的人太多了，教师要有勇气站起来驳假话。真理是太阳，歪曲的理论是黑云。教师要吹一口气把这些黑云吹掉，那真理的太阳就自然而然的给人看见了。

第四，跟学生学。

你要教你的学生教你怎样去教他。如果你不肯向你的学生虚心请教，你便不知道他的环境，不知道他的能力，不知道他的需要；那么，你就有天大的本事也不能教导他。他要吃白米饭，你倒老是弄些面条给他吃，事情是会两不讨好。不但为着学生，而且为着你自己，你也得跟你的学生学。你只须承认小孩有教你的能力，你不久就会发现小孩能教你的事情多着咧；只须你甘心情愿跟你的学生做学生，他们便能把你的“思想的青春”留住，他们能为你保险，使你永远不落伍。

第五，教你的学生做先生。

你跟学生学，是教学生做你的先生。如果停止在这里，结果怕要弄到师生合做守知奴，于大众毫无关系。你必得进一步教你的学生去教别人，你必须教你的学生把真理公开给大众，你得教你的学生拿着真理的火把指点大众前进。

第六，和学生大众站在一条战线上。

教师不和学生站在一条战线上便不成为教师。这是怎样说呢?因为他要到西方去，你却教他往东走；反过来，他要到东方去，你却教他往西走。这种牛头不对马嘴的教育怎能行得通呢?有些教师不惜使用强迫手段要学生朝着教师指定的路线走，结果是造成师生对垒，变成势不两立。在势不两立的局面下还能叫学生接受他的指导吗?不但如此，先生学生虽是打成一片，如果他们联合行动的目标与大众所希望的不符，还只是小众的勾结，将为时代所不容。因此做教师的人必须和学生、大众站在一条战线上为真理作战，才算是前进的教育。现在中国第一件大事是保障中华民国领土主权之完整，与争取中华民族劳苦大众之自由平等。教师和学生大众都要针对着这个大目标，才能站在一条战线上来。教师和学生大众站在这一条战线上来奋斗，才算是实行着真正解决国难的教育。你若把你的生命放在学生的生命里，把你和你的学生的生命放在大众的生命里，这才算是尽了教师的天职。

我们如果能把上面这六点做到，便不愧为现代的教师了。这样的教师，我相信，对于民族解放、大众解放、人类解放是有贡献了。

从野人生活出发

无锡开原小学校长潘一尘来帮助我们创办第三中心小学，和我们同住了六天。临去那一晚，我问他对于试验乡村师范的生活有什么感想。他说：“你们这里简直是原始生活，不是农民生活。”我说：“原始生活虽说不到，但是一部分确实是野人生活。我们这里的教育是从野人生活出发，向极乐世界探寻。”这段谈话，虽是寥寥数语，却能表示晓庄教育之真相。封建制度下之农民生活是最不进步的。他们一天一天的过去，好像人生毫无问题。乡村教育虽是为农民谋幸福，但从农民生活出发，能否达到目的是很可怀疑的。所以我们鼓起勇气把乡村教育的摆子使劲摆到野人生活上去。野人生活是最富于问题的。生活上的实际问题一个一个的来到我们面前，命令我们思想，要求我们解决。这些问题来势急于星火，不容我们苟且偷安。倘使我们不振作精神，当机立断，必定有不堪言状的痛苦，甚而至于只有死路一条。山上出狼，我们必得学习打猎。地上有蛇，我们必得学习治毒。聚蚊成雷，我们必得学习根本铲除蚊子的方法。衣、食、住、行各种问题，我们在尝试野人生活的时候得到了极亲切的了解。没有到晓庄以前，没有住在晓庄以前，我们对于这些生活需要简直是一知半解。嘴里虽能说得头头是道，其实心中哪里觉得到啊！我们从野人生活里感觉到人的身体是不足以应付环境的。我们觉得人类要想征服天然势力，必须发明、制造、运用身体以外的工具。我们自从尝了野人生活，对于工具觉得万分重要，没有生活工具，简直不必空谈生活教育。可是朋友们不要误会，我们不是要做羲皇上人[①]，我们的黄金时代是在未来。我们从野人生活出发，不是没有出息，开倒车，不是要想长长久久的做野人。出发的号令已下，我们要向极乐世界去探寻了。

（原载 1927 年 7 月 1 日《乡教丛讯》第 1 卷第 13 期）

注：

① 羲皇上人　太古的人。羲皇，指伏羲氏。古人想象伏羲以前的人无忧无虑，生活闲适。

怎样办乡村教育[①]
——同百泉师范校长的谈话

晓庄学校短短三年多的经验，我们摸索了一些办革命教育的经验。几年来，在办教育上，我们孤军直入，与张宗昌、褚玉璞等军阀奋斗，与土豪劣绅贪官污吏奋斗，与乡下人之封建思想奋斗，遇到了重重困难。但是，我们不怕困难，我们总要继续努力，奋勇前进。……

对乡村教育，我们为什么要这样办？为什么要这样去努力？在晓庄的时候，也有不少同志向我提出过这样的问题。我曾经不止一次地谈过这个问题。我曾多次介绍过王国维在《人间词话》中的一段话（略——编者），说明我们的想法和做法。

这就是说，一个诗人或学问家，首先要高瞻远瞩，认清前人所走过的道路。也就是说，总结和清理前人的经验是艺术创作或学术研究的起点。第二步，要覃思苦虑，孜孜以求，犹如热恋中的情人，热切地、不惜一切地追求着所思。只有这样，才能一朝顿悟，发前人未发之秘，辟前人未辟之境，在艺术上或学术上做出独创性的贡献，犹如在灯如海、人如潮的灯节之夜，千追百寻终于找到了朝思暮想的心上人一样。

联系到我们办乡村教育来说，也要先天下之忧而忧，要从高处远处着想。我们办乡村教育是一件大事，也是先天下之忧而忧，也必须要登高一望，望尽那天涯路！要放开眼界，纵的看看，横的也看看。从纵的方面，看看中国几千年的历史背景是什么？世界几千年的历史背景又是什么？再从横的方面看看，今天中国的社会背景是怎样？现在世界的潮流背景又是怎样？我们都要把它看得清清楚楚。“小的村庄要与大的世界沟通”，就是这个意思，这是第一境界。第二境界是看清楚人民的隐痛之后，要时时刻刻记着它，用尽自己的力量，为解除人民的隐痛而努力奋斗，为它牺牲一切，为它憔悴终不懊悔！第三境界是从各处各地实际工作中寻求个解决，只要我们百折不回地去找他，终有出人不意遇着的一天。我们从事乡村教育，困难问题自然很多，假使我们能认真切实地随时随地遇着问题，都要求它一个解决，终是可以解决的。我曾经给一个在乡村小学坚持工作好几年的同志写过一副对联：

认清问题研究问题解决问题办好教育；

发明工具制造工具运用工具是真文明。

这也代表我们办乡村教育的一种态度。

我们都是走的一条路——办乡村教育，要办好乡村教育，要为中国乡村教育摸出一条新路，我们是同志。我们都应该有这么一个共同信念：乡村教育的前途一定是光明的，是有希望的，是会有好结果的。根据我们几年来的摸索、试验、探寻，我们所以要这样办，要这样做，是把以往的社会背景，以往的教育走错了路，现在世界的潮流，等等，看得清清楚楚，才决心这样办，才决心这样做的。

（三天以后，陶行知请吃西餐，为百泉乡师校长和戴自俺送行。校长一再诚恳致谢说：“这次来上海，多承陶先生大力帮助，介绍戴先生到本校去工作，真是太费心了，谢谢陶先生的费心！”陶行知随即答话：）

不！不是“费心”，而是“关心”！凡是有关乡村教育的事，我都关心；凡是乡村教育同志要我办的事，我都关心；百泉师范，我应该关心；全国乡村教育的发展、开创以及一切动向，我都关心。……

注：

① 摘自戴自俺文《轶事四则》之三，载湖南教育出版社 1984 年版《陶行知一生》。

创造宣言

创造主未完成之工作，让我们接过来，继续创造。

宗教家创造出神来供自己崇拜。最高的造出上帝，其次造出英雄之神，再其次造出财神、土地公、土地婆来供自己崇拜。省事者把别人创造的现成之神来崇拜。

恋爱无上主义者造出爱人来崇拜。笨人借恋爱之名把爱人造成丑恶无耻的荡妇来糟踏，糟踏爱人者不是奉行恋爱无上主义，而是奉行万恶无底主义的魔鬼，因为他把爱人造成魔鬼婆。

美术家如罗丹[①]，是一面造石像，一面崇拜自己的创造。

教育者不是造神，不是造石像，不是造爱人。他们所要创造的是真善美的活人。真善美的活人是我们的神，是我们的石像，是我们的爱人。教师的成功是创造出值得自己崇拜的人。先生之最大的快乐，是创造出值得自己崇拜的学生。说得正确些，先生创造学生，学生也创造先生，学生先生合作而创造出值得彼此崇拜之活人。倘若创造出丑恶的活人，不但是所塑之像失败，亦是合作塑像者之失败。倘若活人之塑像是由于集体的创造，而不是个人的创造，那么这成功失败也是属于集体而不是仅仅属于个人。在一个集体当中，每一个活人之塑像，是这个人来一刀，那个人来一刀，有时是万刀齐发。倘使刀法不合于交响曲之节奏，那便处处是伤痕。

教育者也要创造值得自己崇拜之创造理论和创造技术。活人的塑像和大理石的塑像有一点不同，刀法如果用得不对，可以万像同毁；刀法如果用得对，则一笔下去，万龙点睛。

有人说：环境太平凡了，不能创造。平凡无过于一张白纸，八大山人[②]挥毫画他几笔，便成为一幅名贵的杰作。平凡也无过于一块石头，到了飞帝亚斯、米开朗基罗[③]的手里可以成为不朽的塑像。

有人说：生活太单调了，不能创造。单调无过于坐监牢，但是就在监牢中，产生了《易经》之卦辞，产生了《正气歌》[④]，产生了苏联的国歌[⑤]，产生了《尼赫鲁自传》[⑥]。单调又无过于沙漠了，而雷塞布[⑦]竟能在沙漠中造成苏彝士运河[⑧]，把地中海与红海贯通起来。单调又无过于开肉包铺子，而竟在这里面，产生了平凡而伟大的平老静。

可见平凡单调，只是懒惰者之遁辞。既已不平凡不单调了，又何须乎创造。我们是要在平凡上造出不平凡，在单调上造出不单调。

有人说：年纪太小，不能创造，见着幼年研究生之名而哈哈大笑。但是当你把莫扎尔特[⑨]、爱迪生及冲破父亲数学层层封锁之帕斯加尔[⑩]的幼年研究生活翻给他看，他又只好哑口无言了。

有人说：我是太无能了，不能创造。但是鲁钝的曾参[⑪]，传了孔子的道统；不识字的慧能[⑫]，传了黄梅[⑬]的教义。慧能说："下下人有上上智。"我们岂可以自暴自弃呀！可见无能也是借口。蚕吃桑叶，尚能吐丝，难道我们天天吃白米饭，除造粪之外，便一无贡献吗？

有人说：山穷水尽，走投无路，陷入绝境，等死而已，不能创造。但是遭遇八十一难之玄奘[⑭]，毕竟取得佛经；粮水断绝，众叛亲离之哥伦布，毕竟发现了美洲；冻饿病三重压迫下之莫扎尔特，毕竟写出了《安魂曲》。绝望是懦夫的幻想。歌德[⑮]说：没有勇气一切都完。是的，生路是要勇气探出来，走出来，造出来的。这只是一半真理；当英雄无用武之地，他除了大无畏之斧，还得有智慧之剑、金刚之信念与意志，才能开出一条生路。古语说，穷则变，变则通。要有智慧才知道怎样变得通，要有大无畏之精神及金刚之信念与意志才变得过来。

所以，处处是创造之地，天天是创造之时，人人是创造之人，让我们至少走两步退一步，向着创造之路迈进吧！

像屋檐水一样，一点一滴，滴穿阶沿石。点滴的创造固不如整体的创造，但不要轻视点滴的创造而不为，呆望着大创造从天而降。

东山的樵夫把东山的茅草割光了，上泰山割茅草，泰山给他的第一印象是：茅草没有东山多。泰山上的“经石峪”“无字碑”“六贤祠”“玉皇顶”，大自然雕刻的奇峰、怪石、瀑布，豢养的飞禽、走兽、小虫和几千年来农人为后代种植的大树，于他无用，都等于没有看见。至于那种登泰山而小天下之境界，也因急于割茅草看不出来。他每次上山拉一堆屎，下山撒一泡尿，挑一担茅草回家。尿与屎是他对泰山的贡献，茅草是他从泰山上得到的收获。茅草是平凡之草，而泰山所可给他的又只有这平凡之草，而且没有东山多，所以他断定泰山是一座平凡之山，而且从割草的观点看，比东山还平凡，便说了一声：“泰山没有东山好。”茅草中有一棵好像是先知先觉的树苗，听他说“泰山没有东山好”，想到自己老是站在寸土之中，终年被茅草包围着，陡然觉得平凡、单调、烦闷、动摇，幻想换换环境。一根树苗如此想，二根树苗如此想，三根树苗如此想，久而久之成趋向，便接二连三的，一天一天的，听到有树苗对樵夫说：“老人家，你愿意带我到东山去玩一玩么？”樵夫总是随手一拔，把它们一根一根的和茅草捆在一起，挑到东山给他的老太婆烧锅去了。我们只能在樵夫的茅草房的烟囱，偶尔看见冒出几缕黑烟，谁能分得出哪一缕是树苗的，哪一缕是茅草的化身？

割草的也可以一变而成为种树的老农，如果他肯迎接创造之神住在他的心里。我承认就是东山樵夫也有些微的创造作用——为泰山剃头理发，只是我们希望不要把我们的鼻子或眉毛剃掉。

创造之神！你回来呀！你所栽培的幼苗是有了幻想，樵夫拿着雪亮亮的镰刀天天来，甚至常常来到幼苗的美梦里。你不能放弃你的责任。只要你肯回来，我们愿意把一切——我们的汗，我们的血，我们的心，我们的生命——都献给你，当你看见满山的树苗在你监护之下，得到我们的汗、血、心、生命的灌溉，一根一根的都长成参天的大树，你不高兴吗？创造之神！你回来呀！只有你回来，才能保证参天大树之长成。

罗丹说：“恶是枯干。”汗干了，血干了，热情干了，僵了，死了，死人才无意于创造。只要有一滴汗、一滴血、一滴热情，便是创造之神所爱住的行宫，就能开创造之花，结创造之果，繁殖创造之森林。

一九四三年十月十三日　写于凤凰山⑯

（原载 1951 年 4 月《育才学校》）

注：

① 罗丹　（1840—1917），法国雕塑家。

② 八大山人　即朱耷（1626—1705），清初画家。

③ 飞帝亚斯　通译菲狄亚斯（约前 490—约前 430），古希腊雕塑家。
米开朗基罗　（1475—1564），意大利画家、雕塑家。

④《正气歌》　宋文天祥（1236—1283）所作。他被元军所执，拘狱三年，作《正气歌》以明志，不屈被杀。

⑤ 1917 年苏联社会主义革命成功后，以《国际歌》为苏联国歌。《国际歌》是法国无产阶级诗人欧仁·鲍狄埃（1816—1887）在巴黎公社失败后匿居巴黎郊区所作。谱曲者是法国工人作曲家比尔·狄盖特（1848—1932）。苏联于 1944 年 1 月采用新国歌。此处指鲍狄埃作的歌。

⑥《尼赫鲁自传》　尼赫鲁（1889—1964），印度独立后的首任总理，著有《印度的发现》《尼赫鲁自传》。

⑦ 雷塞布　通译雷赛布（1805—1894），法国企业家。1854 年创议开凿苏伊士运河，得埃及政府之助，于 1859 年开工，十年而成。

⑧ 苏彝士运河　通译苏伊士运河。

⑨ 莫扎尔特　通译莫扎特（1756—1791），奥地利作曲家。五岁开始作曲，六岁起在欧洲各地学习、游历和演出。

⑩ 帕斯加尔　通译帕斯卡（1623—1662），法国数学家、物理学家、哲学家、散文家。幼敏慧，家人不许习数学，于游戏时学几何学，数周内发现三角形内角之和等于二直角。14 岁入法国几何学者组织之每周会。16 岁作圆锥曲线之论文，18 岁作算术器械。

⑪ 曾参　（前 505—前 434），孔子弟子，悟圣道一贯之旨，以其学传子思。

⑫ 慧能　（638—713），唐僧人，禅宗六祖。本姓卢。少孤贫，采薪贩卖养母。后入黄梅山学佛。

⑬ 黄梅　即弘忍（602—675），唐僧人，禅宗五祖。居黄梅山东禅院，人因以“黄梅”称之。

⑭ 玄奘　（602 或 600—664），唐高僧，俗姓陈。唐贞观元年（627 年，一说贞观三年）游西域各国，贞观十九年回国。《西游记》写唐僧遭八十一难。

⑮ 歌德　（1749—1832），德国诗人、剧作家、思想家。

⑯ 凤凰山　即育才学校校址所在地。

育人智慧

学生自治问题之研究

近世所倡的自动主义[①]有三部分：一、智育注重自学；二、体育注重自强；三、德育注重自治。所以，学生自治这个问题，是自动主义贯彻德育的结果，是我们数千年来保育主义、干涉主义、严格主义的反应，是现在教育界一个极重要的问题。这个问题，包含甚广。我们要问学生应否有自治的机会？如果应该自治，我们又要问：学生自治究竟应有几多大的范围？学生应该自治的事体，究竟有哪几种？规定学生自治的范围，又应有何种标准？施行学生自治，又应用何种方法？这几个问题，都是我们所要研究的。总起来说，就是学生自治问题。

学生自治是什么 凡是讨论一种问题，必先要明白问题的性质和他的意义。性质和意义不明了，就不免使人误会。这篇所讨论的学生自治，有三个要点：第一，学生指全校的同学，有团体的意思；第二，自治指自己管理自己，有自己立法执法司法的意思；第三，学生自治与别的自治稍有不同，因为学生还在求学时代，就有一种练习自治的意思。把这三点合起来，我们可以下一个定义："学生自治是学生结起团体来，大家学习自己管理自己的手续。"从学校这方面说，就是"为学生预备种种机会，使学生能够大家组织起来，养成他们自己管理自己的能力"。

依这个定义说来，学生自治，不是自由行动，乃是共同治理；不是打消规则，乃是大家立法守法；不是放任，不是和学校宣布独立，乃是练习自治的道理。

学生自治的需要 今日的学生，就是将来的公民；将来所需要的公民，即今日所应当养成的学生。专制国所需的公民，是要他们有被治的习惯；共和国所需的公民，是要他们有共同自治的能力。中国既号称共和国，当然要有能够共同自治的公民。想有能够共同自治的公民，必先有能够共同自治的学生。所以从我们国体上看起来，我们学校一定要养成学生共同自治的能力，否则不应算为共和国的学校。这是第一点。

当今平民主义的潮流，来势至为猛烈，受过他的影响的人，都想将一切的束缚尽行解脱。这固然有他的好处；不过也有他的危险。好处在哪里？大家从此可以充分发挥个人的精神，促进人群的进化。危险在哪里？束缚既然解脱，未必人人能够约束自己的欲望，操纵自己的举止，一旦精神能力向那坏处发泄，天下事就不可为了。一国当中，人民情愿被治，尚可以苟安；人民能够自治，就可以太平；那最危险的国家，就是人民既不愿被治，又不能自治。所以当这渴望自由的时候，最需要的是给他们种种机会得些自治的能力，使他们自由的欲望可以自己约束。所以时势所趋，非学校中提倡自治，不足以除自乱的病源。这是第二点。

我们既要能自治的公民，又要能自治的学生，就不得不问问究竟如何可以养成这般公民学生。从学习的原则看起来，事怎样做，就须怎样学。譬如游泳，要在水里游；学游泳，就须在水里学。若不下水，只管在岸上读游泳的书籍，做游泳的动作，纵然学了一世，到了下水的时候，还是要沉下去的。所以专制国要有服从的顺民，必须使做百姓的时常练习服从的道理；久而久之，习惯成自然，大家就不知不觉的只会服从了。共和国要有能自治的国民，也须使做国民的时常练习自治的道理；久而久之，习惯成自然，他们也就能够自治了。所以，养成服从的人民，必须用专制的方法；养成共和的人民，必须用自治的方法。如果用专制的方法，可以养成自治的学生公民，那么学生自治问题，还可以缓一步说。无奈自治的学生公民，只可拿自治的方法将他们陶熔出来。所以从方法这方面着想，愈觉得学生自治的需要了。这是第三点。

学生自治如果办得妥当有这几种好处 第一，学生自治可为修身伦理的实验。现今学行并重，不独讲究知识，而且要求所以实验知识的方法。所以学校教课当中，物理有实验，化学有实验，博物有实验，别门功课的无实验的，或有实习，如作文、图画、体操等等，都于学识之外，加以实地练习的机会。他的目的，无非要由实验实习以求理想与实际的联络，使所做的学问，可以深造。修身伦理一类的学问，最应注意的，在乎实行；但是现今学校中所通行的修身伦理，很少实行的机会；即或有之，亦不过练习仪式而已。所以嘴里讲道德，耳朵听道德，而所行所为却不能合乎道德的标准，无形无影当中，把道德与行为分而为二。若想除去这种弊端，非给学生种种机会，练习道德的行为不可。共和国民最需要的操练，就是自治。在自治上，他们可以养成几种主要习惯：一是对于公共幸福，可以养成主动的兴味；二是对于公共事业，可以养成担负的能力；三是对于公共是非，可以养成明了的判断。简单些说：自治可以养成我们对于公共事情上的愿力、智力、才力。照这样看来，学习自治若办得妥当，可算是实验的修身，实验的伦理。全校就是修身伦理的实验室。照这样办，才算是真正的修身伦理。

第二，学生自治能适应学生之需要。我们办学的人所定的规则，所办的事体，不免有与学生隔膜的。有的时候，我们为学生做的事体越多，越是害学生。因为为人，随便怎样精细周到，总不如人之自为。我们与学生经验不同，环境不同，所以合乎我们意的，未必合乎学生的意。勉强定下来，那适应学生需要的，或者遗漏掉；那不适应学生需要的，反而包括进去。等到颁布之后，学生不能遵守，教职员又不得不执行，却是左右为难。甚至于学生陷于违法，规则失了效力，教职员失了信用。若是开放出去，划出一部分事体出来，让学生自己治理；大家既然都有切肤的关系，所定的办法，容或更能合乎实在情形了。这就是说，有的时候学生自己共同所立的法，比学校里所立的更加近情，更加易行，而这种法律的力量，也更加深入人心。大凡专制国家的人民，平日不晓得法律是什么，只到了犯法之后，才明白有所谓法律。那么法律的力量，大都发现于犯法之后，这是很有限的。至于自己共同所立之法就不然，从始到终，心目中都有他在；平日一举一动，都为大家自立的法律所影响。所以自己所立之法的力量，大于他人所立的法；大家共同所立之法的力量，大于一人独断的法。

第三，学生自治能辅助风纪之进步。我们的行为，究竟应该对谁负责？对于少数教职员负责呢，还是要对于全校负责呢？按着旧的方法，学生有过失，都责成少数职员监察纠正。其弊病有两种：第一种是少数职员在的时候，就规规矩矩，不在的时候，就肆行无忌；第二种是大家学生以为既有职员负责，我们何必多事，纵然看见同学为非，也只好严守中立。这是大多数的学生所抱持的态度。所以一人司法，大家避法。我们要想大家守法，就须使各人的行为，对于大家负责。换句话说，就是要共同自治。

第四，学生自治能促进学生经验之发展。我们培植儿童的时候，若拘束太过，则儿童形容枯槁；如果让他跑，让他跳，让他玩耍，他就能长得活泼有精神。身体如此，道德上的经验又何尝不然。我们德育上的发展，全靠着遇了困难问题的时候，有自由解决的机会。所以遇了一个问题，自己能够想法解决他，就长进了一层判断的经验。问题自决得越多，则经验越发丰富。若是别人代我解决问题，纵然暂时结束，经验却也被旁人拿去了。所以在保育主义之下，只能产生缺乏经验的学生。若想经验丰富，必须自负解决问题的责任。

学生自治如果办得不妥当就要发生这几种弊端　第一，把学生自治当作争权的器具。大凡团体都有一种特别的势力，这种势力比个人的大得多。用得正当，就能为公众尽义务；用不得当，就能驱公众争权利。学生自治是一种团体的组织，所以用不妥当的时候，也有这种危险。

第二，把学生自治误作治人看。这个危险是随着第一个顺路下来的。有的时候，这也是个自然的趋势。因为有了团体，一不谨慎，就有驾驭别人的趋势。刘伯明先生说："人当为人中人，不可仅为人上人。"这句话，是我们共和国民的指南针。

第三，学生自治与学校立在对峙地位。学生自治会与学校当有一种协助精神，不可立在对峙的地位。但是办得不妥当，这种对峙的情形，也是免不掉的。不过这是一种很不幸的现象，不是师生之间所宜有的。

第四，闹意气。学生有自治的机会，就不得不多发言论，多立主张，多办交涉，一不小心，大家即刻闹出意气；再由闹意气而彼此分门别户，树立党帜；于是政客的手段，就不得不传到学校里来了。

以上所举的，不过是几种重要的弊端；至于小的弊端，一时难以尽举。总之，学生自治如果办理不善，则凡共和国所发现的危险，都能在学校中发现出来。但是我们要注意，这许多弊端都是办理不妥当的过处，并非学生自治本体上的过处。如果厉行自治的时候，大家不愿争权，而愿服务；不愿凌人，而愿治己；不愿对抗，而愿协助，不愿负气，而愿说理：那么，自治之弊便可去，自治之益便可享了。这种利害关头，凡做共和国民的都要练习。我们在学校的时候，有同学的切磋，有教师的辅助，纵因一时不慎，小有失败，究竟容易改良纠正。若在学校里不注意练习，将来到了社会当中，切磋无人，辅导无人，有了错处，只管向那错路上走，小而害己，大而害国。这都是因为做学生的时候，没有练习自治所致的。所以学生自治如果举行，可以收现在之益；纵小有失败，正所以免将来更大的失败。

规定学生自治范围的标准　学生自治的利弊，既如上所说，现在就要问：学生自治有什么范围？规定学生自治的范围，应有若何标准？

第一，学生自治应以学生应该负责的事体为限。学生愿意负责，又能够负责的事体，均可列入自治范围。那不应该由学生负责的事体，就不应列入自治范围。因自治与责任有连带关系，别人号令而要我负责，就叫做被治；别人负责而由我号令，就叫做治人：都失了自治的本意。所以学生自治，应以学生负责的事为限。

第二，事体之愈要观察周到的，愈宜学生共同负责，愈宜学生共同自治。

第三，事体参与的人愈宜普及的，愈宜学生共同负责，愈宜学生共同自治。

第四，依据上列三种标准而定学生自治的范围时，还须参考学生的年龄程度经验。

学生自治与学校的关系　学生自治会是学校里面一种团体，自然与学校有密切的关系。这种关系，可以分为两类：一、关于权限的；二、关于学问的。

第一，权限上的关系。学生自治会正式成立之后，学校里面的事体，就可分为二部分：一部分仍旧是学校主持，一部分由学生主持。平常的时候，权限固可以分明；不过既在一个机关里面，总有些事体划不清楚的。既然划不清楚，就不能不有一种接洽的机关，使两方面的意思，都可以互相发表沟通，而收圆满的效果。此外还有临时发生而有关全校的事体，学校与学生都宜与闻，更不得不有一种接洽的机关。人数少的学校，可由校长直接担任；人数多的学校，可由校长指定教职员数人担任。学生自治会职员有事时，即可与他们接洽；而学校有事时，也由这几位和学生接洽。有这种接洽的组织，然后学校与学生声气可通，就没有隔膜的弊病了。

第二，学问上的关系。天下不学而能的事情很少。共同自治是共和国立国的根本，非是刻苦研究，断断不能深造。我们举行学生自治的时候，也要把他当作一个学问研究。既要当一个学问研究，那就有两点要注意：一、同学的切磋；二、教员的指导。有人说，现在中国的教职员对于学生自治问题，素未研究，恐怕未必能指导。这句话诚然，但是还有些意思要注意：一、学校里所有的功课都有教员指导，独于立国根本的学生自治一门却没有指导，似乎把他太看轻了。二、若校内没有相当的人，办学的就应当赶紧物色那富有共和思想自治精神的教员，来担任此事。三、师生本无一定的高下，教学也无十分的界限；人只知教师教授，学生学习，不晓得有的时候，教师倒从学生那里得到好多的教训。所以万一找不到相当的人才，就请教职员和学生共同研究也好。总而言之，学生自治这个问题，不但要行，而且还要研究。研究的时候，学校不能不负指导参与的责任。

学生自治与学校既有这两种密切的关系，我们就须打破一切障碍，使师生的感情，可以化为一体，使大家用的力量，都有相成的效果。大家一举一动都接洽，有话好商量，有贡献彼此参考。在这共和的学校当中，无论何人都不应该取那武断的、强迫的、命令的、独行的态度。我们叫人做事的时候，不但要和他说“你做这件事，你应该这样做”，并且要使得他明白“为何做这件事，为何这样做”。彼此明白事之当然，和事之所以然，才能同心同德，透达那共同的目的。

施行学生自治应注意之要点 现在各学校对于学生自治，多愿次第举行。我悉心观察，觉得有几件最要紧的事件，必先预为注意，方能发生美满的效果。

第一，学生自治是学校中一件大事，全体学生都要以大事看待他，认真去做；学校里也须以大事看待他，认真赞助。若以为他是寻常小事，不加注意，没有不失败的。

第二，学生自治如同地方自治。地方自治之权，出于中央；学生自治之权，出自学校。所以学生自治，虽然可以由学生发动，但是学校认可一层，似乎也是应有的手续。

第三，学生自治之有无效力，要看本校对于这个问题是否有相当了解和兴味。如果大家都明白他的真意，都觉得他的需要，那么，行出来必能得大家的赞助。所以未举行学生自治之前，必须利用演讲、辩论、谈话、作文等等养成充分的舆论。

第四，法是为人立的，含糊误事，故宜清楚；繁琐害事，故宜简单。

第五，推测一校学生自治的成败，一看他的领袖就知道。所以要提高学生自治的价值，就须使最好的领袖不得不出来服务。如果好的领袖洁身自好，或有好的领袖而大众不愿推举，都不是自治的好现象。

第六，学校与学生始终宜抱持一种协助贡献的精神。

第七，学校与学生对于学生自治问题，须采取一种试验态度，章程不必详尽，组织不必细密；一面试行，一面改良；虽然中途难免挫折，但到底必有胜利。

结论 总之，学生自治是共和国学校里一件重要的事情。我们若想得美满的效果，须把他当件大事做，当个学问研究，当个美术去欣赏。当件大事做，方才可以成功；当个学问研究，方才可以进步。这两种还不够。因为自治是一种人生的美术，凡美术都有使人欣赏爱慕的能力；那不能使人欣赏的，爱慕的，便不是真美术，也就不是真的学生自治。所以学生自治，必须办到一个地位，使凡参与和旁观的人，都觉得他宝贵，都不得不欣赏他，爱慕他。办到这个地位，才算是高尚的人生美术，才算是真正的学生自治。

（原载 1919 年 10 月《新教育》第 2 卷第 2 期）

注：

① 自动主义　20 世纪初盛行于中国的教育新思潮之一。它强调学生自学、自强、自治。以学生自动为主，教师则加以指导。

试验主义与新教育①

《说文》："新，取木也。"木有取去复萌之力，故新有层出不已之义。新教育与旧教育之分，其在兹乎？夫教育之真理无穷，能发明之则常新，不能发明之则常旧。有发明之力者虽旧必新，无发明之力者虽新必旧。故新教育之所以新，旧教育之所以旧，亦视其发明能力之如何耳。发明之道奈何？曰，凡天下之物，莫不有赖于其所处之境况。境况不同，征象有异。故欲致知穷理，必先约束其境况，而号召其象征，然后效用乃见。此试验之精神，近世一切发明所由来也。彼善试验者设统系，立方法，举凡欲格之物，尽纳之于轨范之中：远者近之，微者大之，繁者简之，杂者纯之，合者析之，分者通之，多方以试之，屡试以验之，更较其异同，审其消长，观其动静，察其变化，然后因果可明而理可穷也。例如试验甲乙二教授法之优劣，则必将试验时之一切情形，归为一致。盖必先一其教师，一其教材，一其设备，一其时间，一其地方，而所教之学生又须年龄等，男女等，家境等，程度等，然后施以各异之教法，乃可知结果之攸归，屡试而验，然后二法之优劣，乃可得而发明焉。故欲求常新之道，必先有去旧之方。试验者，去旧之方也。盖尝论之，教育之所以旧者五，革而新之，其惟试验。所谓五旧者何？

一曰依赖天工　彼依赖天工者，待天垂象，俟物示征，成败利钝，皆委于气数。究其流弊，则以有限之时间，逐不可必得之因果，是役于物而制于天也，安得不为所困哉？困即无自新之力矣。苟或有之，或出于偶然。即有常矣，或所示者吝，吾又安能穷其极而启其新耶？荀子曰："大天而思之，孰与物畜而制之！从天而颂之，孰与制天命而用之！望时而待之，孰与应时而使之！因物而多之，孰与骋能而化之！思物而物之，孰与理物而勿失之也！"此数语可谓中试验精神之窾要矣。盖善试验者役物而不为物所役，制天而不为天所制。惟其以人力胜天工，故能探其奥蕴，常保其新焉。

二曰沿袭陈法　彼泥古之人，以仍旧贯为能事。行一事，措一词，必求先例。有例可援，虽害不问；无例可援，虽善不行。然今昔时势不同，问题亦异。问题既异，方法当殊。故适于昔者未必适于今。徒执古人之成规，以解决今之问题，则圆枘方凿，不能相容，何能求其进步也？故欲求教育刷新进步，必先有试验，以养成其自得之能力。能自得，始能发明；能发明，则陈法自去，教育自新矣。

三曰率任己意　教育为一种专门事业，必学焉而后成。然从事教育之人，偏欲凭一己一时之意，以定进行之趋向。故思而不学，凭空构想者有之，一知半解，武断从事者有之；甚至昧于解决，以不了了之者亦有之。空想则无新可见；武断则绝自新之路；不了了之，则直无新之希望矣。欲救斯弊，必使所思者皆有所凭，所断者皆有所据；困难之来，必设法求所以解决之，约束之，利用之：凡此皆试验之道也。

四曰仪型他国　今之号称新人物者，辄以仪型外国制度为能事；而一般人士，见有能仪型外人者，亦辄谓为新人物。虽然，彼岂真能新哉？夫一物之发明，先多守秘密。自秘密以迄于公布，须历几何时？自公布以迄于外传，又须历几何时？况吾所仪型者，或出于误会。以误传误，为害非浅。即得其真相，而辗转传述，多需时日。恐吾人之所谓新者，他人已以为旧矣。不特此也。中外情形有同者，有不同者。同者借镜，他山之石，固可攻玉。不同者而效焉，则适于外者未必适于中。试一观今日国中之教育，应有而无、应无而有者，在在皆是。此非仪型外国之过欤？若能实心试验，则特别发明，足以自用。公共原理，足以教人。教育之进步，可操左券矣。

五曰偶尔尝试　当一主义发生之时，必有人焉慕其美名而失其真意。其弊也，愈近似而愈乱真。乃时人不察，误认试验为尝试。计划不确，方法无定，朝令暮改，偶而尝试。惟其尝试，故新猷未出，已中途而废矣。彼真试验者则不然。必也有计划，有方法，视阻力为当然，失败为难免，具百折不回之气概，再接再厉之精神。其成败虽未可必，然世界实由此而进步，教育亦由此而进步。此岂持尝试之见者所可能哉！

既能塞陈旧之源，复能开常新之道，试验之用，岂不大哉！推类至尽，发古人所未发，明今人所未明，皆试验之责任也。吾国数千年来相传不绝之方法，惟有致知在格物一语。然格物之法何在，晦庵[②]与阳明[③]各持一说。晦翁以“即物穷理”释之，近矣。然而即物穷理，又当用何法乎？无法以即物穷理，则物仍不可格，知仍不可致。阳明固尝使用即物穷理者也，其言曰：“初年与钱友同论做圣贤，要格天下之物。……因指亭前竹子令去格看，钱子[④]早夜去穷格竹子的道理，竭其心思，至于三日，便致劳神成疾。当初说他这时精力不足，某因自去穷格，早夜不得其理，到七日亦以劳思致疾。……及在夷中三年，颇见得此意思，乃知天下之物本无可格者；其格物之功，只在身心上做。”类此者，皆坐格物不得其法之弊也。假使阳明更进一步，不责物之无可格，只责格之不得法，竞竞然以改良方法自任，则近世发明史中，吾国人何至迄今无所贡献？然亡羊补牢，未为晚也。全国学者，苟能尽刷其依赖天工，沿袭旧法，仪型外国，率任己意，偶有尝试之旧习，一致以试验为主，则施之教育而教育新，施之万事而万事新，未始非新国新民之大计也。不然，若以应时为尽新之能事，则彼所谓旧教育者，当时亦尝为新教育也；而今之新教育，又安知其他日之不或旧耶？

（原载 1919 年 2 月《新教育》第 1 卷第 1 期）

注：

① 作者把本篇收入《中国教育改造》文集时，将其第二大段删去（此段未补用），只保留最后几句，放在第一段的末尾。

② 晦庵　即朱熹。

③ 阳明　即王守仁。

④ 钱子　即钱友同，与王守仁同时代的理学家。

教学做合一[①]

教学做合一是本校的校训，我们学校的基础就是立在这五个字上，再也没有一件事比明了这五个字还重要了。说来倒很奇怪，我在本校从来没有演讲过这个题目，同志们也从没有一个人对这五个字发生过疑问。大家都好像觉得这是我们晓庄的家常便饭，用不着多嘴饶舌了。可是我近来遇了两件事，使我觉得同志中实在还有不明了校训的意义的。一是看见一位指导员的教学做草案里面把活动分成三方面，叫做教的方面，学的方面，做的方面。这是教学做分家，不是教学做合一。二是看见一位同学在《乡教丛讯》[②]上发表一篇关于晓庄小学的文章。在这篇文章里，他说："晓庄小学的课外作业就是农事教学做。"在教学做合一的学校的辞典里并没有"课外作业"。课外作业是生活与课程离婚的宣言，也就是教学做离婚的宣言。今年春天洪深先生创办电影演员养成所，招生广告上有采用"教""学""做"办法字样。当时我一见这张广告，就觉得洪先生没有十分了解教学做合一。倘使他真正了解，他必定要写"教学做"办法，决不会写作"教""学""做"办法。他的误解和我上述的两个误解是相类的。我接连受了这两次刺激，觉得非彻底的、源源本本的和大家讨论明白，怕要闹出绝大的误解。思想上发生误解则实行上必定要引起矛盾。所以把这个题目来演讲一次是万不可少的。我自回国之后，看见国内学校里先生只管教，学生只管受教的情形，就认定有改革之必要。这种情形以大学为最坏。导师叫做教授，大家以被称教授为荣。他的方法叫做教授法，他好像拿知识来赈济人的。我当时主张以教学法来代替教授法，在南京高等师范学校校务会议席上辩论二小时，不能通过，我也因此不接受教育专修科主任名义。八年[③]，应《时报·教育新思潮》[④]主干蒋梦麟先生之征，撰《教学合一》一文，主张教的方法要根据学的方法。此时苏州师范学校首先赞成采用教学法。继而“五四”事起，南京高等师范同事无暇坚持，我就把全部课程中之教授法一律改为教学法。这是实现教学合一的起源。后来新学制[⑤]颁布，我进一步主张：事怎样做就怎样学，怎样学就怎样教；教的法子要根据学的法子，学的法子要根据做的法子。这是民国十一年的事。教学做合一的理论已经成立了，但是教学做合一之名尚未出现。前年在南开大学演讲时，我仍用教学合一之题，张伯苓先生拟改为学做合一，我于是豁然贯通，直称为教学做合一。去年撰《中国师范教育建设论》时，即将教学做合一之原理作有系统之叙述。我现在要把最近的思想组织起来作进一步之叙述。教学做是一件事，不是三件事。我们要在做上教，在做上学。在做上教的是先生，在做上学的是学生。从先生对学生的关系说，做便是教；从学生对先生的关系说，做便是学。先生拿做来教，乃是真教；学生拿做来学，方是实学。不在做上用工夫，教固不成为教，学也不成为学。从广义的教育观点看，先生与学生并没有严格的分别。实际上，如果破除成见，六十岁的老翁可以跟六岁的儿童学好些事情。会的教人，不会的跟人学，是我们不知不觉中天天有的现象。因此教学做是合一的。因为一个活动对事说是做，对己说是学，对人说是教。比如种田这件事是要在田里做的，便须在田里学，在田里教。游水也是如此，游水是在水里做的事，便须在水里学，在水里教。再进一步说，关于种稻的讲解，不是为讲解而讲解，乃是为种稻而讲解；关于种稻的看书，不是为看书而看书，乃是为种稻而看书；想把种稻教得好，要讲什么话就讲什么话，要看什么书就看什么书。我们不能说种稻是做，看书是学，讲解是教。为种稻而讲解，讲解也是做；为种稻而看书，看书也是做。这是种稻的教学做合一。一切生活的教学做都要如此，方为一贯。否则教自教，学自学，连做也不是真做了。所以做是学的中心，也就是教的中心。“做”既占如此重要的位置，宝山县立师范学校竟把教学做合一改为做学教合一。这是格外有意思的。

十一月二日

（原载 1928 年 1 月 15 日《乡教丛讯》第 2 卷第 1 期）

注：

① 本篇是陶行知 1927 年 11 月 2 日在晓庄师范寅会上的演讲词。

②《乡教丛讯》　半月刊，中华教育改进社乡村教育同志会会刊，后与晓庄师范合办。

③ 八年　指民国八年，即 1919 年。

④《时报·教育新思潮》　即《时报》副刊“世界教育新思潮”专栏，由蒋梦麟主编，陶行知为专栏主要撰稿人之一。

⑤ 新学制　指 1922 年北洋政府颁布的学制，又称壬戌学制。

在劳力上劳心[①]

昨天我讲《教学做合一》的时候，曾经提及“做”是学之中心，可见做之重要。那么我们必须明白“做”是什么，才能明白教学做合一。盲行盲动是做吗？不是。胡思乱想是做吗？不是。只有手到心到才是真正的做。世界上有四种人：一种是劳心的人；一种是劳力的人；一种是劳心兼劳力的人；一种是在劳力上劳心的人。二元论的哲学把劳心的和劳力的人分成两个阶级：劳心的专门在心上做工夫，劳力的专门在苦力上讨生活。劳力的人只管闷起头来干，劳心的人只管闭起眼睛来想。劳力的人便成了无所用心，受人制裁；劳心的人便成了高等游民，愚弄无知：以致弄成“劳心者治人，劳力者治于人”的现象。不但如此，劳力而不劳心，则一切动作都是囿于故常，不能开创新的途径；劳心而不劳力，则一切思想难免玄之又玄，不能印证于经验。劳力与劳心分家，则一切进步发明都是不可能了。所以单单劳力，单单劳心，都不能算是真正之做。真正之做须是在劳力上劳心。在劳力上劳心是真的一元论。在这里我们应当连带讨论那似是而非的伪一元论。一次我和一位朋友讨论本校主张在劳力上劳心，我的朋友说：“你们是劳力与劳心并重吗？”我说：“我们是主张在劳力上劳心，不是主张劳力与劳心并重。”劳心与劳力并重虽似一元论，实在是以一人之身而分为两段，一段是劳心生活，一段是劳力生活，这种人的心与力都是劳而没有意识的。这种人的劳心或劳力都不能算是真正之做。真正之做只是在劳力上劳心，用心以制力。这样做的人要用心思去指挥力量，使能轻重得宜，以明对象变化的道理。这种人能以人力胜天工，世界上一切发明都是从他那里来的。他能改造世界，叫世界变色。我们中国所讲的科学原理，古时有“致知在格物”一语，朱子[②]用“在即物而穷其理”来解释，似乎是没有毛病的了。但是王阳明跟着朱子的话进行便走入歧途。他叫钱友同格竹，格了三天，病了。他老先生便自告奋勇，亲自出马去格竹——即竹而穷竹理，格了七天，格不出什么道理来，也就病了。他不怪他自己格得不对，反而说天下之物本无可格，所能格的，只有自己的身心。他于是从格物跳到格心，中国的科学兴趣的嫩芽便因此枯萎了。假使他老先生起初不是迷信朱子的呆板的即物穷理，而是运用心思指挥力量以求物之变化，那便不致于堕入迷途。在劳力上劳心，是一切发明之母。事事在劳力上劳心，便可得事物之真理。人人在劳力上劳心，便可无废人，便可无阶级。征服天然势力，创造大同社会，是立在同一的哲学基础上的，这个哲学的基础便是“在劳力上劳心”。我们必须把人间的劳心者、劳力者、劳心兼劳力者一齐化为在劳力上劳心的人，然后万物之真理都可一一探获，人间之阶级都可一一化除，而我们理想之极乐世界乃有实现之可能。这个担子是要教师挑的。惟独贯彻在劳力上劳心的教育，才能造就在劳力上劳心的人类；也惟独在劳力上劳心的人类，才能征服自然势力，创造大同社会。最后，我想打一个预防针，以免误解。一次有一位朋友告诉我说：“你们在劳心上劳力的主张，我极端的赞成。”我说：“如果是在劳心上劳力，我便极端不赞成了。我们的主张是‘在劳力上劳心’，不是‘在劳心上劳力’。”

十一月三日

（原载 1928 年 1 月 31 日《乡教丛讯》第 2 卷第 2 期）

注：

① 本篇是陶行知 1927 年 11 月 3 日在晓庄师范寅会上的演讲词。

② 朱子　即朱熹。

以教人者教己[1]

“以教人者教己”是本校根本方法之一，我们也必须说得明白，方知他效用之大。昨天邵先生[2]教纳税计算法，就是“以教人者教己”的例证。邵先生因为要教大家计算纳税，所以就去搜集种种材料，并把这些材料融会贯通起来，然后和盘托出，教大家计算。他因为要教大家，所以先教自己。他是用教大家的材料教自己。他年年纳税，但是总没有明白其中的内幕，今年为什么就弄得这样彻底明白呢？因为要教你们，所以他自己便不得不格外明白了。他从教纳税上学得的益处怕比学生要多得多哩。近来韩先生[3]教武术，不是要一位同学发口令吗？这便是以教人者教己。这位同学发口令时便是以同学教同学。因为要他发口令，所以他对于这套武术的步骤就格外明了了。他在发口令上学，便是以教人者教己。第三中心小学潘先生[4]是素来没有学过园艺的。但是第三中心小学有园艺一门功课，他必得教。既然要教园艺，他对于园艺便要格外学得清楚些。他拿园艺教小学生的时候便是拿园艺来教他自己。我们从昨天起开始交际教学做。第一次轮到的便是孙从贞女士，今天有客来，便须由她招待。来宾到校必定要问许多问题，孙女士必须一一答复。但她是一位新学生，对于学校的经过历史、现在状况及未来计划还没有充分明了。因为要答复来宾的问题，她必须预先把这些事情弄得十分明白，才不致给来宾问倒。她答复来宾的问题时，从广义的教育看来，她便是在那儿教，来宾便是在那儿学。为了要答复来宾的问题，她自己就不得不先去弄得十分明白，这便是以教人者教己。我们平常看报，多半是随随便便的。假使我们要教小学生回家报告国家大事，那么，我们看报的时候，便不得不会精聚神了。我们这样看报，比起寻常的效率不知道要大得几多倍哩。这便是借着小孩讲国家大事来教自己明了国家大事。这便是以教人者教己。又比如锄头舞的歌词是我做的，对于这套歌词，诸位总以为我做了之后便是十分明了了，其实不然。我拿这歌词教燕子矶小学生时，方把他弄得十分明白。以前或可以说只有七八分明白，没有十分明白。自己做的歌词还要等到教人之后才能十分明白，由此可见“以教人者教己”的效力之宏。从这些例证上，我们可以归纳出一条最重要的学理，这学理就是“为学而学”不如“为教而学”之亲切。“为教而学”必须设身处地，努力使人明白；既要努力使人明白，自己便自然而然的格外明白了。

十一月五日

（原载 1928 年 2 月 12 日《乡教丛讯》第 2 卷第 3 期）

注：

① 本篇是陶行知 1927 年 11 月 3 日在晓庄师范寅会上的演讲词。

② 邵先生　即邵仲香（1894—1991），又名邵德馨，晓庄师范农事指导员。

③ 韩先生　即韩凌森，晓庄师范拳术指导员。

④ 潘先生　即潘一尘，无锡开原第一小学校长兼晓庄小学指导员。

智育大纲

本校以诚为训育之本，亦以诚为智育之本。盖诚合成已成物而言，故格物所以致知，即所以致诚。《中庸》曰："自明诚谓之教。"又曰："诚之者，择善而固执之者也。"曰明，曰择，皆智育所有事，而皆所以致其诚也。故本校智育，亦以诚为本。依据诚训以养成学生思想及应用能力，则本校智育之标准也。深望诸生能思想以探知识之本源，能应用以求知识之归宿。盖明知识之本源，然后乃能取之无尽；明知识之归宿，然后乃能用之无穷。若徒以灌输知识为务，而不求所以得其源流，则枯寂之弊所不能免，又安能尽物之性哉？故本校智育以养成思想及应用能力为标准。标准既立，方法乃生。

本校智育方法，有一贯之精神，曰：试验。盖徒事思想而无试验，则蹈于空虚；徒知应用而无试验，则封于故步：皆不足以尽智育之能事也。荀子曰："大天而思之，孰与物畜而制之！从天而颂之，孰与制天命而用之！望时而待之，孰与应时而使之！因物而多之，孰与骋能而化之！思物而物之，孰与理物而勿失之也！"此数语，可谓中试验精神之窍要矣。盖凡天下之物，莫不有赖于其所处之境况，境况不同，象征自异。故欲致知穷理，必先约束其境况，而号召其象征，然后效用乃能发现。若其待天垂象，俟物示征，则以有限之时间，逐不可必得之因果，是役于物而制于天也，安得不为所困哉？况既得矣，或出于偶然；即有常矣，或所示者吝，吾又安能穷其极处无不到哉？

昔王阳明格竹七日而病，及在夷中，乃恍然以为“天下之物本无可格，其格物之功，只在身心上”。呜呼！此皆不能约束境况，号召象征有以致之也。彼善知致知者，役物而不为物所役，制天而不为天所制。设统系，立方法，举凡欲格之物，尽纳之于轨范之中：远者近之，微者大之，繁者简之，杂者纯之，合者析之，分者通之，多方以试之，屡试以验之，更校其异同，审其消长，观其动静，察其变化，然后因果可明，而理可穷也。故试验者，发明之利器也。试验虽不必皆有发明，然发明必资乎试验。人禽之分，在试验之有无。文野之分，在试验之深浅。试验之法，造端于物理、生物、生理，浸假而侵入人群之诸学，今则哲理亦受其影响矣。盖自培根用以格客观之物，笛[①]用以致主观之知，试验精神遂举形而上、形而下学而贯彻之。究其结果，则思想日精，发明日盛，欧美之世界，几变其形。

吾国数千年来相传不绝之方法，惟有“致知在格物”一语。然格物之方法何在？晦庵与王阳明各持一说。晦庵以即物穷理释之，近矣。然而即物穷理又当用何法乎？无法以即物穷理，则物仍不可格，知仍不可致。阳明固尝使用即物穷理者也，然未得其法，格物不成，归而格心。使阳明更进一步，不责物之无可格，只责格之不得法，兢兢然以改良方法自任，则近世发明史中，吾国人何至迄今无所贡献？故欧美之进步敏捷者，以有试验方法故。中国之所以瞠乎人后者，亦以无试验方法故。

柏林大学保尔生[②]曰：“德国中世纪以前，狉狉榛榛，等于化外之民。及拉丁文输自罗马，民情一变。既而文艺北渐，蕴成宗教变革，而民德又一进，是德人再得力拉丁民族也。”当十七世纪，法国礼乐艺术最盛，德人见异而迁，其贵族咸以能说法语为荣。及十八世纪，大风烈铁骑帝[③]又定法文为学校必修科，并聘法人为高级教师，其学于法人也，可谓勤矣。而于希腊及英吉利之文化，亦皆无所不吸收，此德人师天下之期也。迨至十八世纪之初，哈里大学（Halle University）与郭听斯堡大学（Göttinsburg University）相继而兴，皆以宣扬试验精神为务。其后，学者先后辈出，凡所建树，皆本于试验。至十八世纪末叶，复与国家主义会合，以国家主义定目的，试验主义定方法，相演相成，用著大效。此后言科学者多宗德人。故十九世纪以前，德人师天下；十九世纪以后，天下师德人。试验主义实与有力焉。

吾国维新二十载，形式上虽不无可观，而智识进化之根本方法，则无人过问。故拘于古法而徒仍旧贯者有之；慕于新奇而专事仪型者有之。否则思而不学，悬空构想，一知半解，武断从事。即不然，则朝行夕罢，偶尔尝试而已。孔子曰：“温故而知新，可以为师矣。”仍旧贯，只是温故。仪型他国，则吾人以为新，他人以为旧矣。空想无新可见，武断绝自新之路，尝试则新未出而已中途废矣，何怪乎智识之不进也！故欲智识之刷新，非实行试验不为功。盖能试验，则能自树立，能自树立，则能发古人所未发，明今人所未明，人将师我，岂惟进步已哉？然能试验，岂易言哉？知其要而无其才，不足以言试验；有其才而无百折不回之气概，犹不足以言试验也。故试验者，当内有其才，外度其势，视阻力为当然，失败为难免，复贯以再接再厉之精神，然后功可成也。诸生宜急起直追，以试验自矢，则所思者皆有所用，所用者皆本所思，当不难自明以至于诚也。勉之！勉之！

（原载 1918 年 9 月 20 日《南京高等师范日刊》）

注：

① 笛　即笛卡儿（1596—1650），法国哲学家、物理学家、数学家、生理学家。

② 保尔生　通译包尔生（1846—1908），德国哲学家、伦理学家、教育家。

③ 大风烈铁骑帝　即弗里德里希二世（1712—1786），俗称“腓特烈大帝”，普鲁士国王（1740—1786 年在位）。

教育与科学方法[①]

今天所要讲的不是教育研究法，是“教育与科学方法”，就是科学方法在教育上的应用。人生到处都遇见困难，到处都充满了问题。有的是天然界给我们出题目，有的是社会上给我们出题目，有的是空气、光线、花草给我们出题目。既然题目有这么多，我们应付这些问题的方法也分好几种。有的人见古人怎样解决，我们也怎样解决。这种解决是不对的，是没进步的。因为古时现象不是与今日现象一样，所以以古就今的办法往往是错的。有的人依外国的方法来解决问题：日本怎样办教育，我们也怎样办教育；德国怎样办，我们也怎样办；美国怎样办，我们也怎样办。这种解决也是不对。因为人家发明之后，未必公开，或不愿公开。从不愿公开到公开，已经若干时间。再从公开到中国，我们刚以为新，不知人家早已为旧了。还有的人是闭门空想，自以为得意得了不得，其实仅自空想也是没用的。因四面八方的问题，不给他磨练也是不行。此外还有一种人，也不依古，也不依外，是以不了了之。像以上种种方法，都不能解决我们的问题。能解决我们的问题的，惟有科学的方法。

什么是科学方法呢？科学方法是有步骤的，是有线索的。第一步要觉得有困难。如牛顿看见苹果落地，别人不知看了几千百次，都没觉得有困难，惟有牛顿觉得有困难，所以他发现地球的吸力。教育方面也是如此。有的人上课看不出有什么问题，学风之坏也不注意，所以就不会有问题。第二步得要晓得困难的所在，就是要找出困难之点来。如一个人坐在那里发脾汗[②]，是觉着有困难了。用什么方法来解决这个困难，这就跳到第三步，从此想出种种方法来解决。有的将画符放在辫子里，有的请巫婆，有的到庙里烧香祷告，有的请医生，有的吃金鸡纳霜[③]。有了这些法子然后再去选择，这就到了第四步。如：以为老太婆的法子好，就去试一试，不能解决之后，再用其他法子，最后惟有吃金鸡纳霜渐渐的好了。但此刻还不能骤下“金鸡纳霜能治脾汗”的断语，因为焉知不是吃饭时吃了别的东西吃好的呢？所以必须实验一番，这就到第五步了。如在同一情形之下，无论中外、男女、老幼吃了都是灵的，那么，金鸡纳霜能治脾汗就不会错的。

经过这五步功夫，然后才可解决一个问题。这五步方法是科学的方法。无论是化学，是物理，是生物学，都用这个方法以解决困难，但科学方法也有几个要素：

（一）客观的　凡事应用客观的考查，有诸内必形诸外。在教育上的观察，就是看你的学说于学生的反应怎样，教员与学生的关系怎样。要考查一校的行政，应看它的建筑、设备怎样，如以秤称桌子，我虽不知此桌的重量，但我晓得所放的秤码是多少。

（二）数目的观念　凡有性质的东西都有些数量。如光（light）有性质，一般人都如此说，物理学家也说可以量的。又如灵魂是有质量的，将来也须用数量去量。如果不能，则灵魂是没有的。数量中又有两个观念：（a）量的观念。有数量就可去量，如布、米、油等。（b）要量得正确。量不正确，也是无用。就是反对量的，他也在那里量，但他们用的法子很粗浅，专用一己的主观。如中国教员看卷子，有时喜怒哀乐都影响到他们定的分数。高下在心，毫不正确，这是中国人的毛病。我想，不但学理化的人对于数目要正确，就是学教育的人也要正确。“差不多”三字是我国人的大毛病。与人约定时间总是迟到（但上火车总是早到）。所以孟禄调查教育时说：“中国人对于数目不正确。如要改良中国的教育，非从数目入手不可。”

以上说的是科学步骤与观念，要用这步骤、观念，应用到教育上去。

现在教育问题很多。从前人对于教育问题都是囫囵吞枣，犯了一种浮泛的毛病。各个人都会办教育，各个人都可作教育总长，都是教育专家。究竟教育问题是不是如此简单？还是无人不会呢？我们要知道教育在先进国里是一种专门科学，非专门人才不能去办。中国就不是如此。不过这几年还算进得快就是了。五年前南（京）高师教育和心理都是一人担任。自我到了之后，才将教育与心理分开。一年之后，授教育学者是一人，教育行政者又是一人。这是近五六年来教育的趋势。如各人担任一个活的问题，或一人一个，或数人一个，延长研究下去，这问题总有解决的时候。若真多少年下去还不能解决，那恐非人力所能解决的了。

现时要研究的问题，有教育行政、儿童、工具、课程种种。又如，把科学应用到教育行政上去，课堂上教授是不是好的办法？教员、学生都太劳苦是不是有益的事情？

现在教育有两种：（一）如一个新学生坐在洋车上，叫车夫拉着拼命的跑几十里，结果自然是学生逸，车夫苦。但让学生自己再回来恐怕还是不能。（二）如一去不坐车，不识路就问警察，自然是辛苦一点，但走到回来时，包管还能回来的。兹将教育重要部分略说一说。

（一）组织　此时课堂组织最好的有达尔顿实验室[④]的方法（Dalton Laboratory Plan）。室中有种种杂志、图画，还有导师，任学生自由翻阅，与导师共同讨论，还要每礼拜聚会一次。这种法子到底好不好，可去试验试验。把各个学生试验了，测量了，假设其情形相同，是不是可得同一的结果，然后就知究为班级制好呢，还是达尔顿的方法好？又如，研究习惯为遗传的力量大呢，还是社会环境的力量大？把一对双生的儿童授以同样教育，看他们的差别究竟是哪个大。同时以同胞生的儿童授以不同的教育，再看他们的差异怎样。

（二）教材　以上法子也可应用教材上去。如我们所教的字是不是学生需要的？究竟何者为最需要？何者为次要？何者为不需要？我们应来解决。现在有些需要的未有放到教科书里，有些不需要的反倒放入了。我们可以拿几百万字的书来测验，看哪一个字发现次数最多？其最多者为需要，其次多数发现者乃是次要。将发现多的给学生，而次多的暂不授予。还有一点要注意的，就是学生有一年、二年离校的，我们就得将最需要的教他。可是其中有个困难，或者最需要的字比较着难读难写些，但我们可以想法给他避免。有人说中国字难认，所以不识字的人很多，外国人也说将来怕不能与各国的文化竞争。其实不然，试看长沙青年会⑤所编的《千字课》教授男女学生就知道了。他那里边有男生一千二百人，女生六百人，四个月将一千字授毕，每日仅费一点半钟。学生多半是商家学徒，而学生年龄以十二三四五六岁的居多。我觉得这一种办法，给我们一个好大的希望，今天拿来不过举个例罢了。

（三）工具　无斧不能砍木，无剪不能裁衣，无刀不能作厨子，无工具不能作教育的事业。教育工具可以从外国运的，可以从中国找的。从外国运来的第一是统计法。有了统计法我们可以比较，可以把偶然的找出个根本原理来，如同望远镜可帮助我们眼睛看得清楚，在材料中可找出一定的线索。所以统计是不可看轻的。第二就是测验。近来教育改进社要作二十四种测验，因为此种工具是不能从外国运的（就是运来也不适用）。测验是看学生先天的聪明智慧怎样，使学校有个好的标准，由此可晓得某级学生有什么成绩，如治病的听肺器一样，可以看出病来。欲知病之所在，非测量不可。测验也是如此，得要细细的看结果怎样。如办学的成绩都可测验的。但没有统计，也测不出来；没有测验，也统计不出来；二者是互相为用。如甲校一个学生花四十九元，乙校学生仅花四元半，我们就可测量他谁是谁不是。如测验得花四元半的能达到平常的标准，那花四十九元就太费了。反转过来，如花四十九元的刚好，那花四元半的未免太省了。这就是统计与测量互相为用的地方。总之，每人都存用科学方法去办教育的决心，每人都去研究或解决一个小的问题，我敢说，不出三十年中国教育准有好的成效。

（原载 1923 年 1 月 15 日《民国日报·觉悟》）

注：

① 本篇系陶行知在北京大学教育研究会上的演讲。记录者：黄继文。

② 脾汗　俗语，即疟疾。

③ 金鸡纳霜　奎宁的俗称，治疟疾的药。

④ 达尔顿实验室　又译道尔顿实验室。美国教育家柏克赫司特所创。

⑤ 青年会　基督教青年会的简称，基督教新教社会活动机构之一。1885 年由美国传入中国。中国基督教青年会 20 世纪 20 年代前后曾在国内推行平民教育。

晓庄学校民国十九年计划大纲

一、关于学校组织方面

（一）改学院为学园[①]；

（二）增设乡村初级中学，称为劳山学园；

（三）成立乡村教育研究所；

（四）增设民众教育研究的机关，称为蟠龙学园；

（五）重定学校名称——晓庄学校[②]。

二、关于方法改进方面

（一）扼要指导，严格考核（须用统计的方法）；

（二）新生录收根据长期参观成绩及水平线学科考试；

（三）编拟乡村小学幼稚园、初级中学、师范学校课程标准草案；

（四）凡工具宜集中及多数人可以同时举行之教学做，应召集各学园同志于每星期日到晓庄举行；

（五）实行小学教师职业分析，编订水平线学科标准；

（六）实行试验区社会调查；

（七）试验小厨房办法。

三、关于建筑设备之扩充方面

（一）完成各学园之建设；

（二）完成生物馆之陈列；

（三）完成卫生馆之陈列；

（四）完成艺术馆之陈列；

（五）完成农艺馆之陈列；

（六）建筑理化馆并设备理化仪器及完成无线电、电灯、电话等，共计三万元；

（七）扩充图书至二万卷，并将教育图书另辟成教育图书馆；

（八）建筑小剧场及电影院；

（九）修建晓庄范围内之道路；

（十）开辟中心农场；

（十一）布置校景。

四、关于增聘人员方面

（一）增聘指导员二人；

（二）增聘本校同志五人；

（三）增聘研究员三人。

五、关于工具制造方面

（一）自制儿童玩具；

（二）自制简单工具；

（三）改良农具。

六、关于编辑方面

（一）晓庄乡村师范用书出十种；

（二）晓庄乡村幼稚园用书出五种；

（三）晓庄乡村小学用书出二十种；

（四）晓庄乡村初级中学用书出五种；

（五）晓庄民众用书出二十种；

（六）《乡村教师》周刊出四十八期，推广到二万份；

（七）乡村教育研究丛刊出三种；

（八）晓庄剧社丛刊出二十种；

（九）晓庄概况。

七、关于离校同学之进修方面

（一）寒暑假回校一个月；

（二）通讯讨论；

（三）指导员访问。

八、关于改造社会方面

（一）与工程研究所水利局等机关合作，引长江之水以灌溉北固乡之田；

（二）与卫生部合作，提倡开井以裕饮水之源；

（三）与源盛布厂合作，设立织布厂以替代失败之白丝行及没有事做之农暇；

（四）与农学院合作，以谋本乡农林之改进；

（五）与卫生部合作，以谋本乡康健之进步；

（六）与教育部合作，以谋本乡教育之普及；

（七）与省政府合作，以谋本乡村治之试验；

（八）与卫戍司令部合作，以谋本乡秩序之安全；

（九）与省农民银行合作，以谋信用合作社之发展；

（十）与市政府合作，以谋交通之便利；

（十一）与党部合作，提倡减租运动。

九、关于经济方面

拟筹款十万元。

（原载 1930 年 2 月 1 日《乡村教师》创刊号）

注：

①“1930 年计划”改“学院”为“学园”，其意为培养人才幼苗之园地。

②将“晓庄试验乡村师范学校”重定名称为“晓庄学校”。

我今年的计划

一、时间分配

（一）六天工作一天玩；

（二）晓庄学校每周十二小时工作；

（三）和平学园每周十二小时工作；

（四）中华教育改进社每周六小时工作；

（五）乡村教育同志会每周六小时工作；

（六）五柳村每周六小时工作；

（七）农暇妇女工学处[①]每周一小时工作；

（八）晓庄剧社每周六小时工作；

（九）饮食每周十二小时；

（十）行路每周十二小时；

（十一）睡觉每周五十六小时；

（十二）自由活动每周三十九小时。

二、生活举要

（一）和全体同志共同实现晓庄学校今年的计划。

（二）晓庄学校今年的计划中分任的事项：

甲、聘任人员；

乙、筹款五万元；

丙、《乡村教师》周刊投稿四十八篇；

丁、编著剧本十种；

戊、寅会演讲五十次；

己、与同志讨论人生问题；

庚、亲复乡村教育同志信七百封；

辛、《晓庄战报》投稿九十六篇；

壬、创作儿歌五十首，并编辑《乡村小学》及《乡村师范教学做指导》各一册；

癸、指导“试验村”[②]之进行，并联络各方面之力量，以实现社会改造之计划。

（三）进行中华教育改进社社务。

（四）进行乡村教育同志会会务。

（五）赞助义务教育方案实现。

（六）赞助成人补习教育方案实现。

（七）指导五柳村家庭教育。

（八）个人之著译工作：

甲、编《知行诗歌集》；

乙、编《知行白话文集》；

丙、编《知行演讲集》；

丁、著《农人传》一篇；

戊、著《大同之路》；

己、译书三十万字。

（九）种园一分。

（十）学烧菜四样。

（十一）学骑马。

（十二）偕同晓庄剧社巡游中国南北中三路大都市邻近村庄。

（十三）向传统教育最后之遗孽——训育——进攻。

（十四）看书一千八百万字。

（十五）写《锄头歌》一百幅，赠送国内乡村师范或乡村小学每县一幅。

（十六）还债一千元。

（十七）研究：

甲、研究面包问题；

乙、研究恋爱问题；

丙、研究如何引导农业文明而渡到工业文明及大同之治；

丁、研究“生活即教育”“社会即学校”“教学做合一”等的理论如何彻底实现。

（本篇是陶行知制订的1930年个人计划，出自方与严编《晓庄一年计划》）

注：

① 农暇妇女工学处　晓庄学校专为实施对农村妇女进行普及教育而建立的组织。

② 试验村　陶行知当时计划以一村或一乡作为普及教育，培养乡村工作建设人才，教农民“做工、求知、管政治”，实行村民自治之试验，并报江苏省民政厅，经批准，以晓庄学校所在之北固乡作为试验之地。

创造的教育①

诸位同学!

我今天的讲题是“创造的教育”。

什么是创造的教育?先说明“创造”两个字的意义。我举两个例子来说吧。鲁滨孙漂流到荒岛上去，口渴了，白天他走到海边用手去捧水喝，到黑夜里就没有办法了。他偶尔在灶的旁边，看见经火烧过的泥土，硬得如石子一样。他想到软的土经火烧了，就成坚固且硬的东西，于是他把土做成三个瓶子，放入火中去烧，烧碎了一个，其余的两个可以满满的盛着水。于是他口渴的问题完全解决了。我们把这件事分析起来，可以发现三点:他把手捧水喝，到黑夜发生了困难，是他的行动;发现泥土经过火烧变成坚固且硬的东西，也是他的行动;把泥土塑成了瓶，希望同烧过的土一样的坚固，是他的思想。结果，他瓶子盛水的计划成功了，是新价值的产生。由行动而发生思想，由思想产生新价值，这就是创造的过程。这个例子是“物质的创造”。再如《红楼梦》上刘姥姥游大观园，贾母请客，后来唤了二只船来，贾母同媳妇人等在前船先行，宝玉同姊妹们在后船后行。河内余满着破残荷叶，宝玉的船划不快，追不上前船。宝玉心里非常忿怒，马上要铲光破荷叶。薛宝钗说:“现在仆人们很忙碌，等他们空了，再叫他们铲除吧!”林黛玉说:“我平生最不喜欢李义山的诗，只有一句还可以。”宝玉问她究竟是哪一句呢?黛玉说，“留得残荷听雨声”一句。宝玉一想，觉得破荷叶很有用处，就不再要铲荷叶了。这个例子中：船行到荷叶中去，是行动；破荷叶妨碍行船，是行动；林黛玉提出李义山的诗句，是思想；宝玉心中厌恶的破荷叶，一变而为可爱的天然乐器，是产生了新的价值。这种新观念的成立是“心理的创造”。

我现在再讲行动，关于教育上的行动。中国现在的教育是关门来干的，只有思想，没有行动的。教员们教死书，死教书，教书死；学生们读死书，死读书，读书死。所以那种教育是死的教育，不是行动的教育。我们知道王阳明先生是提倡“知行合一”说的，他说：“知是行之始，行是知之成。”他的意思是先要脑袋里装满了学问，方才可以行动。所以大家都认为学校是求知的地方，社会是行动的地方，好像学校与社会是漠不相关的，以致造成一班只知而不行的书呆子。所以阳明先生的两句话，很可以代表中国数千年的传统教育的思想。现在我要把他的话翻半个筋斗。如果翻一个筋斗，岂非仍是还原吗？所以叫他翻半个筋斗，就是说：“行是知之始，知是行之成。”例如爱迪生发明电灯，不是从前的人告诉他的，是玩把戏而偶然发现的。小孩子不敢碰洋灯泡，是他弄火烫痛的经验；至于妈妈告诉他火是烫人的，不过使小孩子格外清楚一些。所以要有知识，是要从行动中去求来，不行动而求到的知识，是靠不住的。有人告诉你这是白的，那是黑的，你不行动，就不能知道哪个是真，哪个是假。有行动的勇敢，才有真知识的收获。书本子的东西，不过告诉你别人得来的知识。有许多人著书，东抄西袭，这种抄袭成章的知识，不是自己知识的贡献。你能行动，行动产生困难，想法解决了困难，才是真知识的获得。我现在介绍杜威先生思想的反省（reflectria of thinking）中的五个步骤：（一）感觉困难；（二）审查困难所在；（三）设法去解决；（四）择一去尝试；（五）屡试屡验，得到结论。我的意思，要在“感觉困难”上边添一步：“行动”。因为惟其行动，到行不通的时候，方才觉得困难，困难而求解决，于是有新价值的产生。所以我说行动是老子，思想是儿子，创造是孙子。你要有孙子，非先有老子、儿子不可，这是一贯下来的。但是我们知道，单独的行动，也是不能创造的，如中国农夫耕种的方法，几千年来，间有小小的改良外，其余的都是墨守成规，毫无创造。还有许多书呆子，书尽管读得多，也不能创造。所以要创造，非你在用脑的时候，同时用手去实验；用手的时候，同时用脑去想不可。手和脑在一块儿干，是创造教育的开始；手脑双全，是创造教育的目的。孟子说："劳心者治人，劳力者治于人。"这是孟子当时的教育思想。时至今日，这种传统的思想已经起了一个极大的地震，渐渐地在那里崩溃了。我最近读了世界许多有名科学家的传记，觉得有发明的人，都是以头脑指挥他的行动，以行动的经验来充实他的头脑。中国的所谓学者，他们擅长的是高谈阔论，作空文章；而做劳工的人，又不读书，不肯用脑。所以一辈子在这种传统习尚下过生活，大科学家、大发明家哪里会产生？现在我们知道了，劳工教育啦，平民教育啦，都是时见时闻的。但是情势一变，"反动""嫌疑"等等名目都加上来，你就陷于四面碰壁的绝境。有许多教育界很有声望的、无阻无碍的人，他们又不愿去干，以致这种教育至今还尚在萌芽时代。

行动的教育，要从小的时候就干起。要解放小孩的自由，让他做有意思的活动，开展他们的天才。至于我们一辈，从小是受传统教育的熏陶，到现在觉悟起来，成为一个半路出家的和尚。和尚是半路出家，他往往会想起他的家来。例如不吃鸦片的人，一见鸦片就生厌恶，但吃过鸦片的人，虽然戒了瘾，至少对它有相当的感情。我们小的时候，有天赋的行动本能，不过一切工作都被仆人们代做去了，被慈善的妈妈代做去了。稍长一些，我们到小学校去读书，有阎罗王般的教师坐在上面，不许我们动一动。中学和大学的课程是呆呆的订死在那里，你要动亦不得动。到现在始费尽九牛二虎之力，挣扎着改变久受束缚的人生，还不能回复自然的行动本能。但是我们不要灰心，时机也并不算晚，富兰克林四十几岁才发明了电呢！不过行动的教育，应当从小就要干起，因为小孩子还没有斫丧他行动的本能，小小的孩子，就是将来小小的科学家。假使我们给小孩子自由行动，我相信千百孩子之中，一定有一个小孩是天才，是一个创造者、发明者。爱迪生小时候，是个很喜欢行动的小孩子。当时美国的教育，也同中国一样，小学教员是禁止小孩子活动的。爱迪生违反了教师的训条，就蒙到"坏蛋"的声名，不到三个月，爱迪生被"坏蛋"的空气逼走了。爱迪生的母亲不服气，她以为她的儿子并不是"坏蛋"，"蛋"并没有

“坏”，她就教他先在地窖里研究化学，后来研究物理，结果成了一个闻名的科学家。所以爱迪生的成功，幸而有他的妈妈，否则老早就把他的天才牺牲了。牛顿生下来的时候，小到像小老鼠一只，体重只有三磅。看护妇去请医生的时候，很不高兴的说：“这样小老鼠一般大的东西，等到医生来，早已一命归天了。”岂料小老鼠一般的东西，就是以后闻名的科学家，还活到八十多岁呢。据说牛顿小的时候，并不聪明。可见小孩子的时代，很难看得出哪一个是天才的儿童。

四月四号是世界儿童节，中华慈幼协会[②]请我编了四支儿童歌：

（一）小盘古

我是小盘古，
我不怕吃苦。
我要开辟新天地，
看我手中双斧。

（二）小孙文

我是小孙文，
我有革命精神。
我要打倒帝国主义，
像个球儿打滚。

（三）小牛顿

我是小牛顿，
让人说我笨。
我要用我的头脑，
向大自然追问。

（四）小工人

我是小工人，
我有双手万能。
我要造富的社会，
不造富的个人。

我们要打倒传统的教育，同时要提倡创造的教育。他的办法是怎样呢？我们知道，传统的教育，他们一个教室容纳四五十人，试问教师的力量有多么大，能够完全去推动全级学生？所以就发生了教育方法上的错误。我们现在的办法是教师教大徒弟，大徒弟再去教小徒弟，先生在上了几堂课以后，鉴别了几个较有天才、聪明的大徒弟。以后教师就专门去教大徒弟，所以他的精神容易去推动他们，学问也容易灌输到他们头脑中去。大徒弟再把他所得到的，分别的去教那些小徒弟。学生们很活动的去找寻知识，解释困难，贡献他所求得的知识，先生不过站在旁边的地位略加指点而已。我们认为这种教育，是行动的教育。有行动才能得到知识，有知识才能创造，有创造才有热烈的兴趣。所以我们主张“行动”是中国教育的开始，“创造”是中国教育的完成。我曾经参观过一个学校，这个学校是小孩子办的。我问他们说：“你们是大小孩子教小小孩子吗？”有一个小孩子回答说：“是的，不过有许多时候小小孩子也教大小孩子呢。”我说：“你的话是对的，是真理，比我的意见更进一层。”现在中国传统教育下的知识阶级，根本就看不起小孩子，看不起农人、工人。但是试问他们的力量有多么大？倭奴侵占我们的东三省，你有力量赶走他吗？不可能！我们要启发小孩子，启发农人、工人，运用大多数人的力量，才能够去创造，才能救国雪耻。我来举一个例子，证明农人的力量并不弱。从前我办一个学校，在校的旁边凿了一口井，专门供给学校用水的。有一年大旱，乡村中旁的井水都汲干了，所以乡民都集中到校旁井内来汲。后来这口井也涸竭了，于是我们校里，因为水的恐慌开了一个会。当时有人主张，把井收回自用。我不以为然。我说：“我们的学校，是以社会作学校的，不应该把社会圈出于学校之外。假如这样，我们将来推广农事和民众教育就不容易办了。用水既是大众的事，还不如请大众共同来解决。”于是请各村庄每家派一个代表，男的、女的、小孩子在十三岁以上的都可以，没有多少时候，礼堂上已挤满了代表。我们教员们，自觉居于孔明的地位，三个臭皮匠合做一个诸葛亮的地位，所以黄龙宝座的主席，推了一个十三岁的小孩子。我们略略讲了几条会场规则之后就正式开会。那一天的会，非常有精彩、有力量，当时发言最多且最好者，要推老太婆！好！我们来听有一个老太婆的宏论。她说人是要睡觉的，井也是要睡觉呢！井不让它睡觉，一辈子就没有水吃。所以当时一致议决井要睡觉。自下午七时起至翌晨五时止，不得唤醒井，违者罚大洋一元，作修井之用。当这个老太婆发言未完，另有一个老太婆，也想立起来发言，就有第三个老太婆牵牵她的衣襟，制止她的发言，说："不是方才先生说过的吗？"你想他们非但能够自治，而且还能管理他人，所以当时会场发言的人非常多，秩序还是一丝不乱的。他们讨论了好久，还制成几条议案：第二条就是汲水的程序，先到者先汲，后到者后汲，违者罚大洋五角，作修井之用；第三条就是再开凿一井，把太平天国时留下淤塞的废井加以开凿，经费富者多捐，贫者少捐，茶店、豆腐店也多捐一些；其四，推举奉天刘君世厚为监察委员，掌理罚款，调解纠纷。结果，一个大钱都没有罚到，因为这是出于农人自动的议决，所以大家能遵守。你看农人的力量是多么大，他们的话多么的公正和有效，这种问题来的时候，岂是少数人所能干得了吗？不过他们的旁边，还是需有孔明在那里指示，否则恐怕到如今，井还没有开凿成功。所以创造的教育应该启发农人、工人、学生……使他们得真的知识，才是真的创造。

其次我要讲的，现在中国的教育组织，是不能创造的。我们可以分两种来说：第一种是，学校是学校，社会是社会。他们认为学校是求知的地方，社会是行动的地方；他们说读书不忘救国，救国不忘读书。日本人的炮弹已经飞到他们面前，还是子曰子曰读他的书，这种教育是亡了中国还不够的。第二种，他们已经觉得学校是离不开社会的，所以他们主张"学校社会化"。他们想把社会的一切，都请到学校里来，所以学校里什么都有：公安局啦，卫生局啦，市政厅啦，什么都有。但是他们所做的与社会依旧是隔膜的。况且学校有多么大，能够包罗万象？他们的学校好像大的鸟笼，把鸟儿捉到笼里来养；又好像一只大缸，把鱼儿捉到缸里来养。结果鸟儿过不来鸟笼的生活，死了；鱼儿过不来鱼缸的生活，死了。所以这种似是而非的教育是不自然的、虚伪的和无力量的，也不是创造的教育。创造的教育是怎样呢？就是"以社会为学校""学校和社会打成一片"，彼此之间，很难识别的。社会含有学校的意味，学校含有社会的意味。我们要把学校的围墙拆去，那么才可与社会沟通。这种围墙不是真的围墙，是各人心中的心墙。各人把他的感情、态度从以前传统教育那边改变过来，解放起来。实则这种教育，只要有决心去干，是很容易办到的。例如大夏大学的附近有许多村庄，庄上的人，都是散漫的，无教育的。假使我们把学校与村庄沟通，大学生都负责去创造新村，村上的人，都接受到知识，形成活泼的有力量有生命的村庄，再把全中国所有的村庄联合起来，构成一个有大生命的中国，民众的力量可以集中，国难也可共赴。这样做去，要普及教育，一年就可以成功。我们自近而后远，先小而后大，着手办去，把小孩子、农人、工人都培养起来，这才是创造教育的目的。中国现在的教育不是平等发展的，是畸形发展的，一方面有博士、硕士；一方面有一大群无知识的民众，迟滞的表示不出多大贡献。

现在我再要讲，创造的教育是以生活为教育，就是生活中才可求到教育。教育是从生活中得来的，虽然书也是求知之一种工具，但生活中随处是工具，都是教育。况且一个人有整个的生活，才可得整个的教育。举个例来说吧，有一个儿子，他是喜欢赌博的，他的母亲训斥他。不过他的母亲却悄悄地到邻舍去赌博了，他在窗内看见他的母亲赌博，于是也到别处去赌博了。这个孩子过的是赌博生活，受的是赌博教育，不期而然而成赌博的人生。某学校反对我“生活即教育”的主张，我去参观他们的学校，适逢吃饭的时候。他们的饭菜是有等级的，厨子巴结先生，先生的菜特别好，学生的菜，简直坏之不堪。他们请我在先生一桌吃饭，我愿意同学生一块儿吃。学生的饭菜坏到怎样呢？他们名为一碗肉，肉仅在碗面上有几小块，学生在未下箸的时候，目光炯炯地早已看准那最大的一块，一下箸，一碗饭还没有吃完，而菜已吃得精光了。这种饕餮的状态，无形中在饭堂里更造成了许多小军阀。这个学校，是不把吃饭问题归入教育范围之内的。有许多学校对于男女学生的恋爱，他们是讳莫如深，但恋爱问题往往闹遍在学校里。现在生活的教育是怎样呢？我们知道恋爱、吃饭等问题都是非常重要的，所以，恋爱先生我怕你，请你进来，吃饭先生我怕你，请你进来，我们来一块儿干吧！我们的教育非但要教，并且要学要做。教而不学，学而不做，叫做“忘三”。我们要能够做，做的最高境界就是创造。我们要能够学，学从生活中去学，只知学而不知做，就不是真的学。我们要能够教，教要教得其所，要有整个的教育，平等的行动的教育，不要像现在畸形的教育。有人说我的创造教育，不成其为学校，我做了一首诗："谁说非学校，就算非学校。依样画葫芦，简直太无聊。"

（原载 1933 年 3 月《教育建设》第 5 辑）

注：

① 本篇系陶行知在上海大夏大学的演讲记录。记录者：华炜生。

② 中华慈幼协会　以完善幼儿保育为宗旨的慈善团体，为朱其慧筹创。

科学的生活

青年的朋友啊！您想得一位爱人吗？我心里有一个姑娘，愿意介绍给您，您可愿意去拜访她而向她追求吗？她姓自名然，我们称她为自然小姐。假使您还没有爱人的话，您可以依照我指示您的路线去探寻她的芳踪。捉着她！投到她的怀抱里去，要她教您如何可以得着她的爱，情愿将她心里的秘密，一五一十的泄漏给您。

这是多么够味儿的事啊！浪漫即生命。没有这心灵的跳动，不算是科学的生活。

一天到晚沉醉在八股里，充其量，不过是一个科学的书呆子。一年到头闷起头来照样画葫芦的干那刻印板的实验，充其量不过是一套科学的猴子戏，这里面没有生命。如果是科学，便是蛇儿成龙时所脱下的壳子，不是活蛇，尤其不是真龙。您必得和自然小姐发生恋爱，尝一尝其中的甜酸苦辣，才算是过着科学的生活。

我现在为您画一条路线吧！

您必得愿意用自己的腿去走路，然后才用得着路线。爱人不是从天上落下来，您必得上天去找。行动是思想的妈妈。科学是从把戏中玩出来的。您或者要说："我不知道，怎么能行呢？"信我的话吧！科学以无知之行始，以能行之知终。自然小姐是远在天边，近在眼前，只要您把一双手儿从袖筒里伸出来捞一捞，便可以把她捞着了。

杜威先生分析反省思想（reflective thinking）之过程，列举了如下的步骤：（一）困难之感觉；（二）审定困难之所在；（三）设法解决；（四）在许多方法中选一最有效的试试看；（五）屡试屡验之后再下断语。这反省的思想之过程便是科学思想之过程。可是杜威先生所叙述的过程是单极电路，通不出电流。他没有提及那思想的老祖宗。这位老祖宗便是行动。路走不通才有困难。走不通而不觉得困难，这是庸人；连脚都没有动而心里却虚造出万千困难，这是妄人；走不通而感觉有困难便要解决这困难，不到困难解决不止，这是科学家。所以我要提出的修正是在困难之前加一行动之步骤。从无知之行到能行之知是行而后知；从能行之知到无知之行是知而后行。抱着能行之知去行，以寻常目光看来是行得通了，但是事实未必尽然，向前行不得多少路便又走到另一天地，能行之知又化成无知之行了。我们试拿一张大纸，从中心以螺旋形向外画去，初看是周而复始，循环不已，其实是愈旋愈大，大到没有边际；若从外向中心画来则愈旋愈小，小到不可思议。你沿着这螺旋形的路线去探寻吧！

英国远在哥仑布探获美洲之前已在那儿开采煤炭，挖到深处有时遇涌泉，遇着涌泉便要抽水。初用人力，实抽不及。次用马带，也无涌快。法人帕瓶①（Papin）用蒸汽造真空之法（1690年）为撒费里②（Savery）所得，制成蒸汽抽水机（1698年）。蒸汽压力每英方吋有一五〇磅，买他的抽水机的只有一家，因为机易炸裂，马力虽小，比较平稳。等到纽柯门（New Comen）与撒费里合作，解决了压力问题，而新创之蒸汽抽水机（1711年），便不翼而飞了。这种抽水机在英国煤矿里称霸了六七十年，没有别的抽水机足与它抗衡。到了后来，有一位没有做完徒弟，不能加入葛拉斯哥③（G1asgow）同业公所，从大学里得了特许，在校内开设一个小工场，以制造仪器过活的瓦特（James Watt），一天替一位教授修理一架撒纽蒸汽抽水机，修好了，烧水一试，只见汽锅里的水化为蒸汽，为圆筒完全吸收而去，仔细观察，才知道蒸汽已在圆筒的冷壁上凝结为水了。新的蒸汽进来必须将圆筒再行蒸热，而在蒸热的时候又有蒸汽凝水在壁了。他在心里一连盘算了几个星期的问题是：“如何可使蒸汽凝结而圆筒常保它的热度？”他思虑的结果是把圆筒通一短管与一凝汽器相接，使蒸汽可流入凝汽器凝结，而圆筒不复有热后使冷、冷后使热之耗费与麻烦了。这是他在 1765 年之发明。但是圆筒露在空气中，热也会消散，他于是发明蒸汽套筒（stearm jackct），在圆筒外加一圆筒，隔间也灌入蒸汽，于是圆筒之热不易消散了。同样，他在凝汽器外套一冷水桶，而蒸汽亦易凝结了。纽氏之机在圆筒上面开口，靠着大气压力压下活塞。瓦特问：既然有蒸汽何必还要借重大气？他于是将圆筒上口紧闭，叫汽锅的蒸汽将活塞压下，一个真正的蒸汽机关的雏形乃于 1769 年出世了。不久，他又以为蒸汽的压力于推动活塞之外还有剩余。他问：为何不想个法子叫它推了一段路便行闭断，以资节省？他于是又发明闭气瓣（cut-off），过不多时，他的双向推动圆筒出现了，从此活塞之两端都用蒸汽膨胀推动了。那时他要推销他的蒸汽抽水机，还得与马拉的抽水机竞争。他算出来一匹马在一分钟内能负重三万三千磅走一英呎路，所以一匹马力到现在还是称为每分钟三三〇〇〇呎磅。他卖机器的时候是说："这部机器能做四十四马的工作。"马力（horse power）一名词便是这样来的。瓦特对于高度压力不愿使用，等到项布洛耳（Jonathan Hornblower，1781 年）一辈人出来才知道高压力可以运用二个至四个圆筒而节省大量之煤炭。瓦特的蒸汽机关还是抽水用的。美国人费计[④]（Fitch）于一七九〇年造成汽船，行驶于费拉德耳非亚与柏林登之间。一八〇一年美国伊文思（Oliver Evans）造了一部蒸汽机关，证明可以锯石头，磨石膏，后来又用蒸汽机关磨面粉。一八〇四年英人特雷维西克（Trevithick）运用蒸汽机关在铁轨上开第一次火车载矿铁二十吨。以后屡有改进，一个蒸汽机关竟造成空前之产业革命。

我们在这一段小小的蒸汽机关的发达史中，处处可以看出行动生困难，困难生疑问，疑问生假设，假设生试验，试验生断语，断语又生行动，如此演进于无穷。懒得动手去做，何能算是科学的生活？

然而中国的农人何尝不做？做而遇着困难又何尝不感觉？他的过处是不追求做之所以然。蝗虫飞满天，他说是神虫降临。大水为灾，他说是天老爷要收人命。他的假设不容试验，所以断语成为武断，而行动也就不得不仍旧贯了。自然小姐不是一个神仙，也不是一个魔鬼，您要拜她，怕她，她就要跑了。可是您不敬她，不爱她，不追求她，她也不会和您接近。我们试看一看巴士笃[⑤]

（Louis Pasteur）之追求吧！

法国南部常有蚕疫发生。亚来（Alies）一区，十五年中至一八六四年损失在一万二千万法郎。巴士笃于一八六五年被任为蚕疫研究员。

他生平是一只蚕也没有见过。他到法布耳（Fabre）家里去拜访的时候，向法布耳要几个蚕茧。法布耳向一个邻居要了一些回来送他，并写了一段笔记说："他拿了一个茧翻来复去的察看，很觉得奇异，好像我们观察一个希奇的东西似的。后来他把茧子拿到耳边摇摇，极惊讶的说：'这家伙会响，里面有东西咧。'我回答：'当然里面有东西。''是什么东西？''蛹。''蛹是什么意思？''蛹便是蚕在未变成蛾之前，所变的一种木乃伊。''每个茧里都有这东西吗？''当然，蚕制茧便是保护蛹的。''啊！'他没有说别的，便把这新奇的茧子装入衣袋里，以便带回去得暇研究。巴士笃对蚕、茧、蛹和昆虫变态，完全不明白，却来恢复蚕业！古时的体育家是裸体决斗……他也好像一个裸体的战士，冲入战场上来和蚕役宣战。我不但是惊讶不已，简直是望呆了。"

法布耳这次受了巴士笃的影响极深刻，从此他便抛弃书本向自然追问，卒成世界昆虫学泰斗。

巴士笃之所以敢于和蚕疫肉搏也不是毫无准备，他那打破砂锅问（纹）到底的头脑，从酿酒研究出的微菌经验技术，都是他的枪炮子弹。他所没有的是一些无关要旨之死书本知识。这种死知识在头脑里装得太多，反而妨碍思想之自由，倒不如没有还要好些。

巴士笃便是这样与自然小姐萍水相逢，他对于她的来历，在没有相会之前是丝毫也不明白。哪里知道他们便从此结下了万年不朽之姻缘。

他排除一切药方专求病源。病蚕都有微点，像胡椒子，所以这病称为胡椒子病或微点病（pebrine）。亚来农学会只在卵里或蚕里搜求那微点的病状，其实卵或蚕的本身都能把病菌带去，而不现露那显微镜所能现露之微点。惟独巴士笃要在蛹与蛾里找病态之发展。他在亚来育了两种不同的蚕，一是用健全的蛾的种子养的；一是用有微点病的蛾的种子养的。他建立一个假设说："应该有一种方法使我们能从不带微点的蛾里找出健全的种子。"结果他得了三对不带微点的蛾。此外还有别的关心蚕业的人送来了五个无病之蛾。他从这些蛾上取得种子等候第二年实验。到了第二年养育起来，果然没有微点的蛾所产生的种子都是健全的。他于是自信的说："一八六七年一定是养蚕者诉苦之最后一年。"这年一月他便和他的夫人与艺友们到亚来之日斯格桥来试验育蚕。邻近一家养了前年用的日本最优蚕种忽然也发生微点，巴士笃考察缘故，知道这些蚕在一龄的生长期内是和不健全的种蚕放在一块，所以受了传染。他自己养了十六筐蚕，第十六筐蚕没有微点也害病死。这是一个大疑案。经过细密的考察，他知道这是另外一种病，称为软病，为胃中发生一种螺旋状细菌（vibriones）所致。

巴士笃对于蚕疫是追求了它的所以然了。只要您肯努力追求，自然小姐是会拿她心里的秘密告诉您的。孔雀有美丽的羽毛，鹿儿有刚强的角，这都是求爱的天然工具，不像现在少数堕落青年之敷粉。您若想追求自然小姐，您必得自造工具。巴士笃研究蚕病之工具除了显微镜外，差不多都是他自造的。伽利略想看天便造望远镜；法拉第自造电动机而电学乃益放光明。第一流的科学家没有不自造工具的。不能自造工具而要想得自然小姐之爱，是比如镜里采花、水中捞月。

自然小姐是天下最妒之小姐。她是超过一切，不愿与别人共爱人。您如果要有一位夫人，必得如巴士笃一样，看准了便立刻求婚，求成了便立刻结婚，结了婚您的夫人必得将 Science 的第一个字母大写，帮助您做个伽利略或牛顿，甘心情愿和您共同侍奉自然小姐。万一得不到这样一位夫人，您可以效法牛顿，忘了向他所欢喜的表妹求婚，或者像卡汾狄士一样终身不愿见女人面。自然小姐甚至于妒她自己的照片、自己的轶事。您为什么舍了面前的活人而与她的符号鬼混呢？一位朋友要研究蚂蚁，我问他为什么不立刻动手，他说我正等着美国来的书咧。他不知道在他身边就有蚂蚁够他研究一辈子！这位先生好比是遇着林黛玉，把她放在一边，却自言自语的说："等我的《红楼梦》买来再和她谈心吧！"

自然小姐欢喜熟人，不欢喜生人。您从小便须和她做朋友。您做小学生的时候便要与她订交。最好，是在幼稚园里。不，在妈妈的怀抱里便须与她一块儿玩。过了中学时代您与她还不相认识，那么我怕您终身就无与她见面的姻缘了。

我的路线画好在这里。青年的朋友们！我等着要喝您们的喜酒咧，万一请不起喜酒，那么，喜信也得给我一个吧。

二〇、九、廿一

（本篇原载 1931 年 10 月 10 日《生活》第 6 卷第 42 期）

注：

① 帕瓶　通译帕潘（1647—1712），法国物理学家和发明家。

② 撒费里　通译萨弗里（约 1650—1715），英国工程师。

③ 葛拉斯哥　通译格拉斯哥，英国城市。

④ 费计　通译菲奇（1865—1909），美国剧作家。

⑤ 巴士笃　通译巴斯德。

儿童科学教育[①]

在二十世纪科学昌明的时代，应当有一个科学的中国。然而科学的中国，谁来负起造就的责任？就是一班小学教师。造成科学的中国，责任大得很啦。小学教师们一定要说："我们负不起这种重大的责任。"别怕。我想，造成科学的中国，也只有小学教师可以负责。因为要建设科学的中国，第一步是要使得中国人个个都知道科学，要使个个人对于科学上发生兴趣。年龄稍大的成人们，对于科学引不起他们的兴趣来。只有在小孩子身上，施以一种科学教育，培养他们科学的兴趣，发展他们科学上的天才。只要在孩子们中培养出像爱迪生那样的几个科学杰出人才，便不难使中国立刻科学化。所以我说要造成科学的中国，责任是在小学教师。但是谈到科学教育，在施行上大家都觉有些难色，因为科学是一种很高深很精微的学问，小学教师的本身，对于科学尚未登堂入室，而要负起科学教育的责任，谈何容易。殊不知科学并不是很难的东西，高深的科学，固然很难研究，但是浅显的科学，我们日常玩着的，人人都会做。我们用科学的教育训练小孩子，譬如教小孩子爬树。你教人爬树，如果从小教起，到了长大，便会爬到树顶。如果教成年人爬树，势必爬到皮破血流，非特爬不到顶，并且于他的手足伤害甚多。所以我们必先造就了科学的小孩子，方才有科学的中国。

造就科学的小孩子，向来教师是不注意的。检查过去的事实，父亲母亲倒或有一些帮助。如今我要讲两个故事，一是讲述一个造就科学小孩子的父亲，一是讲述一个造就科学小孩子的母亲。我们不是大家都知道一位大科学家富兰克林（Franklin）吗？富氏是证明天空的电，和我们人工摩擦出来的电是一样的东西。天空的电，可以打死人，富氏于是制成避电针。他是在科学上一位很有贡献的学者。他的父亲是做肥皂和洋烛的，他自己能教小孩子。富氏入校读书不久，便去学手艺。他的父亲任凭他东去看看，西去做做，随意的、自由的去工作，去参观。他愿意做什么，便让他做什么，所以使他对于工厂中的化学和工作很有兴趣。富氏自传中谈起他四十岁然后从事于科学，然而富氏对于科学的兴趣，在很小时候，东看西玩的已经培养成了，这是他父亲的功绩。所以小学教师也须得率领儿童时常到工厂、农场和其他相当的地方去玩玩。

去世不久的爱迪生氏，举世都承认他是一位大科学家。他关于电气上的发明，数目真可惊人。他有一个很好的母亲。他不过进了三个月的学校。在校时，校中的教师，都当他是一个十分顽劣的小孩，所以入校三个月，便把他开除了。爱迪生从此以后也再没有进过学校。他的母亲知道自己的小孩子并非坏东西，反怪校中教师只会教历史、地理，不能适合自己孩子的需要。因为那个时候的爱迪生，十分爱玩科学的把戏，在学校的时候，也只爱玩这一套而不留心学业，所以遭受教师的厌恶。西洋人的家里，都有一个贮藏杂物的地窖，爱迪生即在他家中的地窖里玩他科学的把戏。他在地窖中藏着许多玻璃瓶，瓶里都是藏着化学品，有的药品而且是毒性猛烈的。爱迪生的母亲，起初亦不愿孩子玩那些毒药，要想加以制止，但是不可能，于是也任他去玩了。玩化学上的把戏，须要用钱买药品，爱氏在替他母亲出外买东西时，必定要揩一些油，藏几个钱来，去买药品。后来他做了报贩，在火车上卖报，他卖报赚下来的钱，大部分是去买化学药品的。他并且在火车上堆货包的车棚里，贮藏他的玩意儿，报纸卖完，便躲在车棚里玩他的把戏。有一回，车棚坏了，把他化学的瓶子打破，于是烈火熊熊，把破坏的车棚烧了起来。车上的警士跑来一看，知道是爱迪生出的岔子，于是猛力的向爱氏一个耳刮，把爱氏的耳朵打聋了。后来据他自己说，耳朵聋了以后，反而使他专心科学。

我希望中国的父亲，都学做富兰克林的父亲；中国的母亲，都学做爱迪生的母亲。任凭自己的小孩子去玩把戏，或许在其中可以走出一个爱迪生来。我更希望中国的男教师学做富兰克林的父亲，女教师学做爱迪生的母亲。所以说出这两个故事，作为我提倡科学教育的楔子。

再说我们提倡科学教育该怎样的来干呢？我们的教育向来有许多错误，小时读书便成了小书呆子，做教师时便成了大书呆子。因此我们中国没有什么科学，没有什么爱迪生的产生。不但是中等教育完全是洋八股，就是小学也成了小书呆子的制造场。我们提倡科学，就是要提倡玩把戏，提倡玩科学的把戏。科学的小孩子是从玩科学的把戏中产生出来的。我们要小孩子玩科学的把戏，先要自己将把戏玩给他看。任小孩子自由的去玩，不能加以禁止，不能说玩把戏的孩子是坏蛋。

晋朝时代，江苏宜兴有一位叫周处[②]的，他有些无赖的行为。当时宜兴的父老，称说地方有三害，一是南山猛虎，一是长桥蛟龙，一就是指周处。周处听到了这话，他便杀了猛虎，刺死蛟龙，自己亦改过自新，替地方上除掉三害。我们从事教育的人，也要学做周处，须得自己悔悟，改过自新，再不要教成书呆的小孩子，而要造就科学的小孩子。然则取怎样的态度呢？我可以略为申述我的意见：

（1）每个教师都变成小孩子，加入小孩子队里玩把戏。所谓把戏，并不是上海“大世界”游艺场所玩的把戏。像教师这样的尊严，说加入孩子队中玩把戏，似乎不妥当。然而科学把戏，和别的把戏不同。把戏上面加着科学二字，冠冕得多。教师应当和小孩子一起玩，而且应当引导小孩子一同玩。大世界的把戏是秘密的，科学的把戏是公开的。知道的就告诉学生，能做的就做给学生看，总须热忱的去干。

（2）我们对于科学的把戏，既是愿意和小孩子一起玩了，但是没有玩的本领那怎么办呢？不要紧，有法儿可想，我们可以找教师，请他教去。我以前曾经写了一首白话诗，诗的第一句说：“宇宙为学校。”此话怎讲？就是想把我们的学校除墙去壁，拆掉藩篱，把学校和社会、和自然联合一起。这样一来，学校的范围广而且大。第二句：“自然是吾师。”大自然便是我们的先生。第三、第四句说：“众生皆同学，书呆不在兹。”这样一来，我们研究切磋的同学很多，学问也因此很广，先生亦复不少。怎样把我们书呆的壳子脱掉？在我个人，中了书呆子的毒很深，要返老还童的再去学习，固然困难，然而我极力还想剥去书呆的一层壳。如今我报告我的几桩经过的事情。有一回，我买了一只表送我的母亲，这表忽然坏了，便送到修钟表匠那里去修理。修表的人说：“要一元六角修费。”我说：“可以，不过我有一个条件，在拆开的时候，我要带领我的小孩子来看你拆。”他于是答应了。修钟表匠约定在明天下午一时。到了那个时候，我带领了四五个人同去，看他修理，看他装。完结的时候，我向修钟表匠说，你们的工具和药水是到什么地方去买的？他以为我们也去开什么修理钟表店，未免抢了他的生意经，所以秘而不宣，随随便便回答我们说是外国来的。我想物件当然是外国来，但是中国店家，当然也有卖处。上海的钟表店，最大的有“亨达利”。我且到亨达利去问声，究竟有否出卖。谁知亨达利的楼上，多是卖修钟表器械和药水的场所，我便买了几样回来。当晚就到小押当里面去买到了一只表，花钱七角。拿回动手开拆，拆时不费多久，一下便拆开了，但是装可装不上去。直到晚上十二点钟，方才成功。于是大家欢天喜地，不亦乐乎。第二、第三天，大家学着做修表拆表的工作，学不多时，好而且快。有一位董先生，他是擅长绘画的，于是叫他拆一部画一部，经此一番工作，而装钟拆钟，全部告成。我们在这一桩事实中，可以说，社会各处都可求获一种技能。钟表店是我们的教室，钟表匠是我们的教师，一元六角便是我们所纳的学费；而我们同去学的儿子、父亲、朋友，都成了同学。回家学习，学习会的，便算对于这一课已经及格。在同道中间，只有我尚不及格，因为我小时手没有训练，书吃得太多，书呆程度太深了。如果我小时候的先生，他用这种方法教我，我不致如此啊！但是我们自己只要肯干，我们的先生很多，不要自己顾虑的。

我如今再举一个例子。南京的晓庄学校，自从停顿以后，校具都没有了。如今晓庄又开学了，几个小学校都已恢复，幼稚园的儿童已有八十多人。我写封信对主办的人说：“你们此刻的工作对象，譬如一张白纸，白纸可以随意作画。我希望你们不要乱画。第一笔切须谨慎。”从前孔夫子的讲学，讲堂里没有凳子及桌子；苏格拉底率领弟子在树下讲学，把树根当作椅子。我说这两位先生，有些书呆气，既然没有椅子坐，为什么不自己制作起来呢？如今晓庄学校没有凳子，我们可以请一个木匠来做太先生，教教师和小孩子做凳，而且给以相当的工钱。做一工，或做一张椅子，便给他多少钱。这种工作十二三岁的小孩很会做。所以自己不会教，可以请太先生。有一天我在上海，走过静安寺路，看见一个女人，手提一花络，上面插着许多棕树叶做的好玩东西。这种东西，在小孩子眼光中看来，着实比洋囡囡好看。于是我便把她请到家里，做我们的教师，教了两小时，结果给我都学会了。做几个虾儿，几只蚱蜢，真是孩子们的好玩意儿。这样看起来，七十二行，行行都可做我们的教师。

自己愿意学了，先生有了，但是学校没有钱便怎样办呢？原来大家误会得很，以为施行科学的教育，一定要大大的花一笔钱；不知有些科学不十分花钱，有些科学简直一钱都不要花。我们在无钱的时候，可以做些无钱的科学，玩些不花钱的科学把戏。譬如教小孩子看天文，教小孩子看星宿。天文是一种科学，这种科学，你如果说要花钱，便千百万块钱也可花，因为造一个天文台，置些天文镜及其他仪器，那么百万千万块钱，用去也不嫌其多。说要不花钱的话，我们也可以研究天文，推求时刻和节气。我们两只眼睛，便是一对天文镜；用两根棒，便可做窥视星宿的器具。从前小孩子问他的老师说："先生，这是什么星？"老师只摇着头说道："不知。"如今教师懂得一些科学，知道一些天文，将天空的星宿指点给小孩子看，小孩子一定兴趣浓郁。所以教科学，有钱便做有钱的布置，无钱便做无钱的事业。还有我们可以利用现成的东西，玩我们科学的把戏，譬如一只杯子、一个面盆、一根玻璃管、一张白纸，可以玩二十套科学把戏。其他校中所有的仪器，可以充分利用，火柴废纸都可做玩科学把戏的工具。我们没有玻璃管，便可用芦柴管通个孔来替代。内地如果买不到软木塞，可以用湿棉花来做瓶塞，破布烂纸，都可利用。从不花钱的地方干去，这是很有兴趣的。如果推而广之，学校之外，也可给你去干，那是兴趣更浓了。所以我们没有钱，便拣着没有钱的先干。

我如今再可以举一个例子。上海有一个外国人，他专门研究上海所有的鸟，共历五年之久，如今他著成一本书，就署称《上海的鸟》。此书价格要四块美金。另有一外国人，研究中国南部的鸟，也著了一部书，买起来要花十二三元中国钱。居住在上海的中国人，以为上海人烟稠密，哪里有什么鸟。这是他们不留心研究的缘故。据这位外国人的研究，认为上海有四十九种鸟。我们别说上海了，就是内地的乡村，以为除了雀儿、燕子、老鹰、喜鹊四五种鸟之外，没有其他的鸟。这种见地狭窄得很。如果以宇宙为学校，则我们不必在教室中求知识，四处都可以找知识，四处都有相当的材料。要研究鸟类，真不必到什么博物院、动物园中去观察，随时随地都可研究。这位外国先生，他研究鸟的方法，就是在住宅旁边多种些树，树一长大，许多鸟儿便自己送来给他观察。到了冬天，他在树上筑几个窠，留鸟儿们来住宿，庭园里撒些谷类，留过往的鸟类吃点心。夏天置几个水盆，供给鸟儿洗澡。这些研究法，不必花钱，而所得者，都是很真切的知识。

惟在研究科学教育时，有一点要注意，要预防。小学中的教师，捉到一只蝶儿、蚱蜢，便用针一根，活活的钉在一块板上，把它处死，说是做标本。这我以为不对，因为我们观察生物，是要观察活的生物，要观察生物的自然活动。如今将活的生物剥制成死的标本，致将生物学成了死物学，生物陈列所变成僵尸陈列所。我近来曾写信和研究生物学的朋友讨论及此。我以为生物不应当把它处死做标本，只可待它死了以后，再用防腐剂保护它，看作朋友死亡了，保存遗躯留个纪念。把活的东西弄死，太嫌残忍，增长儿童残酷的心理，这是不行的。这种意见，我常与研究生物的朋友讨论，他们都说对，他们和我讨论的时候态度很诚恳，想不至于奚落我罢！上海科学社中养有白鼠，工人要拿几只回去，我不许，恐怕他拿了回去要弄死。我们教小孩子能仁慈，知道爱惜生物，这点是很紧要。达尔文研究生物学，他也不轻易杀害生物。中国老年人多爱惜生物，放生戒杀，虽近迷信，也是仁者胸怀。中国的蛙，向来由政府禁止捕捉的，但是在英国，别说普通人的捕捉，便是生物实验室中想要解剖一只蛙，也要向政府去纳护照。这是很正当的。所以我们要教小孩子养生，不当教小孩子杀生。生物学是一种有兴味的科学，研究起来，也要有许多材料，但是少杀生是要注意的。

我还可以申述我得到的感触。我们知道蛙是从蝌蚪变成的，蝌蚪是粒状，像灵隐的念佛珠般大小。有一天，一个孩子从河边，淘到一群蝌蚪，移殖到天井中的一个小小池潭里。过了几天，蝌蚪生尾了，再过几天，蝌蚪生足了，小孩子观察得很快活。再过几天，蝌蚪挤得一片墨黑。但是不久，一个都没有了，这并不是成了蛙跳走了的，原来都死光了。这是因为蝌蚪长大了，还是蹲在小潭里，生活条件不适合，所以非死不可。如果我们抱着宇宙即学校的观念，那么野外的池塘，便是我们蛙的实验所，我们要看蝌蚪的变化，我们就时常到那个池塘里去看，为什么要把蝌蚪捉到家中来呢？我们任凭生物在大自然安居乐业，过它们的生活。要观察便率领小孩到自然界去观察。我们须把我们学校的范围扩展，海阔天空便是一个整个的学校。这样一来，所观察的也就比较正确可靠，生物学也不致成为死物学。不然，要讲蛙时，便捞取许多蝌蚪，养育在学校中所备的缸或瓶里，结果死得精光。我希望这样的科学教育不能提倡，否则科学教育提倡得愈厉害，杀死的生物愈多，恐怕蝌蚪死尽，中国的蛙便绝迹了。

所以提倡科学教育，有一点很要注意。欧洲大战，人家都说是科学教育的结果。科学教育之提倡，徒使人类互相残杀。中国无科学，真是中国的长处。这是不信任科学、怀疑科学那一部分人的话。还有一部分人迷信科学，自己终日埋头的研究科学，然而忘了人类，所以拼命在科学上创造些杀人的利器。这实在错误之极。我们须知科学是一种工具，犹如一柄锋利的刀，刀可杀人，也可切菜；我们不能因为刀可杀人废弃不用，也不能专用刀去杀人，须要用刀来作切菜之用，做其有益人类的工作。科学是要谋大众幸福，解除大众苦痛。我们教小孩子科学，不要叫小孩子做少数富人的奴隶，要做大众的天使。不是徒供少数人的利用和享受，当使社会普遍的民众多受其实惠。应当用科学来养生，不当用科学来杀生。这是提倡科学教育最紧要的一点。

注：

① 本篇系陶行知 1932 年 5 月 13 日在杭州师范学校的演讲记录。演讲后，陶行知当即要他的次子陶晓光等分四桌现场演示科学实验。原载杭州师范学校编《师范教育学术讲座讲演集》（第一辑），1932 年 6 月 20 日版。

② 周处　（？—297），字子隐，西晋将军。

杀人的会考与创造的考成

自从会考[1]的号令下了之后，中国传统教育界是展开了许多幕的滑稽的悲剧。

学生是学会考，教员是教人会考，学校是变成了会考筹备处。会考所要的必须教；会考所不要的就不必教，甚而至于必不教。于是唱歌不教了，图画不教了，体操不教了，家事不教了，农艺不教了，工艺不教了，科学的实验不做了，所谓课内课外的活动都不教了，所要教的只是书，只是考的书，只是会考指南！教育等于读书；读书等于赶考。好玩吧，中国之传统教育！

拼命的赶啊！熄灯是从十时延到十一时了。你要想看压台戏当然是必须等到十一时以后。那时你可以在黄金世界里看到卓别麟的化身正在排演他们的拿手好戏。茅厕里开夜车是会把你的肚子笑痛，可是会考呆子会告诉你说："不闻臭中臭，难为人上人。"

赶了一考又一考。毕业考过了接着就是会考，会考过了接着就是升学考。一连三个考赶下来，是会把肉儿赶跑了，把血色赶跑了，甚至有些是把性命赶跑了。

不但如此，在学生们赶考的时候，同时是把家里的老牛赶跑了，把所要收复的东北赶跑了，把有意义的人生赶跑了，把一千万民众的教育赶跑了（注：中学生赶考旅费可供普及一千万民众教育之用）。换句话说，是把中华民族的前途赶跑了。

奇怪得很！这样大规模的消灭民族生存力的教育行政，不是出于信仰而是出于敷衍，不是出于理性而是出于武断。我所接谈过的主考官是没有一个相信会考。他们是不信会考而举行会考。

就表面的成绩看，广东会考是几乎全体及格，广西会考是几乎全体不及格。广东对呢？广西对呢？谁知道？浙江会考，绍兴中学第一次是背榜[②]，到了第二次竟一跳而为第一。绍兴中学第一次的整个成绩果真坏吗？第二次的整个成绩果真好吗？真成绩之好坏是这样的容易调换吗？谁敢说？

这把会考的大刀是不可以糊里糊涂的乱舞了。考官们所自毁毁人的生活力已经是太多了，我们现在要求的是：

停止那毁灭生活力之文字的会考；

发动那培养生活力之创造的考成。

创造的考成所要考成的是生活的实质，不是纸上的空谈。在下面所举的几个例子当中，我们可以知道创造的考成是一个什么东西。

（一）校内师生及周围人民的身体强健了多少？有何证据？

（二）校内师生及周围人民对于手脑并用已经达到什么程度？有多少是获得了继续不断的求知欲？有何证据？

（三）校内师生及周围人民对于改造物质及社会环境已经达到什么程度？有何证据？

甲、荒山栽了多少树？

乙、水井开了几口？

丙、公路造了几丈？

丁、种植改良了多少？

戊、副业增加了多少？

己、生活符号普及了多少？文盲扫除了多少？

庚、少爷小姐书呆子有多少是成了为大众服务的人？

辛、团结抵抗强暴的力量增加了多少？

（原载 1934 年 6 月 1 日《生活教育》第 1 卷第 8 期）

注：

① 会考于 1932 年开始。中学应届毕业生，先经学校毕业考试，然后参加各省市举行的会考，会考及格才算正式毕业。

② 背榜　即榜上最末一名。

怎样指导小先生

小先生是负着普及教育之使命。穷社会除了重用小先生之外，是没有别的办法可以使教育普及。但是小先生所遇着的阻碍实在是屈指难数。如何指导小先生扫除阻碍以完成他们的使命，是我们当前最迫切的大问题。

一、我们一提起先生就联想到班级。依着传统的路线是把一班小学生交给一个小先生去领导。那少数出类拔萃的小先生固然可以胜任愉快，但是大多数的小先生，如果接受一班小学生之领导重任，必致一败涂地。我们原来的意思，只要每个小先生担任两三人的教育，不要他们担任整个班级的教育。倘使自作聪明，勉强寻常小先生做起传统先生来，对着三四十个小学生手指脚画高谈阔论，那便是违反生活教育，摧残小先生。所以，第一条成功之路是镇压贪多的野心，把小先生所担任的人数减少到两三个。您看，一个六七岁的小先生，日里学得青菜两个字和青菜煮黄了就不养人这一件事，晚上就把它一五一十的教给嫂嫂和姊姊，那是和踢毽子一样的有趣、拍皮球一般的容易！他教了一个字便有一个字的成功，教了一件事便有一件事的成功，又有什么失败呢？

二、小先生是很容易的关起门来教人。他们是在指导小同学。这只做到蓝卡斯突耳的班长制[①]——大同学教小同学，英国人老早就干过了，与我们这次所发起的运动是毫不相干的。这样干法只是把一个个独身守知奴变做一群合作守知奴，没有一点普及的力量。我们的意思是要把整个学校的学生或整个工学团的团员都变成小先生。小先生所要找的学生是不能上学的人或不能常到团本部来工作的人，换句话说，他是要到传统学校外或团本部周围去找他的学生。很自然的，不识字的奶奶、妈妈、嫂嫂、姊姊、妹妹、爸爸、哥哥、弟弟，和隔壁邻居的守牛、砍柴、拾煤球、扒狗屎[②]的穷同胞都是他应当找的学生。一个识字的人教导两个不识字的人，一个会做的人教导两个不会做的人，这里面才包含着普及的力量。这样去干，一千万学生便可算是三千万学生，否则，关起门来互相切磋，教来教去，还只是一千万人，毫无我们所说的意义。所以，我们必须指导小先生开起大门找学生。把一个不会的人教会了，便算是多生了一个人，这样才算是小先生真正的成绩，才算是表现了小先生真正的力量。

三、“即知即传人”的原则是要一贯的实行下去。因此，小先生的职务不但是教人，说得更切些，他的职务是教人去教人。等到他的学生也在教人了，他那小先生的封号才有丰富的意义咧。所以小先生之成绩，不在直接所教学生之多，而在间接所传代数之多。设有两位小先生，第一位自己教了四人，第二位教了两人，又教这两位去教两人。依我们的目光看来，第二位小先生的工作是更有意义。因为他是有了两代学生，他至少有两位学生是能即知即传人，而第一位小先生的工作是缺乏这种更进一步的意义。因此，我们指导小先生是加了一条原则：指导小先生教人，不如指导小先生教人去教人。

四、文字只是生活的符号，要与生活连在一起教。例如丈夫来了一封信，妻子是急于要知道信里所写的话。倘使信到的时候，正在吃午饭，她可以立刻丢下饭碗要您读信给她听。我们这些笨人老是把大好机会错过，照例读它一遍。她只是听到消息，连一个字也没有学会。我们总是替人读信，替人读信，何如教人自己读？教人自己读，起初是要多费一些时间，但是照我的话干干看，您的学生会有出人意料的成绩。您想，一个女子第一次会读她的丈夫写来的信，那种趣味实不亚于初恋之一吻。又例如儿子害病，请医生开好药方，若有人将这药方教给他的妈妈知道，她是终身不会忘记的。山海工学团从四月一日起要实现电化教育。电影说明书、无线电播音节目都要重新编过，成为活动教科书。会读入场券的可以半价入座，那么入场券也就成了“教科书”。这种例子随手拈来都可证明符号与生活可以很自然的联系起来。我们并且要使小先生知道，他的使命不但是普及文字教育，凡是他所过的有意义的生活都是负了责任要传布出去。

五、普及教育运动应该做成学校规定的正课和工学团规定的工作。因此，小先生不是一种自由的职务。小先生不能随便的高兴就干，不高兴就停。他必得天天拿成绩来交给负责的导师考核。寻常学校有所谓家庭功课，往往是要学生在家里写一张大字，第二天带来给先生看。小先生所要交来的不是自己写的字，乃是他的学生所干的成绩。他若找不着学生，导师须指导他如何去找；他若碰了钉子，导师须辅助他求得一个解决；他若没有恒心，导师须鼓励他向前努力；他若不明了他的职务之重要，导师须将普及教育与中华民族生死存亡关系说给他听。第一天就须把守知奴不配受教育的大道理向大家开导。总之，导师必须把普及教育运动当作规定的正课或工作，才有成功的希望。

六、小先生所遇到的最大的困难是大人对小孩不信任的心理。“小孩子懂得什么！怎能做小先生！”社会上不懂事的人是异口同声的这样说。但这是毫无根据的侮辱。我们一开始便须化除这种障碍。普及教育发动的第一天便须开一个娱乐大会，把小先生的家属一起吸引了来。在这个大会里面，导师须将普及教育与中华民族存亡关系尽量发挥，并将小孩子的能力充分证明。他可以将别处老年好学的人和小先生的成绩作一个生动的报告。他并须让本地有能干的小孩在会场中表现出真的力量，使大家从会场里带回家去的礼物是：（一）人人必须求学；（二）小孩能做先生。

导师须是一个火把两头烧。他一方面要把小孩的热心烧滚，使个个小孩都愿做小先生，不再做守知奴。这件事是很容易成功，大概只需一次演讲就行。另一方面，他要把大人的热心烧滚，使个个大人都愿拜小孩子做先生，不再轻视小朋友。这是一件比较难办的事，但热心、智慧与不断的努力总会使您成功。有一位小先生的妈妈不肯学，他请示于我，我告诉他说：“你的妈妈不肯接受你奉送她的学问，你也不要吃她所烧出来的饭。你如果有挨饿一两餐的决心，我包你不致失望。”这一类的方略，遇必要时，可以一试。穷国普及教育最重要的钥匙是小先生。这把钥匙多半是操在导师（包括校长）手里。导师袖手旁观，则普及教育运动变成儿戏；导师以身作则，则儿戏变成普及教育运动。因此，导师必须加入小先生的队伍里一起去干，才有成功的希望。倘若导师自己目光不远，懒惰不长进，平日让小先生自生自灭，等到打了败仗，还说漂亮话："我早就预料到，小孩哪能做先生？"这种人是普及教育之罪人咧。老实说，在热心的导师指导之下的小先生都有了相当的成绩；小先生一无成绩，只是证明了导师冷血不努力。

（原载 1934 年 4 月 1 日《生活教育》第 1 卷第 4 期）

注：

① 蓝卡斯突耳的班长制　通译兰卡斯特制，也称导生制，是英国牧师贝尔和公谊会教士兰卡斯特创立的，故又称作贝尔—兰卡斯特制。

② 扒狗屎　拾粪的俗称。

科学训练要从幼稚园开始[1]

幼稚园要开辟新路径，要创造新材料。现有的故事、游戏、歌曲等，都得重新改造。公主、王子的童话，时代已经过去了。叫小孩子爬在地上做猫捉老鼠的游戏，是要有极干净的地板才好做的。“狼来了！狼来了！快些跑！快些跑！”这一类的歌曲，简直把小羊的两支角砍掉了。用极精致的纸印刷极美丽的图来给小孩子认字，这是不适宜于大多数的一般的幼稚园。福氏和蒙氏的恩物[2]从前我们在晓庄时是没有，因为那时以为要花一百多块钱才可以到美国去买来。但是，现在我已经在徐家角[3]自己制造出来了。这两套恩物，我们虽然不同，但我们不能不知道它的用法。科学的训练是很重要，但是现在的一般幼稚园里是很少的。

注：

① 本篇是 1932 年 12 月陶行知与孙铭勋的谈话，由孙铭勋记录。原载孙铭勋、戴自俺等编著的《晓庄幼稚教育》，1934 年上海儿童书局版。

② 福氏和蒙氏的恩物　指德国学前教育家福禄培尔于 1837 年创制的具有教育意义的儿童活动玩具和意大利幼儿教育家蒙台梭利为使儿童的各种感官得到训练而创制的一套教具。“恩物”系福禄培尔对他创制的儿童活动玩具的称谓。

③ 徐家角　指上海徐家角乔民山庄。该山庄为陶行知所租用，专供从事于研究普及大众教育事业的人员之用。

反省的行动或行动的反省[①]

——教学做合一过程的新发现

我有了新发现！我有了新发现！

我昨天玩电池，把铜丝从阴极上接到阳极上去，然后电子流从阴极射出，通过铜丝，流到阳极上去了。

嗨嗨！这没有什么？可是，我要告诉你们，存在我心里多年的问题，这一下被我想通了。

从前不是有人问过我么，教学做合一的过程，究竟和克伯屈根据杜威学说所提出的设计教学法有什么不同呢？当时，我只能说它们相近似，不过设计教学法不是真做，而是教师坐在书桌旁，口喷香烟，眼盯天花板，空想出来的。现在，我完全想通了。设计教学法的过程是：

一、引起动机；

二、决定目的；

三、拟定计划；

四、着手试验；

五、屡试屡验之后，得出断语。

我们过去批评设计教学法，一开始只是引起动机，而教学做合一首先就是行动，行动生疑难，疑难生假设，假设生试验，试验之后生断语，这个过程虽基本和设计教学法不同，比它前进了一步，但它仍有缺点。这个缺点是没有把行动和断语接连起来，就犹如没有用铜丝把电池上的阴电极和阳电极接连起来，因此，发不出电流，也就发不出光和热了。此刻，我把教学做合一的全部过程贯通起来了：

一、行动生困难；

二、困难生疑问；

三、疑问生假设；

四、假设生试验；

五、试验生断语；

六、断语又生行动。

如斯，便把前后两个行动连接起来，像阴阳二电极用铜丝接起来一样，就会通上电流，发出光和热来了。我把这个过程叫做“反省的行动或行动的反省（reflective action）”。

注：

① 本文内容摘自伯韬著《回忆陶行知先生》第32节《我有了新发现》，哈尔滨光华书店1948年2月初版。

生活历[①]

释义

生活历是一种生活日程，亦即实施生活教育之切要工具。人有定期生活与无定期生活。无定期者暂置勿论，其有定期者，自宜按期序别，组成系统，以为因时施教之依据。故生活历系有定期生活之系统，亦即有定期教育之系统。依生活历以办教育，则此历谓之教育历亦可，谓之生活教育历亦无不可。

定期生活复可区为定季、定日、定时数种。观日出，赏夕阳，定时之生活也。五月一日纪念劳工，十月十日纪念国庆，定日之生活也。栽树、养蚕、割稻、种麦，定季之生活也。生活历皆为之序列，使一切教、学、做有所遵循。

功用

古人为政，贵在不违农时，故颁历书。教人亦然。教当其时，则事半功倍；失其时，则事倍功半，或全失其效。故办学贵在不违人时。《泰山观日出》诗，宜于黎明时诵之；“夕阳无限好，只是近黄昏”之句，宜于黄昏前诵之。海宁[②]学生讲求潮水，宜于阴历八月十八日行之。五月一日与其放假，不如师生共做一日苦工，以明了工人之生活。十月十日与其放假，不如实行训练公民。欲使儿童明了电之性质作用，倘在一月十七日富兰克林生日，或其他电气发明家生日，或在放纸鸢时节，或在雷电交作之日，或在此数日各教一部分，皆比在他日为更有效。他如栽树、养蚕、割稻、种麦，皆宜依节气办理，不可稍有疏忽，方能望其成功。现在一般学校所通用之学校历，只是何时招考，何时开学，何时考试，何时毕业，何时放假，为办学者一种备忘录而已，不足以当生活历之名。学校历之出发点，是学校行政，而非学生生活。惟其非由学生生活出发，故亦不能为学生生活之指针，甚而至于与学生生活渺无关系。此种学校之课程、教材、方法、设备，皆与生活疏隔，有时竟与生活矛盾。遇有定期生活，不是照样画葫芦而流于重复，即是茫无准备而将就过去；或一意孤行，宁牺牲生活，以谋办法之一致。某农校校章定星期二、四、六下午实习农事。割稻后久旱，一夜忽大雨，农人群相庆贺，以天降黄金喻之。次日，农人皆耕地，以为种麦之用。该校则以适值星期例假，师生皆不工作。明日为星期一，无农事实习课，又不工作。又明日为星期二，上午有他课，不能工作。俟下午下田时，地已干硬，不便耕种矣。候至多日，又无雨下，只得用车引水入田以耕，费尽九牛二虎之力。次年所获，不及农人之半。此乃违农时又违人时之教育，皆坐有学校历而无生活历以为指针之弊也。

史略与推测

自杜威来华讲学，生活教育之名，已成中国教育界之口头禅。但只有生活教育之哲理，而于实现此哲学之具体方法，未加注意，故生活自生活，教育自教育，渺不相关。去年晓庄开办中心小学，其主旨在以乡村实际生活为小学之中心，同时又以小学为师范学校之中心。设立半年，依然费力多而成功少。当事人渐觉具体方法之需要，于是生活历即因此感觉而起。其法将学生生活分为社会的、自然的、农艺的、健康的、欣赏的五方面，再依据此五方面考订其定期事项，编为生活历，再依据生活历搜集教材，规定方法，制造工具，力谋学生生活之充分实现。适萧山县东乡教育会派校长王兆年等来晓庄研究乡村教育，晓庄同人即以编订生活历为其留校主要工作之一。王君乃就萧山东乡实际生活编一《小学儿童生活历》携归，作为办学之具体方案。吾人不办生活教育则已，如欲办生活教育，非每校有如此一生活历不可。生活历有世界所同者，如印刷机发明、汽机发明、电气发明、微生物发明、解放黑人、劳动纪念等是；有一国所同者，其在中国，如南京政府成立、黄花冈革命、植树节、马关条约、五九国耻、五卅惨案、马厂起义、南京条约、辛丑国耻、孔子生日、国庆纪念、孙文生日、云南起义等是。但一大部之生活，随省而异，随县而异，随市乡而异，必须予各校以编订之自由。但各校得此自由，必须负责编订，不可认自由为放弃，置此项重要工作于不顾。故将来应由世界教育会联合会③将有关人类进化之大事，编订世界儿童生活历，建议于全世界之学校。各国教育行政最高机关将有关本国进化之大事，编为全国儿童生活历，颁布全国学校。推之一省、一县、一校皆宜仿办。而最重要之工作，即为各本校教师依据本地实际生活，编一适于此种生活之生活历，并活用之，以充分培养本校儿童之生机。盖生活历为建设生活教育最重要之引导，无生活历，则顾此失彼，茫无所从。有生活历，则一切课程、教材、教法、工具，皆可纳于轨范之中，而与生活发生有机体之关系。故生活历一出，则一切传统沿袭之课程、教材、教法、工具，皆将受根本之动摇，而不得不受其支配。未来之学校，未来之教科书，未来之教学，必须建立在生活历上，始可谓为活的学校，活的教科书，活的教学。

注：

① 本篇是陶行知为《教育大辞书》写的词条，载 313 至 374 页。

② 海宁　在浙江省北部，南临杭州湾。

③ 世界教育会联合会　1923 年由美国教育会发起成立。中国代表郭秉文当选为副会长。

艺友制教育

释义

何谓艺友制？艺者艺术之谓，亦可作手艺解。友为朋友。凡以朋友之道教人艺术或手艺者，谓之艺友制教育。

方法

艺友制之根本方法为教学做合一。事如何做便如何学，如何学便如何教。教法根据学法，学法根据做法。先行先知者在做上教，后行后知者在做上学。共教、共学、共做方为真正之艺友制，亦惟艺友制始能彻底实现教学做合一之原则。

史略

中华教育改进社考察乡村学校后，深觉改造乡村教育非另辟途径不为功，故于民国十五年与燕子矶小学、尧化门小学、开原小学特约设置铺位，以便远道同志可以留校作较长时间之观摩。此为艺友制之发端。江恒源[①]适为江苏教育厅长，深以此法为然，即派其侄希彭至燕子矶小学共同生活，以为回乡创办板浦小学之准备。江希彭留燕子矶数月，颇得互助之益。十六年秋，燕子矶幼稚园成立，丁夫人[②]偕同女毕业生二人随张宗麟指导及徐教员[③]学办乡村幼稚园，进步异常迅速。至此，同人益信此制不但为培养人才最有效力之方法，而且为解除乡村教师寂寞与推广普及教育师资之重要途径。此时虽有事实，却无名称，群戏称为徒弟制。但徒弟制实不足以充分表示此制之精神。直至十七年一月五日始定名为艺友制。

艺友制在师范教育上之应用

艺友制之发现既以小学幼稚园为发祥地，则其应用于师范教育，自较他门教育为速。教师生活是艺术生活，其职务亦是一种手艺，应当手到心到躬亲实行者。彼惟高谈阔论，妄自尊大，不屑与三百六十行为伍者，岂能当二十世纪教师之名？学做教师之途径有二：一是从师；二是访友。随友学较从师为更自然而有效。故欲为优良教师，莫便于与优良教师为友。现行师范教育将学理与实习分为二事，所出人才与普通中学不相上下，国内少数优良小学全凭天才护持，至于师范教育之人为的贡献，尚属甚微。大多数曾受师范训练之人才至今办不出一所令人仰慕之学校，不亦深可叹息乎？艺友制以教学做合一为原则，自能纠正今日师范教育之流弊。民国十七年一月八日南京试验乡村师范学校、燕子矶小学、尧化门小学、晓庄小学、鼓楼幼稚园、燕子矶幼稚园已开始联合招收艺友。此是用艺友制的旗帜正式招集同志之起点。一月九日作者曾在《申报》及《民国日报》上发表一文，题为《艺友制师范教育答客问》，略述艺友制师范教育之原理。南京特别市教育局学校教育课陈鹤琴课长同时向南京女子中学及南京中学师资科征求同意，派遣将毕业学生至市立实验小学充艺友。南京特别市教育局亦拟招收艺友十余人，以培植教育行政人才。现此制推行至为迅速，影响所及，约有五端：一、凡有优良教师之学校皆可招收艺友，成为训练教师之中心；二、附属学校将失去惟一实习场所之资格，倘附属学校欲负训练教师之责，便非根本改造不可；三、推行义务教育之师资可以增加一伟大之来源；四、优良乡村小学教师既可招收艺友，自能解除生活上一部分寂寞；五、根本推翻师范教育之传统观念。

艺友制与艺徒制之比较

艺友制与艺徒制之关系甚密切。由源头上观察，艺友制亦可谓是从艺徒制中脱胎而来者。艺友制与艺徒制之所同者为教学做合一，艺徒制是在做上教，在做上学，艺友制亦然。但艺徒制有三种流弊系艺友制所革除者：一、艺徒制下之工匠待艺徒几如奴仆，至不平等。二、工匠所有秘诀、心得对艺徒不愿轻传，故使艺徒自摸黑路，精神、时间，皆不经济。三、一切动作，偏重劳力而少用心，太无进步。艺友制则不然：教者、学者既是朋友，便须以平等相待，以至诚相见，尤须共同在劳力上劳心，以谋事业之进步。

艺友制之推行

艺友制之成功在乎指导之得人。故凡有指导能力者，皆可以招收艺友，初不问其事业之粗细也。图画家、音乐家、雕刻家、戏剧家、电影家、著作家、新闻家、行政家、军事家、科学家、民众运动家、医生、教师、律师、技师、拳师、农夫、木匠、裁缝、商人，皆可以招收艺友。民国十七年一月十五日，中华职业教育社为推广艺友制起见，决定拟订介绍办法，使有志青年得以依据兴趣才能，充当一种事业专家之艺友，以谋上进。该社并拟筹集艺友贷金，俾贫寒天才不致因经济压迫而失学。凡此皆推行艺友制之重要步骤也。

注：

① 江恒源　即江问渔。

② 丁夫人　即丁超的夫人。

③ 徐教员　即徐世璧。

填鸭教育

厚德福是北碚最道地的北方馆子。我在这里第一次看见填鸭，听到填鸭的道理，自然而然的联想到久已闻名的填鸭教育。

我从厚德福里一位伙计所得到的填鸭的知识是如此：第一步是买鸭皮。先把那些皮儿可能长肥的鸭儿买来。皮儿不可能长肥的鸭就不要。这要靠选择。目光好，选择准确，那么喂它半个月、二十天就会长得很肥，这好像是传统学校的入学考试。

第二步是预备填料，此地用的填料是四分米六分黑面，搓成“食指”大小的小条，填入鸭儿的食道。每天填三餐，每餐填八条，费钱八分光景。这好比是预备现成教材，按照一定钟点上课，全体一律受教，不管个性如何。在教育界里面是有不少的办法和填鸭相仿佛。谁个要在学生需要之外悬立目的，超出学生自愿容量去灌注教材，一心一意指望学生们快快的照他主观的模样长成，使他和他的主顾可以享受，只须如此，他便是在办填鸭教育。

厚德福的朋友还告诉我，北方的填料跟这里有些不同。北方普通用的是面粉、高粱、麸子拌起来用，有时也用玉米。我说四川玉米价钱低，为什么不用玉米呢？他说，这儿鸭子喉咙小，用玉米填下去会把鸭儿胀死；因为填死几只鸭，我们才知道玉米对于四川鸭不合用。我愿意教育者有这样的周到，材料如果用得不对，填鸭可以填死，被人填死的学生有多少啊！

（原载 1939 年 11 月 25 日《战时教育》第 5 卷第 2 期）

仁爱之心

我们应当向谁拜年

今天是元旦，我们应当向谁拜年？请大家想一想。我们充饥的油盐菜米面是从哪里来的？我们御寒的棉花丝绸是从哪里来的？我们安居的房屋所用的木石砖瓦是从哪里来的？都是从乡下来的；都是乡下人的血汗换来的。我们今天不应当下乡拜年，下乡送礼，下乡报恩吗？我们今年不应当为乡下同胞做点事吗？我们今生不应当花点钱，尽点心，用点力，为乡下同胞减少些痛苦，增加些幸福吗？

十六年夏历元旦

徽社全体同人鞠躬

（原载 1927 年 2 月 1 日《乡教丛讯》第 1 卷第 3 期）

同到乡下去

两星期前，我同一位朋友去参观燕子矶小学，很受感动。这个学校的灵魂就是丁校长和他的夫人。乡村学校里的先生们，大多数任期很短，教了一两年、两三年，正有点经验的时候，就跑到别处去了。在这种情形之下，说不到改良教育，更说不到改造乡村。但是丁先生夫妇二人共同在尧化门学校服务，已经有了八年之久。今年转到燕子矶服务，只有半年工夫，就把这个学校变成了一个活的学校。因此我觉得夫妻同到乡村去办学，是一件很重要的事。所以我做这首诗，为乡村人民和他们的小孩儿请命：

男学生，女学生，结了婚，做先生。

哪儿做先生？东村或西村。

同去改旧村！同去造新村！

一对夫妻一个魂。

旧村魂，新村魂。

（原载 1924 年 8 月 9 日《申报·平民周刊》）

一切乡村建设必须为农民谋福利

穿的树皮衣，

吃的草根饭，

背上背着没卖掉的孩儿饿煞喊爹爹。

牵着牛大哥，

去耕别人田。

太阳晒在光头，

心里如滚油煎。

九折三分，

驮利纳钱粮。

良民变成匪，

问在何处伸冤？

人面蝗虫飞满天！

飞满天！

无有农夫谁能活天地间！

这是中国农人的一幅小影。帝国主义压迫中国新兴工业使它不能依照自然顺序发展，以吸收农村过剩人口，于是农村田地愈分愈细，只见自耕农变为半自耕农，半自耕农变为佃农，佃农变为雇农。这过剩人口既不能被新兴工业所吸收，除了饿死之外，只有当兵做匪，以造成历年内乱之大祸。于是没有自卫准备的乡村首遭蹂躏，现金跟着地主跑了进城避难。城里资本更不敢投到乡下来。这样一来，中国乡村乃由衰落而濒于破产。

我们要想在这样的乡村里，做点建设工作，谈何容易！但是既做医生，必得研究病源，才能发药。分析起来，中国乡村是害了许多病，主要的如下：

1. 帝国主义已经伸张到乡村的深处，例如棉织物早已突破了我们最后的一道防线。

2. 乡下人是充满了个人自由主义，富有无政府脾气。他们是各人自扫门外雪。洋大人、贪官、污吏、土豪、劣绅、强盗，乃能将他们各个击破。

3. 重利盘剥。

4. 疾病，例如疟疾，是如同土豪劣绅一般的利害。

5. 迷信，例如蝗虫来了，农人以为是神虫下凡而不敢肃清。

6. 变相失业，每年农暇竟有五六月之久。

7. 多生主义，多福多寿多男子是一种根深蒂固的心理。他们不知道物品的生产过剩与人口的生产过剩是一样要闯祸的。

草头医生是有许许多多，我们现在要把他们所开的方子一个个加以审查：

1. 天使派——这派人下乡，好比是天使到地狱里来救苦救难。凡抱着慈悲心肠下乡的都属于这一派。我们只要一想到那三万万四千万的耕田大众，就知道他们所预备的面包是决不够充饥的。他们说，若不够吃，且忍一忍，死了，我带你进天堂，也不算迟。

2. 夫子派——这派人以为乡下人不懂事，要来教训他们。知识分子从前欢喜唱那“到民间去”的高调，便是这派人的先锋。他们戴着一个大头来。乡下人自己看看却有几分不敢与大头鬼亲近。这些人多数是书呆子，个个呆头呆脑。请问，假使农人虚心肯受你的教训，换上一副呆子的头脑，有何益处？

3. 模范派——这派人到乡下来建一个新村，希望农人也照他的样子改一改。他们以为全国的农村都改成新村一样，中国就好了，哪里知道吃着早饭愁着中饭的农人何能与你赛跑？

4. 桃花源派——这派人不但把中国农村看做固定，并且要把他们的工作区与世界划开，老死不相往来。他们只顾在乡村里工作，对于都市的生活，已是懒得与闻，何况世界之大，更是管不得这许多了。工人与农人在他们心里是不关痛痒的两种人。他们所划的小小范围，便注定了他们的前途。

5. 绅士派——这派人拥护原有的绅士做乡村的主体。他们贪图工作一时的便利，不知不觉的堕入反动的途径。十个绅士九个劣，利用绅士是最危险的！他们是士大夫在乡下的代表者，同时是贪官污吏的经纪人。建筑在绅士上之乡村事业，是建筑在流沙上的高楼大厦。利用绅士者，结果是伸张绅权，摧残民权。

6. 济富派——这一派想用金钱救济农村破产，而遇到农民借款，则要求财产抵押。请问佃农雇农哪里去找财产抵押？一般合作社，如不根本改变方针，势不能帮助大多数的贫农，而难免流为济富的工具。

7. 养猪派——这派人提倡科学农业，也要改善农民生活。但他们的目的，是在多收点租，或是多取些原料而少给些价钱。这简直是与养猪的心理无异。

那么，农村建设应当怎样进行呢？

这是我提出的几条建议：

1. 认定帝国主义是今日中国农村破产的主要原因，我们应当集中智慧与力量向帝国主义反抗，而后中国新兴有出路，中国农村亦有出路。

2. 认清中国不是一个固定的农业国，乃是一个向工业文明前进的农业国。我们要在农业上安根，在工业上出头。向工业文明前进的农业国的一切是变动的。我们要有动的道德，动的思想，动的法律，动的教育，动的人生观。有人说，知识要新，道德要旧，这是应该扫除的一种迷信。旧道德只能配合旧知识。新知识也得要求新道德。

3. 认清乡村建设的主人是真农人；一切乡村建设须以真农人之福利做根据。所谓真农人，即是靠自己动手种田吃饭的人。

4. 行动是老子，知识是儿子，创造是孙子。我们要教真农人在行动上取得真知识与真力量。

5. 代替人干是劳而无功。我们要培养农人自己干，用科学的方法干，大家联合起来干。最重要的，农人自己须有保护生产的力量。使贪官污吏土豪劣绅——国外国内的强盗不敢剥削。

6. 来到乡村工作的人，须放下天使、士大夫、少爷、小姐的架子，脱掉书呆子的蛇壳，站在农人的队伍里，共生活，共甘苦，共休息。

7. 教乡下人少生小孩子。我们不但要培养农人自己去从事乡村建设，我们还要培养农村的小孩子开始做一点小建设。小孩子便是乡村建设的小工人。这是我所写的一幅小工人的小影：

我是小工人，

我有双手万能。

我要造富的社会，

不造富的个人。

小孩子本领实在不小。中国已经有了一个自动学校是农人的小孩子自己办的，校长教师都是农人自己的孩子。我看了他们在四个月内所写的七十本日记，觉得我们以前所办乡村事业是没有一件比得上他们自己办的。这是我为他们画的一幅小照：

有个学校真奇怪，

小孩自动教小孩。

七十二行皆先生，

先生不在学如在。

8. 大处着眼，小处着手。小的村庄，要与大的世界沟通。

9. 依据乡村需要培养专门人才（例如，医生、工程师、农林学家、军事学专家、艺术家、幼稚园及小学教师）。现今是肯下乡的没有专门学术，有专门学术的不肯下乡。

10. 培养农人和农人的小孩子，把乡村创造成一个合理的人间，便是天国降临。

幼稚园之新大陆

最需要幼稚园的地方是什么？最欢迎幼稚园的地方是什么？幼稚园应当到而没有到的是什么地方？幼稚园还有什么新大陆可以发现？

（一）女工区域是需要幼稚园的。妇女上工厂做工，小孩子留在家里，无人照应，最感痛苦。若带在身边，那么工厂里的特殊紧张之环境，便要阻碍儿童的发育。倘使工厂附近有相当之幼稚园，必能增进儿童之幸福而减少为母者精神上之痛苦。同时女工既不必心挂两头，手边又无拖累，则做工效率自然也要增加好多。所以为儿童教育计，为女工精神计，为工业出产效率计，这种工厂附近必须开办幼稚园。这是幼稚园的第一个新大陆，我希望幼稚园同志快来探获。

（二）农村也是需要幼稚园的。农忙的时候，田家妇女们忙过不了，小孩子跟前跟后，真是麻烦。哥哥姊姊也要帮忙操作，无暇陪伴弟妹玩耍，所以农忙一到，乡村小孩子就要缺乏照料。倘使农村里有了幼稚园，就能给这些小孩子一种相当的教育，并能给农民一种最切要的帮助。幼稚园的同志们！诸君可曾想到这个新大陆？我深信如果诸君愿意下乡，采桑娘子必定是诚心诚意的欢迎诸君的。

幼稚园的下乡运动和进厂运动必须开始，实无疑义。但现在的幼稚园必须经过一番根本变化，方能到乡村和工厂里去。它第一要打破外国的面具，第二要把贵族的架子放开，第三要省钱，不当用的不必用。这里要整天整年的幼稚园。半天的幼稚园只能解决一半的困难。幼稚园放假也只能跟着女工农妇空闲的时候为转移。现在幼稚园还有一件事没有注意到，这事就是儿童的康健。儿童的康健比什么事还要紧。幼稚园教师倘没有受过严谨的卫生训练，则幼稚园恐怕要变成传染疾病的中心。我有一个朋友全家害过猩红热，又一个朋友的小孩儿都染着百日咳，还有好几家朋友的小孩子染着沙眼病和天花，都是因为幼稚园里不注意卫生所致。我希望大家把儿童康健当做幼稚园里面第一重要的事情。幼稚园教师应当做康健之神。工厂和农村是幼稚园可以发现的新大陆。它们只欢迎爱护康健的幼稚园，不欢迎传染疾病之幼稚园。

（原载 1926 年 11 月 12 日《新教育评论》第 2 卷第 24 期）

要使全国个个乡村都有一个幼稚园[①]

第一次我觉得乡村里有设立幼稚园之必要，是宋调公君告诉我：农忙时往往有母亲一只手抱着小孩子，一只手拿着凳子，到学校里来托先生给她看管。她只求先生守着小孩子不给她走开，她就感激不尽了。又一次看见一位母亲在田中做事，对面地下放一个筐子，里面坐着一个小孩子，这孩子便是她的儿子。又一次我遇了一个小学生，我问他为什么不进学校，他说现在田里很忙，他要帮助妈妈带小妹妹。受了这三次感触，我便想创办乡村幼稚园。

……恰巧舍妹文渼来信和我商量家母六旬寿辰家庆的办法，我忽然下了一个决心，要在这一年内把她老人家给我的最好的精神开始充分的表现出来，为她老人家祝寿。我想来想去，没有想到办法。一天豁然觉悟到家母最爱的是我的第四个小孩，称他为蜜桃。因为家母之爱蜜桃，就联想到天下的像蜜桃的小孩，立刻决定要使全国个个乡村都有一个幼稚园为儿童造福，并立志要在这一年之内把第一个乡村幼稚园成立。……

注：

① 陶行知 1927 年创办的南京燕子矶幼稚园，是中国第一个乡村幼稚园。这是 1927 年 11 月 11 日他在该幼稚园开学典礼上的讲话。原载 1928 年《乡教丛讯》第 2 卷第 4 期。

晓庄三岁敬告同志书

今日是何日？
当念三年前。
愿从今日起，
更结万年缘。

三年前的今日，老山下的小庄[①]出了一桩奇事。他们是来扫墓吗？香烛在哪儿！强盗来分赃吗？如何这样客气！他们是开学哟。开学？学堂在哪儿！？连燕子都不肯飞来的地方，忽然这样热闹，奇怪得很！

不错，我们是来开学。说得更切些，我们是来开工。还不如说，我们是在这儿来开始生活。“从野人生活出发，向极乐世界探寻”，是我们今天所立的宏愿。学堂是有的，不过和别的学堂不同。他头上顶着青天，脚下踏着大地，东南西北是他的围墙，大千世界是他的课室，万物变化是他的教科书，太阳月亮照耀他工作，一切人，老的、壮的、少的、幼的、男的、女的都是他的先生，也都是他的学生。晓庄生来就是这样的一副气骨。

到了今天，已经是三周年了。说到可以看见的成绩，真是微乎其微。他所有的茅草屋，稍微有点财力的人，只要两个月就可以造得成功。一阵野火，半天便可以把他们烧得干干净净。至于每个同志之所有，除了一颗血红的心和一些破布烂棉花的行李之外，还有什么可说？然而晓庄毕竟有那野火烧不尽的东西。这些东西的价值，也许只等于穷人家在天寒地冻时之破布烂棉花，也许就是因为这些破布烂棉花的力量，那血红的心才能继续不断的跳动，那怀抱着这血红的心的生命便能生生不已。我现在所高兴说的就是这些东西。

晓庄是从爱里产生出来的。没有爱便没有晓庄。因为他爱人类，所以他爱人类中最多数而最不幸之中华民族；因为他爱中华民族，所以他爱中华民族中最多数而最不幸之农人。他爱农人只是从农人出发，从最多数最不幸的出发，他的目光，没有一刻不注意到中华民族和人类的全体。在吉祥学园[②]里写了两句话："捧着一颗心来；不带半根草去。"晓庄是从这样的爱心里出来的。晓庄可毁，爱不可灭。晓庄一天有这爱，则晓庄一天不可毁。倘使这爱没有了，则虽称为晓庄，其实不是晓庄。爱之所在即晓庄之所在。一个乡村小学里的教师有了这爱，便是一个晓庄；一百万个乡村小学里的教师有了这爱，便是一百万个晓庄。虽是名字不叫晓庄，实在是真正的晓庄了。

晓庄三年来的历史，就是这颗爱心之历史——这颗爱心要求实现之历史。有了爱便不得不去找路线，寻方法，造工具，使这爱可以流露出去完成他的使命。流露的时候，遇着阻力便不得不奋斗——与土豪劣绅奋斗，与外力压迫奋斗，与传统教育奋斗，与农人封建思想奋斗，与自己带来之伪知识奋斗。这奋斗之历史，也就是这颗爱心之历史。晓庄没有爱便不能奋斗，不能破坏，不能建设，不能创造。个人没有爱，便没有意义，即使在晓庄，也不见得有贡献。所以晓庄和各个同志的总贡献——破坏与创造——如果有的话，都是从爱里流露出来的。晓庄生于爱，亦惟有凭着爱的力量才能生生不已咧。

我们最初拿到晓庄来试验的要算是教学做合一的理论了。当初的方式很简单。它的系统也就是在晓庄一面试验一面建设起来的。这个理论包括三方面：一是事怎样做便怎样学，怎样学便怎样教；二是对事说是做，对己说是学，对人说是教；三是教育不是教人，不是教人学，乃是教人学做事。无论哪方面，"做"成了学的中心即成了教的中心。要想教得好，学得好，就须做得好。要想做得好，就须"在劳力上劳心"，以收手脑相长之效。这样一来，我们便与两种传统思想短兵相接了。一是孟子的"劳心者治人，劳力者治于人"的二元论。这种二元论在中国的力量是很大的。他在教育上的影响是：教劳心者不劳力；不教劳力者劳心。结果把中华民族划成两个阶级，并使科学的种子长不出来。二是先知后行的谬论。阳明③虽倡知行合一之说，无意中也流露出“知是行之始”之意见。东原④更进一步的主张“重行必先重知”。这种主张在中国教育上的影响极深。“知是行之始”一变而为“读书是行之始”，再变而为“听讲是行之始”。“重行必先重知”也有同样的流弊。请看今日学校里的现象，哪一处不是这种谬论所形成。不入虎穴，焉得虎子。知识是要自己像开矿样去取来的。取便是行。中国学子被先知后行的学说所麻醉，习惯成了自然，平日不肯行，不敢行，终于不能行，也就一无所知。如果有所知，也不过是知人之所知，不是我之所谓知。教学做合一既以做为中心，便自然而然地把阳明、东原的见解颠倒过来，成为“行是知之始”，“重知必先重行”。我很诚恳的敬告全国的同志：“有行的勇气，才有知的收获。”先知后行学说的土壤里，长不出科学的树，开不出科学的花，结不出科学的果。

教学做合一的理论最初是应用在培养师资上面的。我们主张培养小学教师要在小学里做，小学里学，小学里教。这小学是培养小学教师的中心，也就是师范学校的中心，不是他的附属品，故不称他为附属小学而称他为中心小学。培养幼稚园教师的幼稚园和培养中学教师的中学，都是中心学校而不是附属学校。现在实行的学园制即是艺友制，每学园有导师、艺友及中心学校，更进一步求教学做合一的主张之贯彻。现今师范教育之传统观念是先理论而后实习，把一件事分作两截，好一比早上烧饭晚上请客。除非让客人吃冷饭，便须把饭重新烧过。教学做合一的中心学校就是要把理论与实习合为一炉而冶之。

教学做合一不是别的，是生活法，是实现生活教育之方法。当初，生活教育戴着一顶“教育即生活”的帽子。自从教学做合一的理论试行以后，渐渐的觉得“教育即生活”的理论行不通了。一年前我们便提出一个“生活即教育”的理论来替代。从此生活教育的内容方法便脉脉贯通了。

“生活即教育”怎样讲？是生活即是教育。是好生活即是好教育，是坏生活即是坏教育；有目的的生活即是有目的的教育，无目的的生活即是无目的的教育；有计划的生活即是有计划的教育，无计划的生活即是无计划的教育；合理的生活即是合理的教育，不合理的生活即是不合理的教育；日常的生活即是日常的教育；进步的生活即是进步的教育。依照生活教育的五大目标说来：康健的生活即是康健的教育；劳动的生活即是劳动的教育；科学的生活即是科学的教育；艺术的生活即是艺术的教育；改造社会的生活即是改造社会的教育。反过来说，嘴里念的是劳动教育的书，耳朵听的是劳动教育的演讲，而平日所过的是双料少爷的生活，在传统教育的看法不妨算他是受劳动教育，但在生活教育的看法则断断乎不能算他是受劳动教育。生活教育是运用生活的力量来改造生活，它要运用有目的有计划的生活来改造无目的无计划的生活。

生活教育既以生活做中心，立刻就与几种传统思想冲突。第一种传统思想与生活教育冲突的是文化教育。他以文化为中心。德国战前之教育即是以文化为中心。中国主张此说的也不少。依生活教育的见解，一切文化只是生活的工具。文化既是生活的工具，哪能喧宾夺主而做教育的中心？第二种传统思想与生活教育冲突的是教、训分家。在现代中国学校里教、训分家是普遍的现象。教育好像是教人读书，训育好像是训练人做人或是做事；教育好像是培养知识，训育好像是训练品行；教育又好像是指所谓之课内活动，训育则好像是指所谓之课外活动。所以普通学校里，有一位教务主任专管教育；又有一位训育主任专管训育。某行政机关拟以智仁勇为训育方针，那么，教育方针又是什么呢？生活教育的要求是：整个的生活要有整个的教育。每个活动都要有目标，有计划，有方法，有工具，有指导，有考核。智识与品行分不开，思想与行为分不开，课内与课外分不开，做人做事与读书分不开，即教育与训育分不开。生活教育之下只有纵的分任，决无横的割裂。某人指导团体自治，某人指导康健是可以的。这是纵的分任。若是团体自治的智识是功课以内归教务主任管，团体自治的行为是功课以外归训育主任管，这就是生活的横的割裂，决说不过去。第三种传统思想与生活教育冲突的是教育等于读书。生活教育指示我们说：过什么生活用什么工具。书只是生活工具之一种，是要拿来活用的，不是拿来死读的。书既是用的，那么，过什么生活便用什么书。第四种传统思想与生活教育冲突的是学校自学校、社会自社会。从前学校门前挂着闲人莫入的虎头牌[5]以自绝于社会，不必说了，就是现在高谈学校社会化或是社会学校化的地方，也往往漠不相关。生活即教育的理论一来，它立刻要求拆墙，拆去学校与社会中间之围墙，使我们可以达到亲民亲物的境界。不但如此，它要求把整个的社会或整个的乡村当作学校。与“生活即教育”蝉联而来的就是“社会即学校”。第五种传统思想与生活教育冲突的就是漠视切身的政治经济问题。我们既承认“社会即学校”，那么，社会的中心问题便成了学校的中心问题。这中心问题就是政治经济问题。我们最初定教育目标时对于政治经济即特别重视。赵院长⑥后来又作有力的宣言说：“生活教育是教人做工求知管政治。”江问渔先生近著《富教合一》和《政教合一》两篇文字，使生活教育之内容更为明显。我也作《富教合一后论》《政教合一后论》《政富合一论》，以尽量发挥三者之关系，终于构成政富教合一理论之系统。晓庄所办之自卫团、妇女工学处，现在向省政府建议设置之试验乡以及十九年度计划中之生产事业，都是想把政治、经济、教育打成一片，做个政富教合一的小试验。政富教合一的根本观念是要将政富教三件事合而为一。如何使他们合起来？要叫他们在“遂民之欲达民之情”上合起来。现在这三件事的中间有很大的鸿沟。它的根本原因不外三种：一是富人拿政治与教育作工具以遂富人之欲而达富人之情；二是政客拿富人之力与教育作工具以遂政客之欲而达政客之情；三是不肯拿教育给富人和政客作工具的教师们存了超然的态度，不知教人民运用富力和政治力以遂民之欲达民之情。我们要知道等到富力成为民的富力，政治力成为民的政治力，然后生活才算是民的生活，教育才算是民的教育。在教育的立场上说，我们所负的使命：（一）是教民造富；（二）是教民均富；（三）是教民用富；（四）是教民知富；（五）是教民拿民权以遂民生而保民族。我们要教人知道，不做工的不配吃饭，更不配坐汽车。我们要教人知道“朱门酒肉臭，路有冻死骨”是最大的罪孽。我们要教人知道富力如同肥料，堆得太多了要把花草的生命烧死。我们要教人民造富的社会，不造富的个人。从农业文明进到工业文明，我们要教农民做机器的主人，不做机器的奴隶。这种主张，不消说，不但和“先富后教”、教育不管政治一类的传统思想冲突，凡是凭着特殊势力以压迫人民，致使民之欲不得遂、民之情不得达的，都是我们的公敌。

最后，晓庄是同志的结合，我不要忘记了叙述。晓庄的茅草屋一把野火可以烧得掉。晓庄的同志饿不散，冻不散，枪炮惊不散。我们是为着一个共同的使命来的。这使命便是教导乡下阿斗做中华民国的主人。要想负得起这个使命，便不能没有特殊的修养。这是我们自己勉励的几条方针：

（一）自立与互助

“滴自己的汗。吃自己的饭。自己的事自己干。靠人靠天靠祖上，不算是好汉。”这首《自立歌》，晓庄的人是没有不会唱的了。我们所求的自立，便是这首歌所指示的。但是自立不是孤高，不是自扫门前雪。我们不但是一个人，并且是一个人中人。人与人的关系是建筑在互助的友谊上。凡是同志，都是朋友，便当互助。倘不互助，就不是朋友，便不是同志。我们唱一首互助歌罢：“小小的村庄，小小的学堂，小小的学生，个个是好汉。好汉！好汉！帮人家的忙。”

（二）平等与责任

在晓庄，凡是同志一律平等。共同立法的时候，师生工友都只有一权，违法时处分也不因人而异。我们以为，在同一的团体里要人共同守法，必须共同立法。但同志的法律地位虽平等，而责任则因职务而不同。职务按行政系统分配，各有各的职务，即各有各的责任。责任在指挥，当行指挥之权；责任在受指挥，应负受指挥之义务。

（三）自由与纪律

晓庄团体行动有一致遵守的纪律，五十岁以上及对本校学术有特殊贡献的人，得由本校赠与晓庄自由章，不受共同纪律之限制。但这些纪律的目的，无非也是增进团体生活的幸福，防止个人自由之冲突。晓庄毕竟不但是个“平等之乡”，而且是个“自由之园”。晓庄以同志的志愿为志愿，以同志的计划为计划，以同志的贡献为贡献。晓庄虽然希望每个同志对于共同的志愿、计划是要有些贡献，但是乡村教育的范围广漠无边，除非是身在乡下心在城里的人，总可以找出一两样符合自己的才能兴味。大部分的生活都是供大家自由的选择。学园的成立是由于园长选同志，同志选园长，格外合乎自由的意义。试验自由是各学园的础石。晓庄所要求于个人的只是每个人都要有计划，要按着自己的计划进行。至于什么计划，如何实现，都是个人的自由。在理想的社会里，凡是人的问题都可以自由的想，自由的谈，自由的试验。晓庄虽然没有达到这种境界，但愿意努力创造这样的一个社会。这里含蓄着进步的泉源，这里孕藏着人生的乐趣。乡下人的面包已经给人家夺去一半了，剩下这点不自由的自由是多么的尊贵哟！

（四）大同与大不同

这又是一对似乎矛盾而实相成的名词。我们试到一个花园里面去看一看：万紫千红，各有它的美丽；那构成花园的伟观的成分正是各种花草的大不同处。将这些大不同的花草分别栽种，使它们各得其所，及时发荣滋长，现出一种和谐的气象，令人一进门便感觉到生命的节奏：这便是大同之效。晓庄不是别的，只是一个“人园”，和花园有相类的意义。我们愿意在这里面的人都能各得其所，现出各人本来之美，以构成晓庄之美。如果要找一个人中模范教一切人都学成和他一样，无异于教桃花、榴花拜荷花做模范。我们当教师的实在需要园丁的智慧。晓庄不但是不要把个个学生造成一模一样，并且也不愿他们出去照样画葫芦。晓庄同志无论到什么地方去，如果只能办成晓庄一样的学校，便算本领没有学到家，便算失败。没有两个环境是相同的，怎能同样的办？晓庄同志要创造和晓庄大不同的学校才算是和晓庄同，才算是第一流的贡献，才算是有些成功。

同志们！记牢了我们的使命是教导乡下阿斗做中华民国的主人。乡下阿斗没有出头之先，我们休想出头。乡下阿斗没有享福之先，我们休想享福。我们若是赶在农人前面去出头享福，只此一念便是变相的土豪劣绅。与农人同甘苦，共休戚，才能得到光明，探出生路。我们大家唱首《劳山歌》，为中华民国的主人努力吧！

老山劳；

小庄晓：

俺锄头，

起来了。

老山劳；

小庄晓：

新时代，

推动了。

（本篇原载 1930 年 3 月 15 日《乡村教师》第 7 期）

注：

① 陶行知于 1927 年 3 月 15 日，在老山小庄（村）创办晓庄学校。后将“老山”改为“劳山”，“小庄”改为“晓庄”。陶行知在本文《劳山歌》中表达了他更名的思想。

② 吉祥学园　原名晓庄师范吉祥庵中心小学，创建于 1928 年春。后因晓庄师范各中心小学扩大，故将中心小学更名为学院。1930 年又改“学院”为“学园”，其意为培养人才幼苗之园地。

③ 阳明　即王守仁。

④ 东原　即戴震（1724—1777），清代思想家。

⑤ 虎头牌　清代的衙门大门上都挂着虎头牌，上面写着“禁止闲人擅入”等字。这时的学校也仿效衙门，挂着“闲人莫入”的虎头牌。

⑥ 赵院长　即赵叔愚。

敲碎儿童的地狱　创造儿童的乐园

儿童是应该快乐的，而现在中国的儿童是非常痛苦。固然有许多人才是从痛苦中长大起来，但是成人的责任是应该把社会改造得好一点，使未成熟的儿童少吃点苦，多享点福。我们应该负起责任来，敲碎儿童的地狱，建立儿童的天堂。不够，我们应该引导儿童把地狱敲碎，让他们自己创造出天堂来。

要怎么样除苦造福

第一，我们应该承认儿童的人权。儿童的人权从怀胎的时候开始。打胎虽有法律禁止，但是社会上还是流行着。为着恐怕私生子为人轻视，便从源头上取消了他的生存权。也有因为贫穷不能教养而出此残忍手段，使已得生命之胎儿不能见天日。我们只需读一读孔子、耶稣的故事，便知道剥削儿童生存权是何等的罪恶。每逢饥荒便听得见“易子而食”，这虽然说是被迫得无法才出此下策，但也是把小孩的生命当作次一等所致。我们要解除儿童痛苦增进儿童福利，首先要尊重儿童的人权。

第二，我们应该了解儿童的能力需要。儿童有许多痛苦是由于父兄师长之不了解。不了解则有力无处用，有苦无处说。我们要知道儿童的能力需要，必须走进小孩的队伍里去体验而后才能为小孩除苦造福。我们必须重生为小孩，不失其赤子之心，才能为儿童谋福利。

第三，承认了儿童的人权并了解了儿童的能力需要，才有可能谈儿童福利，否则难免隔靴搔痒，劳而无功。我们在尊重儿童人权及了解儿童能力和需要两条原则下，来提出几件具体的建议。

提出十点具体建议

（一）解除儿童的恐怖。中国的儿童在心理上是处在一个恐怖的世界里。老婆婆、老妈子一到夜晚没有事便讲鬼说怪，小孩们连在梦里都要惊醒。我们应该使小孩与这些鬼怪故事隔绝，以保持其精神之安宁。

（二）打破重男轻女之风尚。这重男轻女的风尚连在文化界还是难免。男的受过分的栽培，女的受偏枯的待遇；表面虽然似乎是一乐一苦，但在长大的过程中两者都难免受伤。

（三）提倡儿童卫生。儿童卫生是民族健康之基础，这基础必须用水泥钢骨打得稳固。但是平常做父母的多不注意。儿童卫生有一百件具体的事要做，我只举一件，把食物嚼碎给儿童吃，是害了许多儿童，使家庭的肺病一代代地传下去。革除这一坏习惯，是使许多儿童得到终身的幸福。至于营养要充足，环境要卫生，那是不消说了。

（四）拯救文化饥荒。成千成万的孩子对于学校是不得其门而入，那些已经进学校的是在吃干腌菜的课文。我们一方面要求教育之普及，一方面还要改造学校教育，使教育与生活密切的联系起来，使每个人都能享受文化的精华。并且要革除体罚，改良赶考，注重启发，使小孩接受教育的时候，有求学之乐趣而无不必要之恐怖与烦恼。

（五）培养人才幼苗。人才的幼苗要从小培养，如果家庭里、学校里、铺子里的孩子，在小的时候，已被发现有特殊的才干，那么立刻就应该给他以适当之肥料、水分、阳光，使他欣欣向荣。十二岁的爱迪生因为醉心于科学把戏，三个月便被冬烘先生开除了，那对于爱迪生的小心灵是多么大的打击。爱迪生的母亲却了解他，给他在地下室做实验，那对于爱迪生又是多么大的幸福啊。

（六）提倡儿童娱乐。现在流行的戏剧电影，有好些是给了儿童不好的影响。许多父母因为影响不好便因噎废食，绝对不许子女看书看电影。假使我们有好的儿童剧、儿童电影，可以寓教于娱乐，那儿童又是多么高兴啊！

（七）开展托儿所运动。女工、农妇及职业妇女要顾到工作便顾不得小孩，顾到小孩便顾不到工作。其实她们是必得双方兼顾，不顾工作便没有饭吃，小孩是自己的亲血肉，哪能不顾。于是她们为着两样都舍不下的工作和小孩，是一面牺牲了自己，又一面使小孩吃了许多苦。唯一的办法是多设工厂托儿所、农村托儿所和一般的托儿所。

（八）建立儿童工学团。流浪儿、低能儿、聋盲儿、社会问题儿等特殊儿童，一概用工学团方式培养，不冠以流浪儿教养院或低能儿训练所一类违反心理之名称。每种小孩依其性之所近，依“工以养生，学以明生，团以保生”之原则，把他们培养成自助长进有用之人。

（九）培养合理之教师父母。儿童痛苦之完全消灭及儿童福利之完全实现，是有待于天下为公。在这过渡时代与儿童幸福痛苦息息相关的，是父母与教师（包括艺徒之师傅）。我们要培养新父母和新教师，以培养更有福的后一代。旧父母和旧教师，凭主观以责儿童之服从；新父母和新教师，客观的根据儿童的需要能力，以宣导他们的欲望而启发他们的自觉的活动。新父母与新教师，要跟儿童学，教儿童启示自己如何把儿童教得更合理。这种对儿童有了解有办法的新父母、新教师不是从天上落下来，我们需要新的普通学校、新的师范学校和新的父母学校，来培养后一代之新教师与新父母。这是过渡时代之儿童福利之泉源。

（十）抢救战区儿童。抢救难童，在武汉失守前后达到了最高峰。许多英勇青年投身抢救工作及保育事业，当我回国之初，到处所见的，几乎尽是救苦救难的观音大士。以后，随着团结之松懈、民主之退隐，战区难童就好像没有人管了。自湘桂战[①]起，全国儿童福利工作人员开代表大会于陪都[②]，提出紧急动议，组织急救战区儿童联合委员会，加紧抢救工作，这是值得庆幸的好消息。当千千万万难童伸出手来等待援助的时候，在陪都是举行着中国儿童福利协会之成立大会。我希望以后协会的任务是抢救抢教双管齐下，才对得起后一代之期望与整个民族之付托。我曾经听过两种被救的难童的经验谈：一种是官僚化的抢救，领队者刚愎自用，剥削难童，先难童之乐而乐，后难童之忧而忧，弄成乌合之众，害得许多小孩死于饿、死于冻、死于病、死于非命！一种是民主式的抢救，领队者虚心听取民意，与难童共休戚、共甘苦，有组织、有计划、有纪律，分工合作，一路学习玩耍奋斗而来，使得大家有远征之乐，没有逃难之苦。为难童服务的人们，是应当革除官僚的习气而采取民主的精神。

两种心理有害儿童

我们对于儿童有两种极端的心理，都于儿童有害。一是忽视；二是期望太切。忽视则任其像茅草样自生自灭，期望太切难免揠苗助长，反而促其夭折。所以合理的辅导是解除儿童痛苦，增进儿童幸福之正确路线。我们必须沿这路线进行，才能使儿童脱离苦海进入乐园。

（原载 1944 年 12 月 16 日重庆《大公报》）

注：

① 湘桂战　1944 年日本侵略者为打通从中国东北到越南的大陆交通线而发动的战争。4 月 7 日晚日军开始豫中会战，22 日占领郑州。接着又发动湘桂战役，于 6 月 18 日攻占长沙，8 月 7 日占领衡阳，沿湘桂线南下，继而攻占桂林、柳州、南宁。这是国民党领导的抗日军队第二次大溃败，丧失国土 20 余万平方公里，城市 146 座。

② 陪都　指重庆市。

从今年儿童节到明年儿童节

今年的儿童节[1]是在微风细雨中过去了。这微风细雨确是象征着现在中国的儿童运动。传统儿童运动之柔软与今年四月四日的天气是相映成趣，而新兴儿童运动之种子也正好在它所润泽的土壤中发生嫩芽。但不久，这嫩芽是需要太阳光来暖化，那笼罩天空的阴沉沉的密云是必须让开。

这几天报纸上是充满了都市儿童的消息：纪念会，招待会，免费游览，减价卖货物，童子军检阅，送儿童玩具，给儿童糖果面包吃。这些是多多益善，谁都高兴。但中国儿童现在所最需要的东西是什么？是动的机会！是自动的机会！是联合自动的机会！这“联合自动”是一件最可宝贵的礼物，应该用红纸包起来，送给每一个小孩子。我们今年如果把这礼物忘了，还得补送，从今天补送起，送到每一个儿童都得到这个礼物，才算尽了前辈的责任。这笔账最迟是一年一结。我们期待着明年儿童节的清算。

今年上海市儿童节纪念会中可喜的一件事是劳工儿童代表、五区卷烟业工会伊明望的演说。他要求提倡劳工儿童教育。他说，儿童节要打破成人轻视儿童之心理。这不是一个小孩子的私见，他所说的是全国的苦孩子所想说而没得机会说的公意。这是我们亏欠苦孩子的一笔大债，到明年儿童节是预备还掉多少，我们应当通盘计划一下子。

但是在同一会场上另一小朋友的演说，却使我们有些失望。他要小朋友实行非礼勿视，非礼勿动。礼是什么？朱子注解说礼是天理之节文。天理又是什么？我是虚度了四十几岁，却没有把这个问题弄清楚，更不敢向大家宣传。因为我自己不懂的东西，拿来随嘴乱说，我不是变了一个喇叭吗？当时孔子提倡这种学问的时候，就拿不出证据来。他曾经说过：

“夏礼，吾能言之，杞不足征也。殷礼，吾能言之，宋不足征也。文献不足故也；足，则吾能征之矣。”

连孔子自己都拿不出证据来，何能取信于人呢？若说我们现在所提倡的不是古礼而是今礼，那么，今礼是哪几条？您若打破砂锅问（纹）到底，便知道“礼”这个字在现在是几乎等于代数学上的“X”——是一个未知数。礼既是一个 X，小孩子便无所适从。弄到后来，非礼勿视会变成一个光棍的“勿视”，非礼勿动会变成一个光棍的“勿动”。勿视与勿动只是大人的乱命。小孩不视便是瞎孩子。小孩不动便是死孩子。非礼勿视，非礼勿言，非礼勿听，非礼勿动，是民族自杀的口号。我们要想创造新民族，只能提倡科学的看，科学的说，科学的听，科学的动！在这一方面的努力，明年的儿童节要看我们的成绩。

大人们异口同声的说：“儿童是未来的主人翁。”这句话是反映着一个传统的态度。表面上看去好像是一种期望，其实是一种变形的抹煞，抹煞了儿童的现在的资格。儿童是现在的小主人！明年的儿童节，我希望大家都承认这小主人的封号，并且不阻挠儿童实行主人的职权。

这次新闻界是抹煞了乡村的儿童。除了《申报画报》有一张乡下小孩放风筝的图画外，简直找不着一点乡村消息。独有《时代》记者叶浅予先生冒雨下乡，采访乡下儿童节新闻。明年儿童节，我希望多有几位新闻记者能蹈着浅予先生的脚步到乡下来，打听乡村儿童的苦况，使他们的啼声能达到国人的耳鼓。

最后我有一点小希望要向大家陈述。“小先生”“儿童工学团”和“劳工幼儿团”[②] 都是今年儿童节的新礼物。我希望：这些种子能遍撒人间，会和明年的黄金色的菜花一齐开放，开得一样的茂盛。到那时，儿童们当是多么的欢喜啊！

注：

① 儿童节　那时南京国民政府定每年4月4日为中国儿童节。

② 劳工幼儿团　设在沪西女工集中的地区劳勃生路。是陶行知指导创办的一所实验性的工厂区的幼儿园，由孙铭勋、戴自俺经办。其主旨是为劳工服务，专收工人子女。它具有托儿所和幼儿园的性质。这是陶行知实验幼儿工学团的一个园地。

（原载1934年《生活教育》第1卷第5期）

替乡下小朋友征求节礼
——致我们的朋友

我们的朋友、小孩们的朋友：

儿童节四月四日快到了，城里少数的小孩子不消说大概是很热闹的准备过节了，乡下的小孩从来没有人想到也不知道什么是儿童节。我们这次要把儿童节介绍给乡下的小孩，特别是看牛的、割柴的、拾狗屎的、挑煤炭的、做徒弟的、没有父母的、吃不饱穿不暖受人歧视的小孩子，使他们至少能享一天的快乐，和一年的学习工具。十几年前，我曾写过一首小诗：

“乡下人送来的礼，
是麦是米；
城里人送来的礼，
是尿是屎。”

我们城里人除了这两样礼物外，似宜增加一点，最好乘着儿童节送一些好玩好吃好用的礼物给乡下的小孩子，使他们得到一点小小的幸福。我们建议是：

（一）送一千位小孩每人一包糖；

（二）送一千位小孩每人一支笔；

（三）送一千位小孩每人一本簿子；

（四）送一千位小孩每人一本小书；

（五）送健康比赛优胜小孩十名衣帽十件；

（六）送讲演比赛优胜小孩十名好书十本；

（七）送一百名出征军人子女和最努力的小先生手巾、肥皂、笔墨、纸张、书本各一套；

（八）送一千位小孩及其父母看一次电影；

（九）为一千位小孩预备必不可少的家常用药。

朋友们：这是很值得参加的一件事，让我们大家各尽所能来共同完成一件虽小而大的事——使乡下的小孩得到真正的快乐。倘蒙赞同，实物或代金，多少都听尊便，敝校同人愿任送递分配报告之役，时间太迫促了，希望各位朋友将实物或代金于四月二日十二时前交下，我们才来得及把诸位的盛意达到乡下的小孩。

敬颂康健！

育才学校校长　陶行知拜启

（原载 1945 年 4 月 2 日《新华日报》）

我是抱着爱人游泳

由于物价飞涨，反动派的封锁迫害，学校经费已临山穷水尽难以维持之境。但为了人才幼苗之培养，我不怕反动派的恐吓、威胁。除非整个中华民族都没有饭吃了，那时也只有大家饿死。育才一定要办下去，决没有自动停办之理。最近有几位好心朋友对我说，环境如此艰难，丢下育才吧！你何必顶着石臼做戏，抱着石头游泳呢？我想了几天，今天想通了，我不是抱着石头游泳，而是抱着爱人游泳，越游越起劲，要游过急流险滩，达到胜利的彼岸。

四月六日定为“育才兴学节”。育才要办下去，人才幼苗要精心培育。用穷办法来普及穷国穷人教育，以对付反动政府之经济封锁。

我决心要跟武训学，我们要做一个集体的新武训。

长留慈爱在人间

铭勋、和中：

接读你们的信，敬悉你们要创办一个幼稚园来纪念慈母之爱，这是再好无比了。这个幼稚园办成以后，每个小宝宝的生活里都反映出两位老太太之遗爱，小宝宝一代一代的欣欣向荣，即是两位老太太万古不朽。达之信里已提及陈鹤琴先生慨捐一百元，明年一月三十日交款，由竹因寄来。最低限度开办费虽有着落，而经常费用，亦须预为之谋，方为久远之计。余意以培养当地聪明慈祥之妇女充当幼稚导师为最良之策。我在徐家角已小小试行，成效殊可乐观。铭勋对于幼稚园较余经验更丰，当能事半功倍。余创燕子矶幼稚园而不能守，半因大局所关，半因村外之太太小姐终属痛痒无涉。你们决不可蹈此覆辙。开始就须多多培养当地人材，庶能垂之久远，不致人存政举，人亡政息。不知以为然否？敬祝

淮安小朋友幸福无疆！

两位老人长留慈爱在人间！

知　行

一九三二、一一、二五

附：孙铭勋致陶知行函

知行吾师：

燕子矶幼稚园的开办，不是为着纪念陶老太太的六十寿辰吗？

我的母亲，还没有到得六十岁，已经在我隐潜着的预料中死去了。关于他的死，我是负得有直接催促的责任，无限的悲哀的火焰将永远地燃烧于我的心头！

我对于幼稚教育的决心，数年来虽未消除，但事实上已成了不着边际的游魂野鬼了！我现在要把我已经死去了的母亲遗留给我的生命，完全拿出来献给儿童，一方面又为着新安的发展与此地社会的需要，决在河下大街上开办一所幼稚园。街上本有学校的几间房子，原租给别人开面馆，现在可以收回，因陋就简地修理一下，预定于明年三月十五日开学。

要求您帮助的，就是经费。人的方面，当然也有问题，但现在且慢谈吧！开办费的预算，最多一百元，最少六十元，交款的期限，最早十二月底，最迟一月中。

达之至沪，想已有口头上的商量，我现在再写上一信，望给我一个有把握的答复，则我当于十二月中离淮，在寒假期内，为这件事情去尽力。

和中的母亲也死了，他亦愿意将他对于母亲的悲哀，转移到幼稚园方面去。

肃此，敬祝

健康！

生

铭　勋

一九三二、一一、一九

地方教育与乡村改造

教育就是生活的改造。我们一提及教育便含了改造的意义。教育好比是火，火到的地方，必使这地方感受他的热，热到极点，便要起火。“一星之火，可以燎原”，教育有这样的力量。教育又好比是冰，冰到的地方，必使这地方感受他的冷，冷到极点，便要结冰。教育有力量可以使人“冷到心头冰到魂”。或是变热，或是变冷，都是变化。变化到极点，不是起火便是结冰。所以教育是教人化人。化人者也为人所化。教育总是互相感化的。互相感化，便是互相改造。

社会是个人结合所成的。改造了个人便改造了社会，改造了社会便也改造了个人。寻常人以为办学是一事，改造社会又是一事，他们说：“办学已经够忙了，还有余力去改造社会吗？”他们不知道学校办的得法便是改造社会。没有功夫改造社会便是没有功夫办学。办学和改造社会是一件事，不是两件事。改造社会而不从办学入手，便不能改造人的内心；不能改造人的内心，便不是彻骨的改造社会。反过来说，办学而不包含社会改造的使命，便是没有目的，没有意义，没有生气。所以教育就是社会改造，教师就是社会改造的领导者。在教师的手里操着幼年人的命运，便操着民族和人类的命运。

寻常人又以为改造社会是要多数人干，决不是少数教师所能胜任的。尤其在穷乡僻壤中的小学有时只有一位教师，更觉得单身匹马不能有所作为。他们说："教师岂能唱独角戏？"说这话的人忘记了他的四周都可以找着同志。孔子说："十室之邑，必有忠信。"又说："德不孤，必有邻。"这是孔子的经验谈。乡村虽小，必定可以找得着几位黄泥腿的领袖和我们合作。只须找着一两位，进行起来，便能事半功倍。不但如此，同志便在眼前，一个个学生都可以成为活龙活虎的小同志。只要教师们放下孤高的架子，改造乡村的忠实同志正多着咧。

寻常人又以为改造社会是劝人家干或替人家干。这两种方式都是表面的工作。劝人戒烟、戒赌，或是劝人爱人、爱国，都是自己用嘴说说，便要人家负实行的责任，当然是没有多大效验的。有些人见他没有多大效验，便改变方针，替人家干。这样一来，受替代的人便难免发生惭愧，如不惭愧，便要发生依赖。自己居于高尚的地位，而令人惭愧；或自己处于赈济的地位，而令人依赖：都不是好法子。替人家干还含有一个不稳固的因子，就是到了终局，难免人存政举，人亡政息。那么，社会改造究竟要采取什么方式？依我看来只有团结同志，共同去干，方能发生宏大久远的效力。真团体是要从扫除公敌、图谋公益、发挥公意上创造出来的。

寻常人最后还有一个误解，就是误认读书为教育。只要提到教育，便联想到读书认字。他们以为一切教育都从读书认字出发。他们只管劝人家识字读书，不顾到别的生活需要。识字读书是人生教育的一部分，谁也不能否认。但是样样教育都硬要从教书入手，走不得几步便走不通了。乡村里面十岁以上大多数的儿童教育，大多数的成人教育，都要从经济及娱乐两方面下工夫，读书认字只好附带在这里面去干。倘使一定要从读书认字出发，怕是多数人不能接受，那么，对于改造社会的影响，便是很有限了。

上面所说的几点，都证明地方教育及乡村改造的成败，是靠着人才为转移。所以培养乡村师资是地方教育之先决问题，也就是改造乡村的先决问题。不在培养人才上做工夫，一切都是空谈。现今各县对于乡村教育及乡村改造已有浓厚的兴趣。但是对于一县的乡村师范，每年只肯花数千元。固然也有多花的，但是寥若晨星。我们要想达到运用教育改造乡村的目的，必须出代价去培养教师，去培养教师的教师。江苏加征亩捐是个最好的机会，我以为在这义务教育萌芽时期，这笔钱应当多用于培养教师，少用在开办新校。教师得人，则学校活；学校活，则社会活。倘使有活的教师，各办一所活的小学，作为改造各个乡村的中心，再以师范学校总其成，继续不断的领导各校各村前进，不出十年，必著成效。依我的愚见看来，这是地方教育根本之谋，也是改造乡村根本之谋。

（原载 1929 年 2 月《地方教育》第 1 期）

创设乡村幼稚园宣言书

从福禄伯[①]发明幼稚园以来，世人渐渐的觉得幼儿教育之重要；从蒙梯梭利[②]毕生研究幼儿教育以来，世人渐渐的觉得幼稚园之效力；从小学校注意比较家庭送来与幼稚园升来的学生性质，世人乃渐渐的觉得幼儿教育实为人生之基础，不可不乘早给他建立得稳。儿童学者告诉我们，凡人生所需之重要习惯、倾向、态度，多半可以在六岁以前培养成功。换句话说，六岁以前是人格陶冶最重要的时期。这个时期培养得好，以后只须顺着他继长增高的培养上去，自然成为社会优良的分子；倘使培养得不好，那么，习惯成了不易改，倾向定了不易移，态度决了不易变。这些儿童升到学校里来，教师需费尽九牛二虎之力去纠正他们已成的坏习惯、坏倾向、坏态度。真可算为事倍功半。至于不负责的教师，哪里顾得到这些。他们只一味的放任，偶然亲自看见学生做坏事，也不过给儿童一个消极的处分。于是坏习惯、坏倾向、坏态度蓬蓬勃勃的长，不到自害害人不止。这是必然的趋势。

有志儿童幸福的人和有志改良社会的人看此情形，就大呼特呼的提倡广设幼稚园。但提倡的力竭声嘶，而响应的寥若晨星。都市之中尚有几个点缀门面，乡村当中简直找不到他们的踪迹。这也难怪，照现在的情形看来，幼稚园倘不经根本的改革，不但是乡村里推不进去，就是都市里面也容不了多少。

依我看来，现在国内的幼稚园害了三种大病：一是外国病。试一参观今日所谓之幼稚园，耳目所接，哪样不是外国货？他们弹的是外国钢琴，唱的是外国歌，讲的是外国故事，玩的是外国玩具，甚至于吃的是外国点心。中国的幼稚园几乎成了外国货的贩卖场，先生做了外国货的贩子，可怜的儿童居然做了外国货的主顾。二是花钱病。国内幼稚园花钱太多，有时超过小学好几倍。这固然难怪，外国货哪有便宜的。既然样样仰给于外国，自然费钱很多；费钱既多，自然不易推广。三是富贵病。幼稚园既是多花钱，就得多弄钱。学费于是不得不高。学费高，只有富贵子弟可以享受他的幸福。所以幼稚园只是富贵人家的专用品，平民是没有份的。

我们现在所要创办的乡村幼稚园，就要改革这三种弊病。我们下了决心，要把外国的幼稚园化成中国的幼稚园，把费钱的幼稚园化成省钱的幼稚园，把富贵的幼稚园化成平民的幼稚园。

一、建设中国的幼稚园　我们在这里要力谋幼儿教育之适合国情，不采取狭义的国家主义。我们要充分运用眼面前的音乐、诗歌、故事、玩具及自然界陶冶儿童，外国材料之具有普遍性、永久性的亦当选粹使用，但必以家园所出的为中心。

二、建设省钱的幼稚园　打破外国偶像是省钱的第一个办法。我们第二个办法就是训练本乡师资教导本乡儿童。一村之中必有一二天资聪敏、同情富厚之妇女。我们就希望她们经过相当训练之后，出来担任乡村幼稚园的教师。她们既可得一新职业之出路，又可使幼稚园之薪金不致超过寻常小学额数，岂不是一举两得？这些妇女中最可有贡献而应最先训练的，无过于乡村校长教员之夫人、姊妹及年长的女学生。她们受过训练之后，只要有人加以提倡，幼稚园就可一举而成。第三个办法就是运用本村小学手工科及本村工匠仿制玩具，如此办来，一个钱可以抵数钱之用。三个办法同时并进，可以实现省钱的幼稚园。

三、建设平民的幼稚园　幼稚园花钱既省，取费自廉，平民的儿童当能享受机会均等。教师取之乡间，与村儿生活气味相投，自易亲近。这两件事都可以叫幼稚园向平民方面行走。但一个制度是否真能平民化，要看他是否应济平民的需要。就我们所观察，乡村幼稚园确是农民普遍的永久的需求。试一看乡村生活，当农忙之时，主妇更是要忙得天昏地黑。她要多烧茶水，多弄饭菜，多洗衣服，有时还要她在田园里工作，哪里还有空去管小孩子。那做哥哥做姊姊的也是送饭、挑水、看牛、打草鞋，忙个不了，谁也没有工夫陪小弟弟、小妹妹玩。所以农忙之时，村中幼儿不是跟前跟后，就是没人照应，真好像是个大累。倘使乡村幼稚园办的得当，他们就可以送来照料。一方面父母又可以免去拖累，一方面儿童又能快快乐乐的玩耍，岂不是“得其所哉”！小学儿童年龄较大，可以做事，农忙时颇能助父母一臂之力，要他上学，不啻减少农民谋生能力，所以有如登天之难。幼稚园则不然。他所招收的儿童，正是农民要解脱的担负，要他们进来，正是给农民一种便利。倘使办理得当，乡村幼稚园可以先小学而普及。幼稚园既是应济平民的需要，自有彻底平民化之可能。我们只须扫除挡路的障碍，使他早日实现就是了。

建设一个中国的、省钱的、平民的乡村幼稚园，不是一说就可以成功的。我们必须用科学方法去试验，必须用科学方法去建设。我们对于幼稚园之种种理论设施都要问他一个究竟，问他一个彻底。我们要幼稚园里样样活动都要站得住。我们要运用科学的方法来建设一个省钱的、平民的、适合国情的乡村幼稚园。将来全国同志起而提倡，使个个乡村都有这样一个幼稚园，使个个幼儿都能享受幼稚园的幸福，那更是我们所朝夕祷祝的了。

（原载 1926 年 10 月 29 日《新教育评论》第 2 卷第 22 期）

注：

① 福禄伯　通译福禄培尔。

② 蒙梯梭利　通译蒙台梭利。

如何教农民出头①

上次，我和杨先生②讨论到怎样把国家建设在农业上，如何教农业文明过渡到工业文明，如何使农民得执工商业之牛耳等等问题。现在把我个人近来关于这些问题的心得，约略说一下：

如何教农民出头？我们可举种棉花来做个比方。农民辛辛苦苦，把棉花收获下来之后，对于棉花就不能自主了。棉花要出头到纱厂里去，纱厂里要他的出头费。纱厂以逸待劳，价格随意而定。农民为经济所迫，不得不低价出售。再进而至于由纺纱厂到织布厂，由织布厂到市场，没有一个关口不是有人要收很重的出头费。到布出卖的时候，农民买进来穿是很贵的棉布衣。棉花出售时是何等的便宜，穿布时却是大大的昂贵起来了。我们现在要想个法子，把纺纱厂、织布厂以及市场打成一贯，则棉花可以出头，种棉花的人也跟着棉花出头了。依我想来，这是可以做得到的。比方：以江苏省来说，江苏一省有二千五百万的农民，以五个农民为一家来计算，统共有五百万个农家。如果每家出一元，可以得到五百万元之数。有这五百万元，便可以兴办农民纺纱厂，农民自己做股东，把农民自己所产的棉花，送到农民自办的工厂里去。照样农民可以自办织布厂和商店。如此，二千五百万的农民，不但可以省去出头费，也还可以赚得赢利不少。

从农业国进到工业文明的过程中，必然有多数人要受淘汰而失业；因为机器发达，人工省去，这种现象，是确然不可免的。我们现在既然要把农业、工业打成一片，在农业上因机器而遭失业的人，就可以调进纺纱厂、织布厂、商店去做工度日。这个农民失业的危险，如果是农民执工商业的牛耳，就可以避去一大部分。

孙中山先生的实业大计划，也包括上述的事业。他主张利用国家资本与外资来发展国内实业。如果他的计划实行，要想教农民执工业上之牛耳，就得教农民实行把民权操在手中，运用国家权力来出头。国家资本，倘使分别缓急，必定要用来先筑十万里的铁路；因为这是农民出头必由之路。如果工厂里产的货物运不出去，则生产过剩，价格低落，实业必归失败，所以筑路是发展实业的第一步。假如国家资本只能先顾筑路，创办纱厂一时不能并举，那么我们运用农民自己的资本与劳力，慢慢儿来开办起来，也是必要的政策。因为政府与农民共同努力，出头当然可以快些。

但如何可以从农民的荷包里掏出一元钱来做股东，以及如何可以使农民执有民权？这两件事须靠我们从事乡村教育诸同志的努力。农民对于这种大规模举动的不明了，与不知民权为何物，固然要靠舆论来鼓吹与启迪，但最要紧的还是重在培植小农民的乡村教师。假如每村有农户百家，五百万家就有五万个农村。假使这五万个乡村教师都受有特殊训练，那么五万个教师联合起来，不啻就是五万个村庄联合起来，也就是农民资本聚集的媒介。这样集少成多，就可以开办纺纱厂、织布厂等等。如此，棉花可以出头无阻，农民也就可以出头无阻了。至于如何训练农民执民权，如何教他们运用选举权、罢官权、创制权、复决权，也要靠乡村教师为之教导。这是我一月来对于这些问题考虑的一斑。上月我曾种山芋一次，知道山芋必定要底下可以安根，上面可以出头，才可以活。我们要想中国活起来，就得要在农业上安根，在工商业上出头。这个问题很大，希望诸位注意这问题，细细加以研究。

（原载 1927 年 8 月 15 日《乡教丛讯》第 1 卷第 16 期）

注：

① 本篇是陶行知 1927 年在晓庄试验乡村师范学校的演讲。记录者：戴邦杰（戴伯韬）。

② 杨先生　指杨效春，当时是晓庄师范指导员，负责教务工作。

贡献出一切力量来服务

我们要坚持抗战，一直抗到底，不能抗到一半就睡觉。凡是中国人民，无论男女老幼，都要把自己最好的一份力量拿出来打敌人，尤其不能自己人打自己人。中国的一个中字，立起来是一个堂堂正正的“中”字。如果自己相打起来，右手打左手，结果两只手都打断了，倒下来，便成了日本的“日”字，这不是很可痛心吗？

不要灰心，事不论大小，人不论地位，只要我们坚决干下去，我们是会成功的。最近就有人说我陶行知是步步下降，我回国时办大学，后来办中学，现在降级使用当小学校长，教小娃娃了。有人看到我的许多同学、同事和我的学生，因为善于趋炎附势，个个飞黄腾达，步步高升，不是面团团而为官商大亨，就是官至委员、部长、厅长，趾高气扬，别人也羡慕得很。说我没出息，才步步下降。但我是坚持为国家、为老百姓服务的精神，在任何情形下，就是只让我当一名小学校长，我也要贡献出一切力量来服务。而且很愉快，我相信我们一定会胜利。

中国的人命

我在太平洋会议的许多废话中听到了一句警语。劳耳[1]说：

“中国没有废掉的东西，如果有，只是人的生命！”

人的生命！你在中国是耗废得太多了。垃圾堆里的破布烂棉花有老太婆们去追求，路边饿得半死的孩子没有人过问。花十来个铜板坐上人力车要人家拼命跑，跑得吐血倒地，望也不望，便换了一部车儿走了。太太生孩子，得雇一个奶妈。自己的孩子白而胖，奶妈的孩子瘦且死。童养媳偷了一块糖吃，要被婆婆逼得上吊。做徒弟好比是做奴隶，连夜壶也要给师傅倒，倒得不干净，一烟袋打得脑袋开花。煤矿里是五个人当中要残废一个。日本人来了，一杀是几百。大水一冲是几万。一年之中死的人要装满二十多个南京城（说得正确些，是每年死的人数等于首都人口之二十多倍）。当我写这篇短文的时候，每个字出世是有三个人进棺材。

“中国没有废掉的东西，如果有，只是人的生命！”

您却不可作片面的观察。一个孩子出天花，他的妈妈抱他在怀里七天七夜，毕竟因为卓绝的坚忍与慈爱是救了他的小命。在这无废物而有废命的社会里，这伟大的母爱是同时存在着。如果有一线的希望，她是愿意为她的小孩的生命而奋斗，甚而至于牺牲自己的生命，也是甘心情愿的。

这伟大的慈爱与冷酷的无情如何可以并立共存？这矛盾的社会有什么解

释？他是我养的，我便爱他如同爱我或者爱他甚于爱我自己。若不是我养的，虽死他几千万，与我何干？这个态度解释了这奇怪的矛盾。

中国要到什么时候才能翻身？要等到人命贵于财富，人命贵于机器，人命贵于安乐，人命贵于名誉，人命贵于权位，人命贵于一切。只有等到那时，中国才能站得起来！

注：

① 劳耳　即劳合·乔治（1863—1945），1916—1922年任英国首相。

农夫之声

四年前，听仲香[①]唱保定农夫歌，声调悲壮，令人奋发，可惜原制之词不能宣达歌中精神。我早想依调另制一词为现代农人一鸣不平。去年适有友人从中原与西北考察回来，对该地农人生活和我说得很详细。据这位朋友说，山东、河南、陕西、甘肃等省之自耕农不愿自己有田地。何以呢？因为在天灾人祸中，有田不易耕种，还须纳粮。钱粮不但是一个钱不能少，而且是寅年要纳卯年粮，不，寅年要纳午年粮。有的地方拿田契送人也没有人要；没有人要，只好驮重利、卖儿女去纳粮。虽然自己有田，还是代较富的地主耕种。这又是什么道理？因为代人耕种，每日尚可得工钱糊口。若是自耕，则必等到秋收，始有米吃，人早已要化为白骨了。所以不得已弄掉自己的田去耕别人的田。这是一种什么现象啊！我听了这番话，便依保定农夫歌调，为我们的不幸的同胞写了一幅小影：

穿的破布衣；
吃的草根面，
背上背着没卖掉的孩儿饿煞喊爹爹。
牵着牛大哥，
去耕别人田。
太阳晒在光头，

心里如滚油煎。

九折三分，

驮利纳粮钱。

良民变成匪，

问在何处伸冤？

人面蝗虫飞满天！

飞满天！

无有农夫谁能活天地间！

注：

① 仲香　即邵仲香（1894—1991）。

清水沙盘
——献给全国小朋友

一月初在教育部会见顾荫亭先生，谈及中国幼稚园缺乏恩物，他希望能就地取材，用本国的东西，造成一套幼稚园里可以用的设备。教育部注意到幼儿的教育是一个可喜的消息。在这样重视之下，幼稚教育一定是会得到新的贡献。我当时就联想到一年半前的一个小小的发现，现在写出来，供给幼稚园和小学的教师做参考。如果小朋友因此而生活过得快乐些，学习能够丰富些，我就很高兴了。

这个小发现的经过，说来也有趣。前年我到北碚住下，要做一个滤水缸。在江边弄来的沙是含有很多泥土。我们叫工友把泥土洗掉。他洗了三十几盆水之后，叫我来看，还是带着微红的颜色，没有洗干净。我就自己动手来洗。起初不过是想把沙洗干净。后来越洗越觉得有趣起来。水和沙在手上溜来溜去给了我一种快感。我记起幼时玩沙没有这样好玩，玩水也没有这样好玩。我又记起平常幼稚园中的沙盘——只是一个小沙漠，虽然可以点缀些树木、房屋、人物，但除了沙漠生活之外，很难做到逼真的表现。这时在我的脑海里浮出了“清水沙盘”四个大字。

根据这个概念的指示，我从“洗沙”跳到“地形之创造”。我能随意的造山、造河、造湖、造海、造平原、造海岛。我连沙带水造成一个山顶湖，在湖边开口，竟造成一个临时的瀑布。照着地图，我很快的在“清水沙盘”里造成一个中国的轮廓，画了扬子江、黄河、珠江、淮水、沽河[①]、黑龙江六大江河，以及渤海、黄海、东海、南海之海岸。我顺手又在中国东边造成我们唯一敌人的大本营——日本之轮廓。朝鲜和四十六年前割给日本的台湾，都先后造了起来。这时我很高兴，觉得“清水沙盘”不但是一个好玩的东西，而且是一个非常有意义的东西。它不但是一个玩具，而且是一个千变万化的学习工具。

水与沙之外再加一点竹片、木屑、破纸、碎石，你可以把人类创造的文化在“清水沙盘”里一一表现出来。在河流的两岸搁上一条木片便成了一座桥。做得精巧一点，你可以把芦沟桥表现出来。在湖里海边砌上几块碎石，便成了堤和码头。弄点油纸或蜡纸，摺几只船，在水面上游来游去，可以代表商轮兵舰。我们可以做个游戏，把长江一带的日本军舰炸沉到江底。

同样，我们可以用“清水沙盘”来表现英德海峡炮战。你可以造一个大伦敦、法国之卡勒和英吉利之多佛海峡。我们还可以造南北美洲、大西洋、太平洋和巴拿马运河，在运河上做水闸，使大西洋和太平洋的商轮军舰可以通过水闸而进出。这样可以使小朋友们更具体的知道巴拿马运河的作用。

造两个小舰队。每只船上放一枚针。用两块磁石指挥作战，一队从巴拿马运河里用磁石引出来和另一队在太平洋里作遭遇战。

从美国经过檀香山、关岛、菲律宾而到香港之航空站，也可以由“清水沙盘”而表现出来。

进一步，我们可以运用“清水沙盘”使小朋友得到高一点的科学知识。山顶湖可以造成临时的小瀑布，前面已经说到。现在在瀑布泻下必经之路旁建立两根支柱，用大号针或竹针作轴，串一轻轮搁在支柱上，当小瀑布一泻而下之时则轻轮转动，可使小朋友了解水力推动的意义，进而了解水力磨粉，水力碾米，水力发电。

古人有沧海桑田之说，正合地质学的道理。这现象可以很正确的由“清水沙盘”表现出来。当你把沙压到水底则山变为田、变为海，将沙从水里压出来则海变为田、变为山。倘使你把蚌壳藏在水里的沙中，当沙被压迫上来的时候，则蚌壳上山了。别的，如同河口之三角洲之形成，黄河改道之灾难都可以具体而微的表现出来，给小朋友一个正确的认识。

清水沙盘和干沙盘比较起来有好几个优点：

（一）小孩喜欢玩水，沙盘里有水更能使小孩高兴玩。不过水要清，沙要洗得纯净，没有一点泥土，使小孩玩时，不致把手和衣服弄脏。

（二）干沙盘是静止的，少变化的；清水沙盘是流动的，多变化的，更适合于小孩的性情，更能刺激小孩的多方面的活动。

（三）干沙盘恐怕只能用于幼稚园。清水沙盘不但幼稚园的小朋友喜欢玩，而且小学生也喜欢玩，就是大到我们这样年纪也还喜欢玩。清水沙盘的功用随小孩年纪而转移。为幼稚园的小孩，它是玩具的成分多，但同时对于寻常地形及环境之变化也可以帮助他们认识。为低年级以上的学生，它是学习工具的成分多，但也不失掉好玩的意义。

（四）清水沙盘是活地图的原料。它在今日缺乏地图的前方后方之学校中，插上地名的小旗，可以代替地图，代替地图练习。它是立体的，所以在某种功用上说起来是更好的地图。

注：

① 沽河　又名海河。中国华北地区最大的水系，上游有五大支流，各支流在天津市区及其附近汇合，向东流到大沽口入渤海。

来凤晚饭后

今年九月底我承沈之万专员之约到永川去演讲，同行有专员公署技士陈幼舟先生。天雨，下午四时，便不好赶路，只得在来凤镇[①]过夜。晚饭刚吃完，有两位流浪儿来到桌边向我们讨没有吃完的菜。我们当然一起奉送了他们。他们把菜拿到门口，就有十几位小孩来共同分吃，不吵不闹，很有秩序。

我看见这现象，很是高兴，便叫他们来两个人和我们谈谈，不必推代表。我们尊重他们的发言权，就在饭桌上摆起龙门阵。我问他们读过书没有。他们说：金元读过书。我指着对门一个招牌问他上面是什么字。金元说："农村饭店。"我再指着右手的大字标语问他。他说："农工商学兵联合起来。"我问联合起来做什么？他说（而且有好几位流浪孩子同声的说）："打日本鬼子！"

这是多么有力的而且坚决的呼声。听到这种呼声，谁能不受感动？这些流浪儿在风霜雨雪当中，靠着自己的小小努力，也得到了这一点宝贵的教育。谁有权利让他们挨饿、受冻？谁能忍心看他们失学？

我接着问下去："金元！你愿意教他们认字吗？""愿意！""你们愿意跟金元学吗？""愿意！""好，金元！你做小先生，不要把学问放在自己的荷包里，要拿出来教大家。你的责任是把你的十几位小朋友都教成个个识字，人人拿出小拳头来打倒小日本！"他说："我愿意，但是没有书本怎么办？"我迟疑了半分钟，有点像被他问倒似的，但是对门的招牌救了我。我一看见农村饭店四个字就豁然大悟的说："那就是书。你们都可以不花钱的拿出来当作书读。"

金元说："笔呢？没有钱买笔啊。"我指着招牌的指头还没有放下来。我对着指头看看，说："这就是笔！你们用你们的指头对着农工商学兵联合起来九个字，一个一个的这样画，就是学写字。写了几回再在手掌上默写，手掌便成了你们的纸。有机会在桌上用点水练练字更好。那时，桌也是纸，水成了墨，还有指头永远是不花钱的笔，随身带的自来笔，有书、有笔、有纸、有墨，又有小先生，你们是天天可以上学，处处可以练字了。但是最要紧的是学了字来取得知识，帮助大人打倒日本鬼和一切人中鬼。"我说到这里，不由人一股酸泪从心头涌到眼眶而又用极大的力量把他镇压下去。孩子们！我的法子尽了，不能再简便了，你们努力罢。我们一个一个的个人是不能把鬼子打出去，小朋友必须自己组织起来。你们会排队吗？不会！我教你们。矮的在前，高的在后；依着次序排，不要乱。你们要举一个队长、一个副队长做领队。我们推金元为队长，我们推张老幺为副队长。"好，金元，你把小朋友排了队出去。"好家伙，金元样样会，一会就按着高矮排了起来。他还教小孩子们立正、看齐、向前看，然后再喊向右转，开步走，回到他们露天旅馆里去过夜。我和陈先生拜访联保主任傅伯侯先生，请他照应他们，特别是当晚为他们找一个地方给他们住。他们说明天照办，当晚很难。

注：

① 来凤镇　重庆市璧山县的一个场镇。

儿童保育问题

自从前年三月十日在汉口成立了战时儿童保育会[①]，在蒋夫人[②]和冯夫人[③]领导之下，已经先后开办了四十八所儿童保育院，收容难童将近二万人。这个中国破天荒之儿童公育运动，是一个伟大的社会运动，也是一个伟大的教育运动。我应当在这里向这一运动之贤明领导者蒋夫人和冯夫人致敬，向这一运动之目光远大之发起人安娥先生致敬，向这一运动之劳苦功高之实行者，全国保育院院长致敬。

在我参观几所保育院的时候，自然而然的发生三种感想。一种是保育院院长和工作人员的热忱和牺牲精神。在今天我们就可以看见证据，从前几位胖胖的院长现在是瘦了一些。一种是儿童的力量之大，超过了我们的估计。一个小孩忽然在重庆不见了，一个月后他在香港出现，再过一些时候又在重庆见面。这种情形谁也没有预料到。一种是问题之丰富令人烦恼，也令人高兴。可是我们对于问题之来是不应该因为它们麻烦而讨厌，倒要高高兴兴的去欢迎它们，研究它们，解决它们。

我遇见保育院的朋友总是向他们要问题，所以我今天谈的问题都是大家共同感觉到的问题。我所提出的解决的意见，不一定对，还要请大家指教。

我遇到的第一个问题是战时儿童教育怎么办？这些小孩子怎样教？过战时生活才算是受战时教育，对于这个原则，儿童也不能有例外。我们应该教小孩们团起来做追求真理的小学生，团起来做手脑并用的小工人，团起来做即知即传的小先生，团起来做百折不回的小战士。

这“团起来”的意思，就是教小孩们过集体生活。集体生活是怎样过法?要说明集体生活应该怎样过，最好是把假集体生活提出来做反证。一群囚犯被狱卒押着做工作，这不是真的集体生活。因为狱卒的压力一去他们就会散了。他们是手在做工，心在逃走。心不在焉则不是真的集体生活。一群赌博鬼在赌场上赌博，这也不是真的集体生活。因为同床异梦，各有目的，各人想把别人荷包里的钱赢了来。把钱赚到手或输光了，便一个个的散伙。这里虽没有压力，但不是同心协力要完成一个工作。它是各有各的野心，要把别人的钱都赚来以完成他个人的目的。真正的集体生活要有共同的目的，而且对这共同的目的要有共同的了解。但不是停止在共同的了解，而且对于共同的工作要有共同的参加，没有共同的参加，连那共同的了解也是假的。所以从真正的集体生活中实施集体教育，必定要有共同的目的、共同的认识、共同的参加。而这共同目的、共同认识、共同参加又不可以由单个的团体孤立的树立起来，否则又会变成孤立的生活、孤立的教育，而不能充分发挥集体的精神。孟子说：“先立乎其大者，则其小者不能夺也。”我们中国现在最大的事是什么?团结整个的中华民族以打倒日本帝国主义，而创造一个自由平等幸福的中华民国。每个保育院的小集体，要成了这个大集体的单位才不孤立，才有效力，才有意义。与这个大的集体配合起来，然后一个保育院内共同立法，共同遵守，共同实行，才不致成为乌托邦的幻想。

虽然我们要教小孩过战时生活、受战时教育，但他们所需要的最低的生长条件必须具备，否则小小生命就难免枯萎，甚而至于夭折。所以如何健全小孩们的基础生活，是一个迫切的问题。小孩们营养不够、保温不够，这是不可讳的事实。在这物价飞涨的时候，当然要增加经费。这一点听说总会有酌量增加的准备，那是要向诸位道贺的。我对于这种苦处尝过一点滋味，希望总会在通盘筹划当中能多增加一点经费，使小孩们可以好好的长起来。我想除了增加经费之外，还有两件事要做：一是食物要根据已经有的营养研究的结果来配合。如果配合适当，则花一样的钱而营养价值要高得多。比如把青菜和萝卜配合吃，远不如把青菜和黄豆配合着吃，青菜黄豆糙米饭怕是最经济而合理的营养吧。其次，卫生的管理要周到彻底。平常人只顾到饭厅清洁就算了，以为饭厅里有纱罩就保险了。殊不知厨房的清洁更重要，茅厕的清洁尤其重要。假使茅厕里一只蛆都没有，恐怕连饭厅上的纱罩也可以省掉了。

一般的说来，保育院里身体的营养固然不够，但精神的粮食尤感缺乏。这文化的饥荒宜如何救治？我想一方面要请总会拨款买书救治，一方面要有一个大规模的捐书运动。每个保育院要有一万本书不为多，总起来就需五十万册。少到不能再少也需十万册，平均每院二千册。我们知道，不但小孩要精神粮食才能长进，而且教师们也要有精神粮食才能留得住。

每个保育院有一千只手，但是缺少工具不能做工，缺少田地不能种植，这是一个严重的问题。这些手如果有了充分的田地和工具，不但能增加一些后方的生产，而且小孩们可以得到自立的教育。中国有的是地，一定有法子解决。我想每个小孩一分地总不能算太多，每个保育院至少要有五十亩地，才能把小孩们的劳动生活建立起来。

保育院的先生都说太忙，忙不过来。这也是一个要解决的问题。一个茶杯，中间有点空，可以倒茶，因此茶杯乃有了功用。庖丁解牛，运斤成风。倘使他的前后左右上下挤得满满的，则手儿动也不能动，又何能运斤成风呢？先生太忙，便无暇温故知新，依孔子的话，便不可以为师了。解决的办法：一是使工作有计划；二是酌量加几位先生；三是从小朋友当中提拔出干部来，加以训练，使他们分任一部分工作。但是，小朋友也是不可太忙啊！

一个有趣的小问题是我遇到的，因为有普遍性，还有几分钟，也提出来谈谈：吃饭的时候，可不可以讲话。我对于这个问题也曾研究了一些日子，结论是允许小孩在吃饭的时候讲话。第一，因为平常无论什么地方吃饭的时候都讲话；第二，因为吃饭不讲话则吃得太快，反难消化；第三，吃饭能讲话则大家都高兴些。但是，要训练他们轻轻的讲。有时可以举行特别训练，一句话也不讲。和尚吃很热的粥都没有丝毫声音，静得连绣花针落在地上也听得见响。我们也要有这样的修养，但这只是偶尔一试，如同练习消防一样，不可常常做，常做反而有碍小孩的活泼。

还有一个难以解决的问题，就是你们有些难管的小孩。这些难管的小孩，有时是被称为劣童或者被称为坏蛋。怎样解决呢？（一）难管的孩子多半不是劣童，也不是真正的坏蛋，这一个态度要立定，否则你主观上咬定他是劣童则一切措施都错，便愈管愈难管了。（二）仔细考虑他所以难管的原因，在源头上予以解决。例如发明电灯的爱迪生，是被先生以坏蛋的罪名不容于学校。但他的母亲知道他不是坏蛋，而是欢喜弄那先生不高兴的毒药而玩化学的把戏。（三）体力充足，无法发泄的，有时捣乱，可多给他一些机会劳动或干体育游戏。（四）先生也得检讨自己的功课教法是否合乎学生的需要程度。（五）即使是真正的坏蛋，我想开除出去，无人指导，更要变坏，倒不如运用团体制裁，以纠正其过失。而且团体若有办法，则有少数捣乱分子，可以培养团体中大多数人之抗毒素。（六）此外还有身心上有了缺陷的小孩，那是要医生及心理专家医治。（七）曾经受过特殊折磨而起了对人之反常态度，则先生及同学之同情照顾为不可少。

中国被难的小孩，连抗战将士的小孩在内，最少也不下于二百万。我希望大家从保育院的窗户里向外边再看一看。我们的工作似乎应该放大一百倍来干。可是也不必等待。院门口的无家可归的小孩，不也是我们的责任吗？

保育总会要负起这重大的任务，必须把培养新干部列入整个的计划。为着扩大保育的范围和对现任人员退职之补充，都需要这样一种新干部之培养。再么，为着充实各保育院之精神食粮及有效的新技术，一个得力的研究部和编辑部之设立也似乎是必要的，此外还需要专家时常访问各院，作实地的辅导。有了新的干部，再加上研究部、编辑部和巡回的辅导，我想不但保育院的许多问题可以迎刃而解，而且对于中国儿童公育运动必定有层出无穷的有价值的贡献。

注：

① 战时儿童保育会　1938 年 3 月 10 日成立于武汉，后迁至重庆。

② 蒋夫人　即蒋介石的夫人宋美龄。

③ 冯夫人　即冯玉祥的夫人李德全。

弘道追求

我的学历及终身志愿

亲爱的罗素[①]院长：

2月11日手示敬悉，欣喜何似。所嘱就自身曾受训练及终身事业之计划向利文斯通奖学金捐助人作一简略报告，自当乐于从命。

余现年二十有二，生于徽州，此乃一鲜与外界交往之地。余之早期汉学教育受业于家父及其他师长，至十四岁始入一中华耶稣内地会学堂，受教于唐进贤师（Mr Gibbs），彼当时为仅有之西学教员也。两年后，该学堂停办，贤师返回英国，余乃不得不冒险前往杭州意欲习医。旋以医学堂严重歧视非基督教徒，甚至事关学科问题亦然，余乃撤回注册，而入学仅三日耳。余于失望之余，仍返徽州专习英文复经一年，然后前往南京入金陵大学，校中基督教徒与非基督教徒均受欢迎，此乃余今日仍乐于称道之事也。三年后，第一次革命[②]爆发，余返徽州，任徽州议会干事[③]甫及半载，回南京复学。蒙学友之助及大学当局之信任，余倡办《金陵光》学报中文版并任主笔。1913年，余成为一基督信徒[④]，因得包文博士（Dr Bowen）、汉克博士（Dr Henke）之指导，复因詹克教授（Prof Jenk）讲授"基督教义之社会意义"予余印象至深，有以致之也。1914年6月，亦即余就学于南京之第五年末，余获学士学位。8月，蒙父母及友人相助，余启程赴伊利诺大学攻读一年，除获可贵之诸多教益外，复得余辛劳之副产物，即硕士学位是也。于伊利诺一年中之下半年期间，余曾任学生俱乐部干事。

三年前，余选就哥伦比亚大学为余在美之最终目标，然因资力不济而未能及时来校就读。余今生之唯一目的在于经由教育而非经由军事革命创造一民主国家。鉴于我中华民国突然诞生所带来之种种严重缺陷，余乃深信，如无真正之公众教育，真正之民国即不能存在。余矢志以教育管理为终身事业，始于去夏，是时正值基督教男青年会于日内瓦湖举行夏季大会，余于此受极大启迪。余曾查阅既知之所有学府，再次发现贵院乃其中最佳去处。然而，选定一学府为一事，有无充足资力进入该学府则为另一事。自 1915 年 1 月家父逝世以还，家庭全部负担即加于我身，余之经济状况乃陷于极大困境。所幸者，在余决定来师范学院之前不多时，蒙我国政府授予“部分奖学金”，连同其他种种援助，至少已予我以作一起步之足够勇气。然而，纽约生活费用之高，竟超出余所预料。留纽约半载，已觉余之准备不足以供顺利完成学业之用，因之，蒙孟禄博士介绍，余乃着手申请利文斯通奖学金，并已蒙慷慨授予。衷心谢领此项厚礼之余，受业愿向您及利文斯通捐助人保证，在斯特雷尔教授及其他科、系教职员之教导下，再经两年之培训，余将回国与其他教育工作者合作，为我国人民组织一高效率之公众教育体系，以使他们能步美国人之后尘，发展和保持一真正之民主国家，因此乃唯一能够实现的正义与自由的理想之国。

如蒙告知居于纽约附近之若干捐助人姓名，俾便设法一一前往拜会，则对余当为一极有意义之事。

谨致最佳祝愿及问候。

陶文濬敬上

1916 年 2 月 16 日于哥伦比亚大学

哈特莱学生宿舍 1010 室

注：

① 罗素 （1872—1970），英国哲学家、数学家、逻辑学家，当时任美国哥伦比亚大学师范学院院长。

② 第一次革命 指 1911 年孙中山领导的资产阶级民主革命，即辛亥革命。

③ 据安徽省陶行知纪念馆《陶行知纪念馆五岁》97 页所载，已故休宁县教师程管侯 1954 年亲笔写的《自传》中有“1911 年，31 岁、宣统三年、辛亥，参加余德民、陶行知、汪章瑞、程则裴等在屯溪湖余家庄起义……余德民失败走依黎宗岳”的记载。起义领导人余德

民之子，祁门县退休干部余芳提供的书面材料亦说：解放后听父亲余德民口述参加起义的有平民教育家陶行知、金慰农、余家榴先生等。

④ 基督信徒　此系由英文 christian 翻译过来，可作基督徒、基督教徒、基督信徒以及按基督教义行事的人解。据陶行知的亲属和友人提供的回忆材料（其中有儿子陶宏、陶晓光，老同学、原金陵大学校长陈裕光，同辈亲属、当时曾长时间在一起工作的曹子云等）说明：陶行知曾经信仰基督教义，但他从未参加基督教会组织的教仪活动。

中国在转变中

新的中国是东西方两种文明的产物。这两种力量的联合赋予中国现状以色和形，并决定其未来的命运和希望。吉卜林[①]先生不久前写道：

“啊，东方是东方，西方是西方，非到天地立在上帝裁判席前那一刻它们不会见面。”

今天，吉卜林先生会意外地得知东西方确实在中国找到了一个交会的地方。在某些活动领域，这两种文明的会合采取了火山爆发或可怕的战争的形式。其结果是一方的霸权压倒另一方或是一方代替另一方。这对胜负双方都有所拖累。在其他的领域，则采取了联合的形式。有时像是氢和氧的结合，事起突然而且令人震惊，另一些时候则可以比作怀有爱抚的求爱或是婚姻的契约。其必经的过程是仔细的挑选，适应，折衷或调和。就像酵母的作用一样，渐进而有效，其产物是甜蜜而可爱的。

从直接接触之日起，这两种文明从未停止过冲突和联合。它们相互作用并改变着对方。其结果是使生活开始具有更丰富的内容和十分宽泛的多样性。当代中国人生活的一个横断面或许显示出许多世纪主要特征的一个侧面。我们发现中国几乎所有城市都被中世纪的城墙所包围，我们在那里看到对新生活的渴望以及对约束和烦琐哲学的迂腐陈规的敌意。这是文艺复兴的中心，我们在这里看到观察、对比和批评精神信仰的强烈趋势；这是改革的灵魂，我们由此看到十八世纪工业革命潮水的涌动，我们也不能不看到民族主义和民族意识的喷发，这显示了十九世纪和二十世纪的特征。当我们看到一个内地农民坐在现代的火车车厢里，一面用火刀火石点着旱烟，一面好奇地打听着美国的女权运动或是热情谈论抵制洋货以证明其爱国心时，我们中的许多人会感到惊讶。因此，罗斯[②]教授要我们相信的“中国是看得见的中世纪欧洲”这话是不十分真实的，毋宁说“今天的中国是中世纪欧洲的文艺复兴和改革，十七世纪、十八世纪、十九世纪、二十世纪都能看得见”。我们看到一幅诸世纪文明转变与混合的生动画面，如果乐意的话，我们可称这为文明的光谱。各大洲和各世纪的文明由此会变得清楚、鲜明并有悦人的差别。

这种现象出现在生活的各个方面——在家庭中、在学校里、在教堂、在社会和国家中，而它可能是观念改变的最好的例证。

中国人的旧生活观念本质上是罗马型的。如果我们按照罗马时期去设想中国人的旧观念就可以很好地理解它，中国人和罗马人似乎在生活观念方面分别得出了相同的结论。他们过去对生活的想法是期望有一个黄金时代，因此这种观念是保守的；期望社会如同一个遵循纪律的机关，因此这种观念是静止的；强调权威的统治，因而要求顺从。另一方面，现代文明的主流源自古希腊，它对未来怀有其乌托邦理想；具有一种社会理想的原动力并且鼓励自由和解放。作为两种文明混合的结果，在今日中国人的精神世界中，并肩存在着保守主义和急进主义，秩序与进步，还有权威与自由。

无疑有许多人在上述两种对立观念中持其一端而互相进行激烈的战斗。同样也要承认有一股巨大的力量像钟摆一样在两个极端之间来回摆动。这些情况我们视之为当然的事，在转变过程中是不可避免的。

然而，这里要提到一件非常值得庆幸的事实，即处在两个极端之间的群体人数愈来愈为众多，而且愈来愈有力量。这些人们认可新旧两种观念的价值，凡是好的必须保存和吸收，凡是不好的必须加以扬弃，不论其来源于新和旧。对他们而言，过去是现在和未来的基础，而未来则必定是过去和现在的目标；对他们而言，没有秩序就不可能进步，而秩序仅仅是作为进步的保障而存在；对他们而言，权力是自由的监护者，自由是目的，相对于自由来说，权力只是一种手段。一言以蔽之，他们认识到明显冲突着的每一种观念都有正确的地方，德国的效率有正确的地方，美国的自由也有正确的地方。这个群体有力地推翻了极端的保守也不断阻止着急进的狂暴盲动，这个群体引领新中国走出危急的转变阶段，正呵护着她迈向伟大的未来。祝愿这个忠诚、智慧而勇敢的民族经受住今天的考验。

注：

① 吉卜林 （1865—1936），生于印度，1902 年定居英国。曾游历中国、日本并旅居美国多年。英国 19 至 20 世纪之交名噪一时的诗人，1907 年获诺贝尔文学奖。以描写曾驻缅甸、印度的英军的故事、诗歌而得名。

② 罗斯 （1866—1951），美国社会学家。1914—1915 年任美国社会学会会长。认为社会现象的直接原因应从人类心理学方面去探索，社会从来就是人类心理的产物。

增刊中文报之缘起

（甲）推广规模

世间事物不能无进步，即规模不能无推广。本校[①]自有英文报，迄今已阅四载。而此四载之内，三公会[②]联合，三书院[③]统一，学校有进步，学生有进步，成绩日多，精神日旺，安可不有规模更大之学报与学校学生平行进步，以宣导其磅礴，记载其成绩，而鼓舞其精神哉？

（乙）保存国粹

自西学中输，新学派之醉心欧化，蔑视国文也，久矣。殊不知腐儒鄙弃西学，固属偏见；而新进蔑视国文，尤为忘本。夫国文之用，所以表示一国人之思想，记载一国人之行动，以互相传达，而特异于外人者也。故国界一日不消除，则国文一日必留存，未有有国而可弃其国文者也。国文有缺点，吾当补缀之；国文有窒塞，吾当贯通之；国文衰暗，则当改良之，光明之。其事实难，然吾辈青年学子所不可放释之责任也。同人有志于此。爰增刊中文报，以磨炼作国文之才，而唤起爱国文之心。能作能爱而后可言保存；能保能存而后可言光明。

（丙）灌输学术

诗云："他山之石，可以攻玉。"泰西学术，实高出吾人之上。何妨借人之长，以济己之短。然徒有英文学报，不过将我之所长彰之外人，而对于国内学子反不能尽其介绍之职，殊为憾事，故加入中文以承其乏。凡关于学校、学生，足为吾辈学子研究之助，本报即译之。虽才有未足，力有未逮，然泰山不让细尘也。

注：

① 本校　指金陵大学。

② 三公会　指美以美会、基督会、长老会。

③ 三书院　指汇文书院、基督书院、益智书院。

《乡村教师》宣言[①]

“生长三家村，苦守五家店。知己遍天下，终身不相见。”这不是我们乡村教师所共感的烦闷吗？《乡村教师》周刊的志愿就是要消灭这种烦闷。他要打破空间，使不能相见的朋友可以谈心。我们的警语，“小的村庄要与大的世界沟通”，是永远不可忘记的。周刊便要负起这个使命。世界的沟通，在人的沟通；人的沟通，在心灵的沟通。全世界乡村教师有了谈心的机会，然后小的村庄与大的世界乃有沟通的希望。有人问：“小的村庄为什么要与大的世界沟通？”世界是一个大剧场，人生便是演戏。个人的活动无论如何独立，只是历史剧中之一幕。没有沟通，则布景、化装不能和谐，悲欢歌舞不能中节。我们必定要深刻的知道自己和配角所演的剧情，才能做出好戏来。乡村教育运动只是一出历史剧，全世界的乡村教师都同是这一出戏中的演员。这周刊里有我们的剧本，有我们的导演。这里可以找得出艺术生活的过程。这里可以找得出那愿意我们艺术更进一步的批评。这里可以找得出演员心头滴下来的泪痕，也可以找得出装哭者涂在眼睛上的残唾。总说一句：这个周刊便是我们乡村教育运动的一出永远不会闭幕的历史剧的写真。这出戏是“心的力”的表现。没有“心的力”，不但是演不出好戏，根本就没有这出戏的可能。周刊的使命是要从笔头里透出心头的力量，来完成这部永远不会脱稿的杰作。穆罕默德[②]说：“假使你有两块面包，你得用一块去换一朵水仙花；因为面包是身体粮食，水仙花是灵魂的粮食。”这是再好也没有的人生观。可是看一看我们这出戏里面的主角——中国的农人和乡村教师——只有一块面包！换了水仙花，肚皮就得挨饿；不换水仙花，精神又要枯萎。倒不知穆罕默德如何指示我们才好？朋友们！眼前摆着水仙花，嘴里有面包吃，这是再好也没有的生活。我们可有这种福气？先要问：我们可有这种力量？力量是有的，藏在每一个人的心里。散开来，如同一点点的小雨，连渴也不能止；合起来，便如耐亚嘎拉瀑布③，能产生一千六百万匹马力，推得动世界上所未能发明的伟大的机器。我们再也不要把力量藏到小己的荷包里。《乡村教师》周刊是我们的耐亚嘎拉，我们应当把各人心灵里的力量流到这里来，构成乡村教育的大瀑布。从这瀑布里所发出来的力量，可以教我们有面包吃又有水仙花看。这力量可以教农人自己从时代的车轮底下爬起来。这力量可以教农人做机器的主人，不做机器的奴隶。这力量可以扫除伪知识，推动教育革命的法轮。这力量可以打破人间的隔阂，创造一个四通八达的大通世界。这力量是一出历史剧的原动力，可以推着历史向前转动。这力量可以变成不可思议的大，也可以变成不可思议的小。假使我们各人仍旧把他收藏在一己的打算上，那么，只有一个雨点的力量，连一粒芥子也推不动。他只好闭着眼睛吃饭，或是饿着肚皮看水仙花罢！

注：

① 本篇是为1930年2月1日创刊的《乡村教师》周刊写的发刊词，原题为《本刊宣言》。1930年4月晓庄师范被封闭后，《乡村教师》出至11期亦随之停刊。

② 穆罕默德　（约580—632），伊斯兰教创始人。

③ 耐亚嘎拉瀑布　通译尼亚加拉瀑布，位于北美洲尼亚加拉河上，该河全长56千米，落差99米，是世界著名瀑布之一。

创造一个四通八达的社会
——给文渼的信

渼妹：

前在安庆接到家书，承嘱于修改后奉还，此事拟于到武昌后办理，一二日之内即可寄出。家中所需物品可以带京，请函冬弟[1]购办。

知行一点钟内可以抵汉，拟于二十三日回安庆，二十四日赴芜湖。回京日期当在十二月初。

知行近日买了一件棉袄，一双布棉套裤，一顶西瓜皮帽，穿在身上，戴在头顶，觉得完全是个中国人了，并且觉得很与一般人民相近得多。

我本来是一个中国的平民。无奈十几年的学校生活渐渐地把我向外国的贵族的方向转移。学校生活对于我的修养固有不可磨灭的益处，但是这种外国的贵族的风尚却是很大的缺点。好在我的中国性、平民性是很丰富的，我的同事都说我是一个“最中国的”留学生。经过一番觉悟，我就像黄河决了堤，向那中国的平民的路上奔流回来了。

平民教育的宗旨是要叫种种人受平民化。一方面我们要打通层层叠叠的横阶级。如贫富、贵贱、老爷小的、太太丫头等等，素来是不通声气的，我们要把他们沟通。又一方面我们要把深沟坚垒的纵阶级打通。纵阶级的最昭著的是三教九流七十行，江南江北、浙东浙西、男男女女等等都有恶魔把他们分得太严。这种此疆彼界也非打通不可。民国九年，南京高师办第一次暑期学校的时候，胡适之、王伯秋、任鸿隽[2]、陈衡哲、梅光迪诸先生和我几个人在地方公会园里月亮地上彼此谈论志愿，我说我要用四通八达的教育来创造一个四通八达的社会。我这几年的事业，如开办暑期学校，提倡教职员学生之互助，提倡男女同学，服务中华教育改进社，都是实行这个目的。但是大规模的实行无过于平民教育。我深信平民教育一来，这个四通八达的社会不久要降临了。

我这一个多月来随便什么地方都去宣传平民教育。四天前，我到南昌监狱里去对四百个犯人演讲，我说人间也有天堂地狱。若存好的念头，心中愉快，那时就在天堂；若存坏的念头，心里难过，那时就在地狱。我说到这里，忽然得到一个意思。这个意思就是天堂地狱也得要把他们打通。后来我想了一句上联送自己："出入天堂地狱。"下联没有想出来，请你给我对起来罢！

这次在轮船上觉得很安逸。记得前年我们到牯岭去，轮船上一夜数惊。我们生在此时，有一定的使命。这使命就是运用我们全副精神，来挽回国家厄运，并创造一个可以安居乐业的社会交与后代。这是我们对于千万年来祖宗先烈的责任，也是我们对于亿万年后子子孙孙的责任。

这时我在汉口南洋宝酒楼。这是个徽州馆。我在这里吃牛肉面，吃得饱得很，只费了一角五分钱。

再过半点钟，我就要渡江到武昌去了。我现在康健快乐。敬祝你和全家康健快乐！

十二年十一月十二夜写起，十三日早晨写了。

（原载 1929 年 7 月《知行书信》）

注：
① 冬弟　即曹子云，陶行知的表弟。
② 任鸿隽　即任叔永。

对于参与国际教育运动的意见[①]

今年五月比京[②]要开第五次家庭教育大会[③]，吾国已被请出席报告“吾国农业情形”和“农家社会现状”。明年要在美国举行万国教育会议[④]；万国成人教育会也要在日诺瓦[⑤]聚集。这三种会议，是我们已经晓得要举行的。以后诸如此类陆续发的会议，必不在少数。

这种会议，如果办理得好，从小的方面看，可使到会各国交换知识；从大的方面看，或可解决些国际教育的问题，以谋世界文化的改造。我们若不想在世界文化上占一地位也就罢了，如果是想占地位的，那对于这种会议也免不了要参与的。

去年八月十一日檀香山开“联太平洋教育会议”，吾国也派代表与会，但因准备不足，虽有好的代表，不能得满意的效果。今年二月四日菲律宾开远东教育会，政府直到一月二十日才开始找人代表，终因政府毫无准备，不能成行。我们以后若再懒惰，不早些从事准备，那世界真要以为中国没有教育了。世界以为中国没有教育犹事小，若中国真无教育可说，那就更可惭愧了。所以准备一层，决不可以单在对外或“广告”上做工夫。那最重要的准备，就是平日的成绩和随时的努力。发表固然要紧，但必先有成绩，然后才说得到发表。所以教育外交的根本的根本，是要全国从事教育的人，分工合作，好好的办教育，把教育好好的办。

近几年来，中国教育确有些不可埋没的地方；那可以告诉人而无愧的，也不在少数。可惜如同孟禄先生所说，这种种优点，都散在各处，没有人将他们会通起来；所以不但外人不得而知，即国内的人也是不相闻问的。所以我觉得一方面要有人办教育，一方面还要有人分门别类的观察调查研究各种教育之消长和真相，报告国人，使彼此有所参考。一旦有国际的联络发生，荷包里拿出来就是，岂不便当！

自己不办教育和办而没有成绩，当然对于国际教育运动无参与之必要，更无参与之资格。但办教育虽有成绩，而自己不明白，又不能使人明白，那就是参与，也等于不参与。前面说到国际教育的运动，有交换知识解决问题两种重要目的。若想达到这两种目的，都非自己先有准备不可。

即以交换知识论，必先双方有东西可以换来换去，才可算为交换。自己必先有好的东西，才能和人换到好的东西。因为“给的能力”常和“取的能力”大略相等。能给多少，即能取多少。吾国近几十年来从东西洋得来的文化，多属肤浅，大半是因为我们所出产的，够不上第一流的交易。我敢断定要想在国际的教育上得到第一流位置，我们必须在教育上有第一流的贡献。这种贡献是继续不已的研究，苦心孤诣的实行产出来的。他们要靠着平日的努力，不是凭着一时的铺张。

至于解决国际教育的问题，谈何容易，是必先把所要解决的问题，彻底的明了，然后才能谈到解决。若想彻底的明了，第一要自己晓得自己，第二要自己晓得别人，第三要别人晓得自己。自明，明他，他明，是解决二人以上的问题的根本方法；也是解决二国以上的问题的根本方法。若想解决国际的教育问题，也怕跑不出这个范围。

总起来说，国际的教育运动，是一天多似一天的；我们是一定要参与的；我们以前参与这种运动是无准备的；以后的准备，一是要靠着自有的成绩，二是要靠彻底的自明。自己有成绩，才能和人交换，自己明白自己，更是和人共同解决问题的初步。

注：

① 陶行知在本文中提出参与国际教育运动必须做好准备，载于1922年3月《新教育》第4卷第3期。第二年3月，万国教育会议发起者发来邀请通知，1923年3月《中华教育界》重发此文，在文章前面加了一段话，并登载了一则启事。

② 比京　比利时首都布鲁塞尔。

③ 家庭教育大会　即万国家庭教育大会（International Congress on Home Education），以提倡家庭教育，利于儿童成长为宗旨。1905年有24个国家代表参加的第一次大会曾在比利时举行。

④ 万国教育会议　指世界教育联合会（The World Educational Conference）的成立大会。美国教育联合会为其发起者，1923年6月底至7月初，大会在美国旧金山召开。中国代表郭秉文被选举为该会副会长。

⑤ 日诺瓦　通译日内瓦，瑞士城市名。

中国女子教育之既往与将来

今天是中国女子教育很重要的一个纪念日，在前清光绪三十三年正月二十四日，合阳历一九〇七年的今天三月八日，中国女子在学制上，方始占得一个地位，所以可算是很大的纪念。

中国有女子教育已经有七八十年，（在西历一八四四年）第一个女校开在宁波，是英国人耶稣教徒创办的。在西历一八九七年，中国私人方始创办女子的学堂，这都是很可纪念的。光绪二十八年（一九〇二）所定的学制，还没有女子教育。到二十九年，张之洞定学制，是为“奏定学堂章程”，提到女子不能入学校，有两个理由：一、说女子入了学堂，成群结队的满街走，很不好看的；二、女子不可以读外国书，恐怕传染了西洋自由婚姻一切的习惯。所以说女子读书，可在家里，是家庭包括女子教育时期。此时政府虽不承认有女子学校教育，但私立女子学校却已办了好几年。光绪三十三年（一九〇七），女子在学校制度上，才有地位。这年三月八日颁布女子师范学堂章程三十六条、女子小学堂章程二十六条上，允许女子入学。当时女子教育的特点可以说：（一）男女不能同校；（二）学年也不能平等，小学教育，男子有九年，女子只八年，以学年论，女子要低一个年头；（三）男子有中学以上的教育，女子没有中校。这时统计学生，每百个男生，只有两个女生；所以男女生比较起来，男生多四十九倍。

从光绪三十三年（一九〇七）到现在，还是退步呢？还是进步呢？若是进步，进步到什么地位呢？这是我们应当知道的。从前外国人，都说中国没有女子教育，照现在说，要叫不深晓中国国内情形的人听见了，都要很惊异。何以呢？因为中国的女子教育，很有大的进步。

没有最近的全国统计，到民国五年为止，女生占学生总数4%；全省的统计要近些，江苏女生13%，山西女生12.5%。我从南京来，南京的情形知道得比较详细一点，那就拿南京的女子教育的统计报告一下。南京的童蒙馆，有女生13%；幼稚园51%；初小32%；高小19%；中学15%；大学9%。十五年的工夫能够这样的发达，可算进步了。在从前，男女都是分校的。到了现在，幼稚园、初小、高小，都可男女同学了。大学是北大和南高先开女禁的；至于中学，现在北京和广东的中学，都在那里试办男女同学。

讲到中学男女同学，一般办学的人，有赞成的，有反对的；社会上又像唯唯诺诺，那意思是看你们办的什么样？就理论说，幼稚园一直到大学，都可以男女同学了，这不是对于女子教育的观念上一个很大的进步？

男女同学，年限、课程都平等了，我们就可以为满足了么？不是的，因为距我们的希望，还远得很哩！我们还要不断的向前进取。

今再说中国女子教育今后的事业，是我们应该知道，应该负责的。

一、江苏女生13%，要和男子一样多还欠许多人。甘肃百人中，女生不够一个，不过千分之八九的光景。新疆还没有一个女学生的报告。那么应该如何使个个女子有受教育的机会，是不是我们的责任？

二、现在女子，在两等小学里的尚多，在中学就少了，大学更少了。如何使各级学校女子与男子数目的比例得到平等，是不是我们的责任？

三、多数学校的课程，不适于女子与社会的需要。所以课程应该使女子适应社会的举动。如何改良课程使女子所学的能在社会、国家、世界上占重要位置呢？这是不是我们的责任？

四、现在知道中国女子教育情形的人实在很少，我只看见一个美国同志露懿士女士，她对于中国女子教育上，很有研究，她著了两部书，一是《中国女子教育论》，一是《四川女子教育调查报告》，都可为研究女子教育的指南针。无论哪一种学问事业，都应当有几个研究的专家，在那里研究考察。我们中国女界，这样的人很少，我很希望像露懿士女士的中国女子快快出来担负研究调查女子教育的责任。

五、各国对于提倡普及义务教育，是结合女子团体来促进的。中国现在还没有这种举动，所以我希望具有知识魄力的女子，组织一个有势力的团体，去促进一切教育。要求中央政府、省政府、地方政府为教育尽力。凡是我们觉得地方上办的学校不好，我们就极力去改良他。及学龄而未入学的儿童，设法教他入校；若照这样的做去，那必有些效验了！

中国受过女子教育的女子，不下五十万，如每年每人带一个小孩子读书，劝一个老太婆相信进学堂的好处，假使人人都能这样，几年之后，收效当无限量！女子的责任很重大，所以必要给他受教育，因为受过了教育的女子，就知道尽自己的责任了。做母亲的人，自己受过教育的，没有不给子女受教育的。然而父亲自己做了博士或是主人，他的子女或者有不受教育的。所以不普及女子教育，好比一个人缺了一只脚，那么哪里支撑得住呢？其实何尝是一脚，不过藏了不用罢了。所以这个责任，是应男女同负的，提倡女子教育，就是提倡普及教育，也是普及世世代代的教育咧！

女子的责任大，受过教育的女子的责任更大；男子似乎太忙，所以这时候正是女子应该出来做事的时候。我看要在这十五周纪念日以后，比前更有进步，须先有两种的精神：

（一）开辟的精神。我们要在没有教育、没有女子教育和反对女子教育的地方，去办教育。前途的障碍，好比荆棘，要阻止我们的进行，所以我们须用大刀阔斧，砍将进去，一年不成，二年，二年不成，三年，总有一年可以成功。

（二）试验的精神。试验的精神，是进步之母，遇见了一个难题，就要去设法解决这个难题，法子不行，就研究考虑修改，再不行，再改，必有进步。开辟是要使得能够成功；试验是要使得能够进步。我很希望中国的教育和女子教育像飞机一样向前向上，一日千里继续不已的进步。但要想继续不已的进步，就须继续不已的开辟，继续不已的试验。这是我的机会和责任，是你的机会和责任，是我们大家的机会和责任。

教育改进[①]

吾人不但须教育，而且须好教育。改进之意即在使坏者变好，好者变为更好。社会是动的，教育亦要动。吾人须使之继续不断的改，继续不断的进。

教育改进包含两方面：有关于教育方针之改进，亦有关于教育方法之改进。教育方针随思潮为转移，有因个人兴致而偶然变更者，亦有因社会大势所趋而不得不变更者。教育方法受方针之指挥约束，必须与方针联为一气。方针未定得准，方法不与方针一致，均与吾人以改进之机会。比如航海，必须先定准方向。方向不定准，无论方法如何敏捷，如何洽意，只是行错路，究不能达目的地。但空悬一方针，船身能否抵制风浪，水手是否干练勇敢，食料与燃料敷用几时，均未打算清楚，则虽有方针，亦难达到目的地。故方针不准，应当改进；方法不与方针一致，亦应改进。航海如此，办学亦应如此。

论到中国教育方针，自办新学[②]以来已经改变五六次。最初要吸收科学而又不忍置所谓国粹者于不顾，所以有“中学为体，西学为用”[③]之主张，此种主张即是当时一种教育方针。光绪二十七年（一九〇一）明定教育宗旨为忠君、尊孔、尚公、尚实、尚武。此种教育宗旨即表明其时之教育方针。民国元年，国体变更，教育方针因改为重在道德而以实利教育、军国民教育辅之，更以美感教育完成其道德。民国四年，申明教育宗旨，又改进为“注重道德、实利、尚武，并运之以实用”。民国八年，教育部组织教育调查会，该会建议“以养成健全人格，发展共和精神为教育宗旨”。所谓健全人格须包含：“一、私德为立身之本，公德为服务社会国家之本。二、人生所必需之知识技能。三、强健活泼之体格。四、优美和乐之感情。”共和精神包含：“一、发挥平民主义，俾人人知民治为立国之根本。二、养成公民自治习惯，俾人人能负国家社会之责任。”民国十一年第八届全国教育会联合会④建议学制系统标准，即是关于教育方针之修正。嗣经教育部公布标准七条：“一、适应社会进化之需要。二、发挥平民教育精神。三、谋个性之发展。四、注意国民经济力。五、注意生活教育。六、使教育易于普及。七、多留地方伸缩余地。”此二十余年中，吾国教育方针每隔四五年即修改一次，颇不稳定，论者辄讥为无方针之教育。其实中国方在过渡时代，又当各种思潮同时交流而至，方针不易固定。即以现在而论，吾人尚在歧路上考虑。吾意不出数年，中国教育方针必须再经一次变更，此次变更后或可较为稳定。中国教育方针已经走过几层歧路，以吾观之，尚有两层最为重要之歧路。第一层，国家主义与国际主义。第二层，物质文明、精神文明与吸收物质文明而保存精神自由，并免去机械的人生观。改革固须改革，究竟如何改革方能进步，实属根本问题。

至于教育方法之改进，所包括之方面更多。学制、组织、行政、教师之训练、教材之选择与编辑、教学法之研究、校舍教具之设备、经费之筹措等种种问题，悉包括在内。如须一一详述其近年改进之途径，非本文篇幅所许。就教育方法论，却有极显著之进步。如由主观的逐渐移至客观的，由盲从的移至批评的，由少数人参与的移至多数人参与的，由一时兴会所至的移至慎重考虑的，由普通人议论出来的移至专门家屡试屡验的，不由人要喜形于色。但此种趋势只属于起点而已。盖今日中国之教育方法亦有两个缺点：一是方法不与方针一致，造就一人不能得一人之用；二是从外国贩来整套之理想与制度不能适合国情，不能消化，不能在人民生活上发现健全之效力。此均为吾人应绞脑筋、运身手、谋改进之急务。

以上论教育方针与方法均须改进，兹进论如何改进之道。

一、办教育者必须承认所办教育尚未尽善尽美，确有改进之可能。彼应持虚心的态度，彼应破一切成见、武断、知足。脑中积有痞块，决无改进希望。

彼又应承认有问题必有解决，有困难必可胜过，只须自己努力，无一不可以改进。若听天由命，不了了之之人，决不能望其改进。彼或是被人改进，但如无人乐意为之改进，则彼之存在只属幸运而已。

二、改进教育者必须明白自己之问题，又必须明白他人解决同类问题之方法。于是调查、参观，实为改进教育之入手办法。国内调查参观之发生效力者可以择要述之：民国三年黄炎培之本国教育考察，民国十年孟禄等六人之实际教育调查，民国十二年中华教育改进社之全国教育统计调查，均为多区域、多问题之调查，影响亦甚普遍。又地方教育之调查，如民国七年南京高等师范学校之南京教育调查，民国十二年中华教育改进社之北京学校调查，只是地方教育调查之初步工作。一级教育之调查，如民国十二年中华教育改进社之小学教育调查，十四年俞子夷之调查儿童对于各科好恶，于小学教育均有相当贡献。一门教育之调查，如民国八年九年中华职业教育社调查甲乙种实业学校[⑤]之得失，十一年至十三年中华教育改进社之调查十省科学教育及十四年之中国图书馆调查，十三年江苏义务教育期成会及改进社之乡村小学考察，十五年江苏教育厅之乡村小学视察，均于教育改进影响甚大。国外教育考察，最早者为光绪二十八年（一九〇二）吴汝纶之日本教育考察。其《东游丛录》呈上管学大臣后，对于《钦定学堂章程》自有相当影响。嗣后派遣提学使[⑥]赴日考察教育，使我国教育之日本化更进一步。美国教育考察，始于民国三年。是时黄炎培为江苏教育司长，派郭秉文[⑦]、陈容[⑧]、俞子夷三人考察欧美教育，归国后乃有南京高等师范之产生。四年黄炎培游美，其所带之感想，可于彼所著《东西两大陆教育不同之根本谈》中见其大略。六年考察菲律宾教育，南北各三人，直接即产生中国之职业教育。其后袁希涛[⑨]组织欧美教育考察团，回国后极力介绍欧美教育方法与理想。新学制之成立直接间接受此种调查参观之影响不少。调查、参观确已表现“改”之能力，但究竟属改进属改退，则一时颇不易定。

三、教育界共同之问题应同心协力共谋解决与改进。故教育会议乃必不可少之事。吾人要求精神之一致、经验之沟通，非有会议不可。前清之中央教育会，民国元年之临时教育会议，民国四年以来之全国省教育联合会以及中华职业教育社、中华教育改进社、中华平民教育促进会等之年会，以及去年大学院之全国教育会议，均与形成全国教育思潮、方针及进行方案有密切之关系。现在国内省有省教育会，县有县教育会，市乡之组织完备者有市教育会及乡区教育会。学校与学校合组之各会议，影响较大者有中等教育协会、附属小学联合会。彼等于各自范围内所经营之事业，各有善良之效验。一门教育之会议，如民国十三年五月之乡村小学组织及课程讨论会，颇能引起乡村教育之兴味。一校之中，各科教员倘有讨论之组织，亦于改进各该科教育有所裨益。不但国内教育同志应有讨论之机会，国际教育同志亦应有交换意见之机会。十二年世界教育会议在旧金山举行，我国派代表出席，即思运用教育方法，以培养国际之谅解，增进国际之同情，并提倡国际之公道。吾人相信如依此慎重作去，此种会议于改进全世界之教育当有裨益。

四、调查参观仅为取别人之所知以益己之所不知，会议仅为会合各人之所知以成公众之所共知，吾人决不能藉此种方法以发现新理。不能发现新知，决不是在源头上谋改进。改进教育之原动力及发现新理之泉源，乃属试验学校之功能。我国现在足以当试验学校之名者甚少。以前东南大学附属小学及附属中学曾作道尔顿制及设计教学法之试验工作。最近北京艺文中学亦正在试验道尔顿制，鼓楼幼稚园之设乃欲试验幼稚教育者。中华教育改进社以试验学校为一切教育改进之大本，特于十四年十二月定一进行方针："本社今后对于教育之努力，应向适合本国国情及生活需要之方向进行。其入手方法为选择宗旨相同，并著有成绩之中学、小学、幼稚园，与之特约试验。合研究者之学术与实行者之经验为一体，务使用费少而收效宏；并将试验结果随时介绍全国，俾多数学校，可以共向此途进展。"依此方针进行，该社已与燕子矶小学、尧化门小学、鼓楼幼稚园、南京安徽公学、北京艺文中学特约进行试验。该社于特约学校外尚须特设一试验乡村幼稚园及一试验乡村师范，不久可以实现。改进教育最有效力之方法无过于以学校化学校。

五、调查必须有工具，方能明白问题之所在；试验亦必须有工具，方能考核方法为实效。此种工具名曰测验。比如医病，教育心理测验仿佛是听肺机、寒暑表、爱克斯光线，较之通常之听闻为可靠。民国十一年至十二年中华教育改进社聘麦柯[⑩]博士来华，偕同北京师大、东南大学教育科及其他大学教授二十余人编造测验二十余种，可算是第一次之尝试。此种测验当然未能谓为已十分完备，十分可靠。但吾人亦不能因此谓无用。吾人应精益求精，使之渐达尽善尽美之境地。而教育事业之改进，亦可以由此而获得相当之助力。

六、教育之学术，非可独立存在。彼立于哲学、心理学、生物学、生理学、社会学、经济学等各种学术之基础之上。故谋此种种学术之进步即所以谋教育学术之改进。教育之事业亦非可独立存在者。彼与一国政制、风俗、职业以及天然环境均有息息相关之道。故谋政制、风俗、农、工、商、交通、水利等等之进步亦即所以谋教育之改进。吾人不能专在教育上谋改进，即以为可以完全达到吾人之目的。吾人当改进教育之时，务须注意教育以外尚有许多别种事情须同时改进也。

注：

① 本篇是陶行知为《教育大辞书》（朱经农主编，商务印书馆 1930 年 7 月版）写的辞条，载第 1021 至 1023 页。陶行知为该辞书的特约编辑之一。

② 新学　指清末到五四以前由西方传入的新文化。此处指中国近代效法欧美教育制度所创办的各级各类新式学堂。

③ 中学为体，西学为用　清末洋务派所提出的一种教育主张。中学，又称旧学，主要指维护三纲五常的经史之学；西学，又称新学，主要指由西方传入的新文化。

④ 全国教育会联合会　1915 年由各省及特别行政区教育会推派代表组成，是五四前后有影响的教育社团，对 1922 年学制改革曾起很大作用。1926 年停止活动。

⑤ 甲乙种实业学校　根据“壬子癸丑学制”，实业学校分为甲乙两种。甲种实业学校相当于现在的中等专业学校，乙种实业学校相当于现在的技校。

⑥ 提学使　清代学官名，为省教育行政最高长官。

⑦ 郭秉文　曾任南京高等师范和东南大学校长。

⑧ 陈容　曾任南京高等师范学监，代理校务。

⑨ 袁希涛　（1866—1930），字观澜，曾任北洋政府教育部次长、江苏省教育会会长、中华教育改进社董事等职。

⑩ 麦柯　通译麦柯尔，美国教育心理学家，美国哥伦比亚大学统计及心理学教授。

送给国家的寿面

母亲：

家中从前寄来的信，如今都收到了，并未遗失，只是来得慢些。

儿从母亲寿辰立志，决定要在这一年当中，于中国教育上做一件不可磨灭的事业，为吾母庆祝，并慰父亲在天之灵。儿起初只想创办一个乡村幼稚园，现在越想越多，把中国全国乡村教育运动一齐都要立他一个基础。儿现在全副的心力都用在乡村教育上，要叫祖宗及母亲传给儿的精神，都在这件事上放出伟大的光来。儿自立此志以后，一年之中，务求不虚度一日；一日之中，务求不虚度一时；要叫这一年的生活，完全的献给国家，作为我父母送给国家的寿面，使国家与我父母都是一样的长生不老。

试验乡村师范开办费要一万五千元，经常费要一万二千元，朋友们都已答应捐助，只要款项领到，就可开办。阴历原想回家过年，无奈一切筹备事宜必须儿亲自支配，不能抽身。倘使款项早日领到，或可来京两星期。如果到了腊月廿七还没有领得完全，那年内就不能来了。好在家中大小平安，儿亦平安康健，彼此都可放心。

昨日会见冬弟①，知道金弟②在西安尚好，可以告慰。冬弟亦较前强壮。

桃红、小桃、三桃、蜜桃给我的拜年片子都是很有意思、很有价值，儿已经好好的保存了。

敬祝康乐。

十六年一月廿日

注：

① 冬弟　指曹子云，晓庄学校学生，陶行知的表弟。

② 金弟　指曹伯鸿，为曹子云的胞兄。

对于乡村教育的一个新建议
——乡村工学团之试验

乡村工学团是一个小工场，一个小学校，一个小社会。在这里面包含着生产的意义，长进的意义，平等互助、自卫卫人的意义。它是将工场、学校、社会打成一片，产生了一个改造乡村的富有生活力的新细胞。

乡村工学团由儿童组成的，称为乡村儿童工学团；由青年组成的，称为乡村青年工学团。青年的定义不根据年龄而根据求学的态度。老年人而有青年求学精神者，得入乡村青年工学团。

中华民族已经到了生死关头，我们要想起死回生，整个的民族须以最敏捷的手段，实施下列六大训练：

（一）普遍的自卫训练；

（二）普遍的生产训练；

（三）普遍的科学训练；

（四）普遍的识字训练；

（五）普遍的民权训练；

（六）普遍的人种改造训练。

乡村工学团要将上列六大训练，具体而微的在自己的乡村里尽量推进，把自己的乡村造成中华民国的健全分子，并与全国一百万乡村联合起来推进这六大训练，以造成一个伟大的、令人敬爱的中华民国。乡村工学团所采取之方法与传统的方法根本不同。现撮要列举如下：

（一）传统的方法是学校与社会隔离；乡村工学团主张以社会为学校。

（二）传统的方法是生活与教育分家；乡村工学团主张生活即教育。

（三）传统的方法把师生的界限分得太严；乡村工学团主张会的教人，不会的跟人学。我们跟农人学种田，农人跟我们学科学，这是相师相学的意思。我们还可以教大徒弟去教小徒弟。七十二行都有资格做先生，都有资格做太上先生。先生既多，学问自广。

（四）传统的方法是先生教而不做，学生学而不做；乡村工学团主张先生在做上教，学生在做上学，教与学都以做为中心，这便是教学做合一之要义。

（五）传统的方法是教劳心者不劳力，不教劳力者劳心乡村工学团主张在劳力上劳心才算真正的做，否则便是瞎做瞎学瞎教了。

（六）传统的方法教人先费几年，把知识装满了再去行；乡村工学团主张“行是知之始”，我们要在行动上去追求真知识，有行的勇敢，才有知的收获。

（七）传统的方法是教少数人升官发财；乡村工学团主张与大众共甘苦同休戚，以取得整个中华民族之出路。

乡村工学团之主体，是本村之真农人。所谓真农人，是靠自己动手种地吃饭的人。我们所以要有这一个条件，是防备这件重要事业落在坏人的手里作为个人利益之工具。村外之同志，只处于推动、赞助、辅导的地位。这种村外之推动、赞助、辅导，只适合本村需要的时期为限。推动之宗旨在求本村之自动；赞助之宗旨在求本村之自助；辅导之宗旨在求本村之自导。乡村改造运动者，最忌代替农人做；因为代替农人做得太多太久，农人仍旧是不会自己做。农人不会自己做，终是无补于大局。我们要想农人自动、自助、自导的来改造他们的村庄，必须在发动的时候有此认识。从村外同志之发动，到本村完成主体健全之组织，其移转之步骤如下：

第一步骤　创办时，发起人组织乡村改造社，掌管筹款、用人、指导事宜，同时认识本村真正农人。

第二步骤　由真正农人产生董事会，接受改造社助款，聘任总指导，再由总指导聘任指导员。

第三步骤　本村工学团经济独立，改造社得以此款创办他村的工学团。

乡村工学团以充分运用本村固有之力量为原则。凡新时代生活所必需而为本村所无的，才运用外来力量。例如房屋，则以租借公共建筑物为原则，非到不得已时必不建造新屋。实验农场，则特约开通农友自办，不必买地。运动场之类，则租用荒地开辟。自卫武器，亦从集合本村原有武器，徐图扩充。甚至于小孩们坐的桌凳，亦可先由家中搬来使用，以待自造新的家具；虽一时外观不甚整齐，但是惟有肯下如此决心，才能打破装饰品的教育。这样开办费必可减到极少，使得腾出余款从事生产一类的重要活动。

乡村工学团可从事指导员之培养。其培养方法则采艺友制。所谓艺友制，即在一种艺术上做朋友的意思。我们可以欢迎有志青年下乡，在办工学团上学办工学团。

附：

乡村工学团，事属创举，预算难以证确。现在第一个工学团的试办地址，尚在寻觅中，何种农艺宜加改良，何种工艺宜加提倡，必须候至具体村庄找着后才能细算。一个乡村工学团第一年最低限度的概算如后：

（一）通过指导薪金	九六〇元
（二）生产业指导薪金	九六〇元
（三）普及生产工具设备	一五〇〇元
（四）生产流动资本	一〇〇〇元
（五）修理费	三〇〇元
（六）租金	二八〇元
（七）乡村工学团指导员培养费	一〇〇〇元

上列预算，系依据最低需要而定。如果在同一工学团里增加事业或在他处加设工学团，则数目可以酌增。

创造的儿童教育

创造的儿童教育，不是说教育可以创造儿童，儿童的创造力是千千万万祖先至少经过五十万年与环境适应斗争所获得而传下来之才能之精华，发挥或阻碍、加强或削弱、培养或摧残这创造力的是环境。教育是要在儿童自身的基础上，过滤并运用环境的影响，以培养加强发挥这创造力，使他长得更有力量，以贡献于民族与人类。教育不能创造什么，但他能启发解放儿童创造力以从事于创造之工作。

我们晓得特别是中国小孩，是在苦海中成长。我们应该把儿童苦海创造成一个儿童乐园。这个乐园不是由成人创造出来交给小孩子，也不是要小孩子自己单身匹马去创造。我们造一个乐园交给小孩子，也许不久就会变为苦海；单由小孩子自己去创造，也许就创造出一个苦海。所以应该成人加入小孩子的队伍里去，陪着小孩子一起创造。

一　把我们摆在儿童队伍里，成为孩子当中的一员

我们加入到儿童队伍里去成为一员，不是敷衍的，不是假冒的，而是要真诚的，在情感方面和小孩子站在一条战线上。我曾经写过一首小诗，描写过我们在小孩队中应有和不应有的态度：

儿童园内无老翁，

老翁个个变儿童。

变儿童，

莫学孙悟空！

他在狮驼洞，

也曾变过小钻风；

小钻风，

脸儿模样般般像，

拖着一条尾巴两股红。

我们要加入儿童队伍里，第一步要做到不失其赤子之心。做成小孩子队伍里的一分子。

二　认识小孩子有力量

我们加入儿童生活中，便发现小孩子有力量，不但有力量，而且有创造力。我们要钻进小孩子队伍里才能有这个新认识与新发现。

从前当晓庄学校停办的时候，晓庄的教师和师范生不能回晓庄小学任职，私塾先生又被小孩拒绝，农人不好勉强聘请，不得已，小孩自己组织起来，推举同学做校长当教员，自己教，自己学，自己办，并自称自动学校。这是中国破天荒的小创造。我听见了这个消息以后，就写了一首诗去恭贺他们：

有个学校真奇怪：

大孩自动教小孩。

七十二行皆先生，

先生不在学如在。

写好之后，交给几位大学生，请他们指教，他们说尽善尽美，于是用快信寄去。

第三天他们回一封信，向我道谢之外，说这首诗有一个字要改。大孩教小孩，难道小孩不能教大孩吗？大孩能够自动，难道小孩不能自动吗？而且大孩教小孩有什么奇怪呀？这一串炸弹把个“大”字炸得粉碎，我马上把他改为“小孩自动教大孩”，这样一来，是更好了。黄泥腿的农村小孩改留学生的诗，又是破天荒的证明，证明小孩有创造力。

又有一次我到南通州去推广“小先生”，写了一篇一分钟演讲词，内中有一段：“读了书，不教人。甚么人？不是人。”我讲过后有一个小孩子马上来说，陶先生，你的演讲最好把“不是人”改为“木头人”，“木头人”比“不是人”更好了。因为“不是人”三个字不具体，桌子不是人，椅子也不是人，而“木头人”是给了我们一个具体的印象。这也证明小孩子有创造力。我们要真正承认小孩子有创造力，才可以不被成见所蒙蔽。小孩子多少都有其创造的能力。

三　解放儿童的创造力

我们发现了儿童有创造力，认识了儿童有创造力，就须进一步把儿童的创造力解放出来。

（一）解放小孩子的头脑。儿童的创造力被固有的迷信、成见、曲解、幻想层层裹头布包缠了起来。我们要发展儿童的创造力，先要把儿童的头脑从迷信、成见、曲解、幻想中解放出来。迷信要不得，成见要不得，曲解要不得，幻想更要不得，幻想是反对现实的。这种种要不得的包头布，要把他一块一块撕下来，如同中国女子勇敢地撕下了裹脚布一样。

自从有了裹脚布，从前中国妇女是被人今天裹、明天裹，今年裹、明年裹，骨髓裹断，肉裹烂，裹成一双三寸金莲。

自从有了裹头布，中国的儿童、青年、成人也是被人今天裹、明天裹，今年裹、明年裹，似乎非把个个人都裹成一个三寸金头不可。如果中华民族不想以三寸金头出现于国际舞台，唱三花脸，就要把裹头布一齐解开，使中华民族的创造力可以突围而出。三民主义开宗明义就说：大凡人类对于一件事，研究其中的道理，首先发生思想，思想贯通，以后才生信仰，有了信仰，才生力量。思想贯通，便等于头脑解放。唯独从头脑里解放出来的创造力，才能打退日本鬼，建立新中国。

（二）解放小孩子的双手。人类自从腰骨竖起，前脚变成一双可以自由活动的手，进步便一天千里，超越一切动物。自从这个划时代的解放以后，人类乃能创造工具、武器、文字，并用以从事于更高之创造。假使人类把双手束缚起来，就不能执行头脑的命令。我们要在头脑指挥之下用手使用机器制造，使用武器打仗，使用仪器从事发明。中国对于小孩子一直是不许动手，动手要打手心，往往因此摧残了儿童的创造力。一个朋友的太太，因为小孩子把她的一个新买来的金表拆坏了，在大怒之下，把小孩子结结实实打了一顿。后来她到我家里来说："今天我做了一件极痛快的事，我的小孩子把金表拆坏了，我给了他一顿打。"我对她说恐怕中国的爱迪生被你枪毙掉了。我和她仔细一谈，她方恍然大悟，她的小孩子这种行动原是有出息的可能，就向我请教补救的办法。我说："你可以把孩子和金表一块送到钟表铺，请钟表师傅修理，他要多少钱，你就给多少钱，但附带的条件是要你的小孩子在旁边看他如何修理。这样修表铺成了课堂，修表匠成了先生，令郎成了速成学生，修理费成了学费，你的孩子好奇心就可得到满足，或者他还可以学会修理咧。"小孩子的双手是要这样解放出来。中国在这方面最为落后，直到现在才开始讨论解放双手。在爱迪生时代，美国学校的先生也是非常的顽固，因为爱迪生喜欢玩化学药品，不到三个月就把他开除！幸而他有一位贤明的母亲，了解他，把家里的地下室让给他做实验。爱迪生得到了母亲的理解，才一步步的把自己造成发明之王。那时美国小学的先生，不免也阻碍学生的创造力的发展。我们希望保育员或先生跟爱迪生的母亲学，让小孩子有动手的机会。

（三）解放小孩子的嘴。小孩子有问题要准许他们问。从问题的解答里，可以增进他们的知识。孔子入太庙，每事问。我从前写过一首诗，是发挥这个道理："发明千千万，起点是一问。禽兽不如人，过在不会问。智者问得巧，愚者问得笨。人力胜天工，只在每事问。"但中国一般习惯是不许多说话，小孩子得到言论自由，特别是问的自由，才能充分发挥他的创造力。

（四）解放小孩子的空间。从前的学校完全是一只鸟笼，改良的学校是放大的鸟笼。要把小孩子从鸟笼中解放出来，放大的鸟笼比鸟笼大些，有一棵树，有假山，有猴子陪着玩，但仍然是个放大的模范鸟笼，不是鸟的家乡，不是鸟的世界。鸟的世界是森林，是海阔天空。现在鸟笼式的学校，培养小孩用的是干腌菜的教科书。我们小孩子的精神营养非常贫乏，这还不如填鸭，填鸭用的还是滋养料让鸭儿长得肥胖的。我们要解放小孩子的空间，让他们去接触大自然中的花草、树木、青山、绿水、日月、星辰以及大社会中之士、农、工、商、三教九流，自由的对宇宙发问，与万物为友，并且向中外古今三百六十行学习。创造需要广博的基础。解放了空间，才能搜集丰富的资料，扩大认识的眼界，以发挥其内在之创造力。

（五）解放儿童的时间。现在一般学校把儿童的时间排得太紧。一个茶杯要有空位方可盛水。现在中学校有月考、学期考、毕业考、会考、升学考，一连考几个学校。有的只好在鬼门关去看榜。连小学的儿童都是受着双重夹攻。日间由先生督课，晚上由家长督课，为的都是准备赶考，拼命赶考，还有多少时间去接受大自然和大社会的宝贵知识呢？赶考和赶路一样。赶路的人把路旁风景赶掉了，把一路应该做的有意义的事赶掉了。除非请医生，救人，路是不宜赶的。考试没有这样的重要，更不宜赶。赶考首先赶走了脸上的血色，赶走了健康，赶走了对父母之关怀，赶走了对民族人类的责任，甚至于连抗战之本身责任都赶走了。最要不得的，还是赶考把时间赶跑了。我个人反对过分的考试制度的存在。一般学校把儿童全部时间占据，使儿童失去学习人生的机会，养成无意创造的倾向，到成人时，即有时间，也不知道怎样下手去发挥他的创造力了。创造的儿童教育，首先要为儿童争取时间之解放。

四 培养创造力

把小孩子的头脑、双手、嘴、空间、时间都解放出来，我们就要对小孩子的创造力予以适当之培养。

（一）需要充分的营养。小孩的体力与心理都需要适当的营养。有了适当的营养，才能发生高度的创造力，否则创造力就会被削弱，甚而至于夭折。

（二）需要建立下层的良好习惯，以解放上层的性能，俾能从事于高级的思虑追求。否则必定要困于日用破碎，而不能向上飞跃。

（三）需要因材施教。松树和牡丹花所需要的肥料不同，你用松树的肥料培养牡丹，牡丹会瘦死；反之，你用牡丹的肥料培养松树，松树受不了，会被烧死。培养儿童的创造力要同园丁一样，首先要认识他们，发现他们的特点，而施以适宜之肥料、水分、太阳光，并须除害虫。这样，他们才能欣欣向荣，否则不能免于枯萎。

最后，我要提醒大家注意创造力最能发挥的条件是民主。当然在不民主的环境下，创造力也有表现。那仅是限于少数，而且不能充分发挥其天才。但如果要大量开发创造力，大量开发人矿中之创造力，只有民主才能办到，只有民主的目的、民主的方法才能完成这样的大事。民主应用在教育上有三个最要点：

（一）教育机会均等，即是教育为公，文化为公。我们要求贫富的机会均等，男女的机会均等，老幼的机会均等，各民族各阶层的机会均等。

（二）宽容和了解。教育者要像爱迪生母亲那样宽容爱迪生，在爱迪生被开除回家的时候，把地下室让给他去做实验。我们要像利波老板宽容法拉第，法拉第在利波的铺子里做徒弟，订书订得最慢，但是利波了解他是一面订书一面读书，终于让法拉第在电学上造成辉煌的功绩。

（三）在民主生活中学民主。专制生活中可以培养奴才和奴隶，但不能培养人民做主人。民主生活并非乱杂得没有纪律。民主要有自觉的纪律，人民只可以在民主的自觉纪律中学习做主人翁。在民主动员号召之下，每一个人之创造力都得到机会出头，而且每一个人的创造力都能充分解放出来。只有民主才能解放最大多数人的创造力，并且使最大多数人之创造力发挥到最高峰。

（原载 1945 年 4 月 1 日重庆《战时教育》第 9 卷第 1 期）

创造的社会教育

“创造”与“改造”或“翻造”不同。

大清帝国的教育与中华民国的教育的区别：大清时代，人才即奴才教育，国民教育即奴隶教育。今天，时代不同了，因此，我们办理教育——社会教育，要用新的眼光和新的精神。这就是说，今天我们的“大学之道”，不是“在明明德，在亲民，在止于至善”；而是“在明大德，在亲大众，在止于大众之幸福”。

所谓“大德”，就是“大公无私”。

所谓“亲民”者也，只是过去知识分子的优越感，好像是给老百姓洗把澡，洗后又远远地离开了他们。文化天使哪里会有工夫常常来替老百姓洗澡呢？（哄堂大笑）因此，我们是主张“亲大众”的，要文化天使思凡，思凡后即下凡。换言之，即要“文化、精神、学术下凡”。

要亲大众，必须实行文化下凡四部曲：一、钻进老百姓的队伍中去，与老百姓站在一条战线上，同甘苦、共患难；二、熟悉老百姓，要说出老百姓心中所要说的话；三、教老百姓；四、与老百姓共同创造。

“大众之幸福”包括“福、禄、寿、喜”四个字。一、“福”—— 老百姓需要和平、安全、乐业，不让少数人专有福气。二、“禄”——吃得饱，穿得暖，不啼饥号寒。三、“寿”——卫生，健康……四、“喜”——要和科学、学术等等结婚，皆大欢喜。一切均是自愿的，不是压迫的，也不是“埋头苦干”。要是埋着头，一干就干得不高兴，而是挺着胸膛，高高兴兴、快快乐乐地做去。

要“止于大众之幸福”，就必须解放老百姓的创造力。创造力是我们千千万万的祖宗在至少五十万年以来与环境不断奋斗的结果。“北京人”[①]在周口店的发现者是一位工人，可惜却做了“无名英雄”。因此，我们要解放老百姓的创造力。要：

一、解放老百姓的双手。所谓思想、语言、文字等等，都是由双手劳动、工作而发展起来的。

二、解放老百姓的双眼。不要戴有色眼镜，近视的可配上远视的镜子（鼓掌）。

三、解放老百姓的嘴。防民之口，甚于防川（大鼓掌）。所谓“舆论”者，就是大众的意见，抬滑竿的（舆者）意见。

四、解放老百姓的头脑。内在的要除去听天由命、迷信、成见和幻想等等；外在的要除去那些“裹脚布”“缠头布”（鼓掌）。我自入川以来，看到裹头布甚为流行。拿布来裹头固然要不得，可是还不打紧，而非布的（非物质的）裹头布呢，大概是传自意大利或者是日耳曼的[②]（鼓掌，哄堂大笑），却一天紧过一天，如果人人都是“三寸金头”立在国际之间，似乎是太不体面的事吧（大鼓掌）！

五、解放我们的空间。我国年来在各地设了许多民众教育館，就“館”字解释，将民众教育、社会教育关在一间房子里，不是“官舍”，便是“舍”中坐了一个“官”而已。如果将“館”字写成“馆”，那也不过成了所谓“文化食堂”“精神食堂”而已。我们办教育，应该力争做到让所有的老百姓都能各教所知、各学所好、各尽所能，为社会服务而将教育送到大自然、大社会、大森林中去。

六、解放我们的时间。赶考和赶路是同样要不得的。我们应该慢慢的走，然后才能吸收沿途中所接触的事物、所欣赏的风景。不致像学生赶考一样，结果是面黄肌瘦、腰驼背曲，恢复了我们老祖宗五十万年前伛偻状况的老样子，四肢伏地。

真正的创造的社会教育，是要培养老百姓的创造力。由于时间关系，已无法详讲，只提四点供参考：一、在普及教育中提高老百姓的水准；二、……[③]三、因材施教；四、要有深刻的讲解。

最后，还应着重指出：专制时代的创造是顺乎皇帝的意旨的，是仅限于少数人的。而今天，民主时代的创造，是给每个人以同等的创造的机会，是动员整个民族力量以创造民众的福禄寿喜的。民主的程度愈高，则创造愈开放、愈好。

注：

①“北京人” 全称是“北京猿人”。

②传自意大利或者是日耳曼的　指从意大利法西斯头子墨索里尼和德国法西斯头子希特勒传到中国来的法西斯思想统治。

③…… 原来的记录就是这样，并紧接着注明：“（笔者遗漏）”。

小学教师与民主运动

我这次到上海，在一个小宴会上，听了几句令人深思的话。我的朋友说：抗战八年来，五位教师之中，有一位逃难去了，一位做生意去了，一位变节了，一位死了，只剩了一位仍旧还在这里做教师，我们是多么寂寞啊！我说：剩下的这一位，头上是裹着裹头布，嘴上是上了封条，肚子是饿瘪了，被迫得只有干腌菜喂后一代。我们接着谈论胜利后的他们：逃难的难得回乡；做生意的倒胜利霉；变节的无法戴罪立功；死者不可复生；站在岗位上的，头上的裹头布仍旧裹着，嘴上的封条仍旧封得很紧，肚子是饿得更瘪了，除了干腌菜还没有别的精神粮食给学生吃。这谈话指示我们，如果我们要为民主奋斗，我们得加强自己，改变自己，武装自己，而且要为教育招兵，为民主募马。

首先我们自己需要再教育，再受民主教育。中华民国虽然成立了三十五年，我们只上了很少的民主功课。细算起来，民国初立的几个月[①]，推翻袁世凯的几个月，五四运动后的一两年，推翻复辟后的几个月[②]，五卅惨案以及北伐前后的一二年[③]，一二九到抗战开始后一年[④]，算是断断续续的上了几课。但是一曝十寒，胜不过二千年传下来的专制毒和这十余年来的有系统的、反民主的、变相的法西斯蒂训政[⑤]。特别是我们做教师的人，需要再教育来肃清一切不民主甚至反民主的习惯与态度，并且积极的树立真正的民主作风。校长对于我们，我们对于学生，多少都存在着一些要不得的独裁作风。中国现在，自主席以至于校长教师，有意无意的，难免是一个独裁。因为大家都是在专制的气氛中长大，为独裁作风所熏陶，没有学习过民主作风。我们所要学习的民主作风，至少应该包含这些：

（一）民为贵。人民第一，一切为人民。

（二）天下为公。文化为公，不存心包办或征为私有。

（三）虚心学习，集思广益，以建立自己的主张。

（四）自己要说话，也让别人说话，最好是大家商量。自己要做事，也让别人做事，最好是大家合作。自己要吃饭，也让别人吃饭，最好是大家有饭吃。自己要安全，也让别人安全，最好是大家平安。自己要长进，也让别人长进，最好是大家共同长进。

（五）民主未得到之前，联合起来以争取民主为己任；人民基本自由得到之后，依据民主原则共同创造，创造新自己，创造新家庭、新学校、新中国、新世界。

这是一种全新的生活方式，我们必须天天在实际的生活中学习，学习，再学习，才能习惯成自然，造成民主的作风。

个人学习不如集体学习，偶尔学习不如经常学习。为着进行经常的集体学习，最好是联合起来组织社会大学、星期研究会，以实施共同之进修。这些新的学习组织，在重庆已经施行有效，应该在各地举办起来，以应好学的教师与好学的青年的需要。孔子说："学而不厌，诲人不倦。"我看出这两句话有因果的关系。唯其学而不厌才能诲人不倦；如果天天卖旧货，索然无味，要想教师生活不感觉到疲倦是很困难了。所以我们做教师的人，必须天天学习，天天进行再教育，才能有教学之乐而无教学之苦。自己在民主作风上精进不已，才能以身作则，宏收教化流行之效。我们在民主作风之外，要学习的东西很多，应该按着自己的兴趣、才能和工作岗位的需要继续不断的学习，活到老，学到老。但是最重要的不能忘了社会科学。每一位现代的教师，必须把基本的政治问题、经济问题、世界大势、社会的历史的发展和正确思想方法弄清楚，最好是要参加教师进修的组织，如社会大学、星期研究会，凭着集体的力量督促自己长进。在没有社会大学或星期研究会的地方，小学教师们应该主动发起创办。这是如同吃饭一样的急不容缓、不可等待。

我们进行自我再教育，不能没有先生。我们要三顾茅庐请出第一流的教授来帮助我们进行各项学习。第一流的教授具有两种要素：一、有真知灼见；二、肯说真话，敢驳假话，不说谎话。我们必须拿着这两个尺度来衡量我们的先生。合于此者是吾师，立志求之，终身敬之。

在各位大师之中，我要介绍两位最伟大的老师。

一位就是老百姓。我们要跟老百姓学习，学习人民的语言、人民的情感、人民的美德。努力发现老百姓的问题、困苦和他们心中所希望达到的目的，并认识他们就是中华民国真正的主人，要他们告诉我们怎样为他们服务才算满意。我愿把我写的一首小诗献给每一位小学教师，共同勉励：

民之所好好之，

民之所恶恶之。

教人民进步者，

拜人民为老师。

还有一位最伟大的先生要介绍，那就是小孩子——我们所教的小学生。我们要跟小孩子学习，不愿向小孩学习的人，不配做小孩的先生。一个人不懂小孩的心理，小孩的问题，小孩的困难，小孩的愿望，小孩的脾气，如何能救小孩？如何能知道小孩的力量，而让他们发挥出小小的创造力？

唯独肯拜人民与小孩为老师的人，才能把自己造成民主的教师，也只有肯拜人民与小孩为老师的，那民主作风才自然而然的获得了。

其次，就是运用民主作风教学生，并与同事共同过民主生活，以造成民主的学校。教育方法要采用自动的方法、启发的方法、手脑并用的方法、教学做合一的方法，并且要使学生注重全面教育以克服片面教育，注重养成终身好学之习惯以克服短命教育。在现状下，尤须进行六大解放，把学习的基本自由还给学生：一、解放他的头脑，使他能想；二、解放他的双手，使他能干；三、解放他的眼睛，使他能看；四、解放他的嘴，使他能谈；五、解放他的空间，使他能到大自然大社会里去取得更丰富的学问；六、解放他的时间，不把他的功课表填满，不逼迫他赶考，不和家长联合起来在功课上夹攻，要给他一些空闲时间消化所学，并且学一点他自己渴望要学的学问，干一点他自己高兴干的事情。还要把工友当做平等的人，和他们平等合作。只有校长、教师、学生、工友团结起来共同努力，才能造成一个民主的学校。

再其次，要教学生为民主的小先生。我们不能把小孩单单当做学生教。最重要的教育是“给的教育”，教小孩拿出小小的力量来为社会服务。人生以服务为目的，不是毕业后才服务，在校时就要在服务上学习服务。学生最好的服务是做小先生，拿学得的知识教给人。中华民国是一个公司，四万万五千万人联合起来做老板。男人是男老板，女人是女老板，大人是大老板，小孩是小老板，大家都是中华民国的老板，大家都是中华民国的主人。拿这种浅显而重要的意思，由学生一面学，一面教给不能进学校的老百姓，他们变成了民主的小先生。一位先生教四十位学生，照老法子，他只是四十个学生的先生。如今把这四十个学生变成小先生，每位小先生平均帮助五个人，便能帮助二百人，连原来的四十人，便是一位二百四十人的先生，力量与贡献大得多了。这样，学校变成了发电机，学生变成了四十根电线，通到每一个家庭里去，使四十家乃至二百四十家都发出民主的光辉来，这不能算是小学教师的重要任务吗？

再其次，要教民众自己成为民主的干部。小学教师应该是民主的酵母，使凡与他接触的人都发起酵来，发起民主的酵来。农人、工人、商人、军人、官吏、学生家属只要一接触便或多或少起一点变化，顶少要对民主运动减少一点阻碍，顶好是一经提醒便成了民主的斗士，乃至成为民主的干部。大家起来创造一个名副其实的中华民国。去年中秋，当我亲眼在四川看见一位老农拿出插在腰带背后的旱烟管来，指挥他的七位学生一连合唱了八个歌曲，我好像是看见了新中国的前途。这样可贵的，从人民中产生出来的民主干部，将来是要几十万几百万的产生出来。发现他们，培养他们，是小学教师不可放弃的天职。

最后，争取民主以保障生存权利与教学自由。小学教师值得几文钱？是我这次到上海来看见从前乃英先生写的一首感动人的歌曲：

“小学教师值几钱？五元钱一天。教一天，算一天。请假一天扣工钱。不管你喊哑喉咙，不管你绞尽脑汁，不管你坐弯背腰，不管你饿瘪肚皮，预支不可以。小学教师值几钱？要求提高待遇，还没有这种福气。”

这首歌的末一句，我提议修改为“争民主奋斗到底”。提高待遇，只有民主才有保障。现在的尊师敬师运动，必须包含争取民主，才能将一时救急的办法，变成经常安定的办法。如不争取民主，使真正的民主政治、民主经济、民主文化全盘兑现，我们必定是一辈子陷在“吃不饱来饿不死”的地狱里。所以为着提高生活的待遇，我们必须参加在整个国家民主斗争里面去。实现天下为公，有我们自己的一份在内。

教师的职务是“千教万教，教人求真”，学生的职务是“千学万学，学做真人”。这教人求真和学做真人的教学自由，也只有真正的民主实现了才有可能。在不民主的政治下，说真话做真事的人是会打破饭碗，关进集中营，甚至于失掉生命。因此这教学自由，也是要在整个的人民基本自由中全盘解决。让我们和人民站在一条战线上，争取真正民主的实现。共同创造一个独立、自由、平等、进步、幸福的新中国。

（原载 1946 年 5 月 10 日《教师生活》第 4 期）

注：

① 民国初立的几个月　指 1911 年 10 月 10 日武昌起义胜利后，17 省推选孙中山就任临时大总统，到 1912 年 2 月 13 日在军阀袁世凯的暴力压迫下，孙中山被迫辞职为止。

② 推翻复辟后的几个月　指 1917 年军阀张勋为清室复辟被击败后的几个月。

③ 五卅惨案以及北伐前后一二年　指 1924 年初到 1927 年蒋介石发动四一二反革命政变前这段时期内。

④ 一二九到抗战开始后一年　指从 1935 年 12 月 9 日，由中国共产党所领导的一二九运动掀起全国性的抗日救亡运动新高潮开始，到 1938 年 10 月武汉沦陷。

⑤ 训政　孙中山《建国大纲》一书，把建国程序分为军政（武装革命）、训政（教育人民运用民主）、宪政（让人民当家作主）三个时期。原定头两个时期都很短，但蒋介石却把训政时期延长了十余年，并实行独裁专权，妄图把人民训练成为“顺民”。

中国大众教育运动

中国主要是农业国，而且是一个穷国，因此没有钱按照西方的方式教育全国人民。中国要在几年内使全国人民能读会写，就必须研制出它自己的方法来。目前中国通过大众教育运动正在做这件事。中国大众教育运动开始于十二年前，但在最近两年中已经进入一个新的阶段。这个运动已下定决心要解决现时中国面临的三个最迫切的问题。首先是建立新学校的经费问题。运动的组织者们不把钱投入建筑校舍，而把整个社会看作一个学校。庙宇、戏院、休息室、私人住房的顶楼以至住房旁边的附属小屋，都已经被利用作大众的学校，从而把别的计划极为需要的钱节省下来了。

第二个问题也已经用一种新的方法解决了。中国的农民和工人没有钱买知识，没有钱付教师的薪金，因此运动的组织者们规定，凡是拥有知识的人都有责任与他人分享知识。参加夜校学习班的或者收割庄稼前后较为空闲时前来学习的三四十个农民，不仅是学生，而且也是先生。他们即使只学了第一课，也被鼓励回家去把他们刚才学到的内容教给他们的妻子和女儿。儿童们也成功地当了先生。六岁的孙儿教五十七岁的祖母读书写字。小学、中学的教师们因而受到鼓舞和帮助去训练他们的孩子们当“小先生”。

“小先生”这个词儿听起来似乎很奇特，但是在中国，这些小先生却获得了很高的声誉。他们已经能够比成年人更有效地处理了中国的一个特殊的问题。中国妇女多数是文盲，女教师非常少。可是男教师教十六七岁的女孩子不方便。所以儿童们白天在学校，晚上当先生，教邻近的妇女和女孩。小先生制非常成功，凡是采用了小先生制的地方，男人和妇女的文化几乎相等。

当然还必须防止若干危险。小先生制须坚持自愿。但儿童们是热情的，他们一听到小先生制，多数就想当先生为国效劳。另一个危险是他们可能在教学上操劳过度，有损他们的健康。必须注意防止这样的事情发生。可能有人猜想，他们传递的知识是非常错误的。然而，实际上，人们发现，他们是非常认真的，把自己学到的东西教给别人，也使自己对学习的内容更清楚。

大众教育运动还解决了另一个问题，即简单的中文拼写字母问题。中文的方块字，一字一个图像，很难学习。中国话的一套拉丁化字母制定出来了。这套拉丁化字母已经在广州、上海和北方各省试行。它能为全国人民的四分之三所读懂，一个农民凭借这套拉丁化字母一个月之内就能学会读书写字。

随着这三个问题的解决，使大众不必等到中国工业化就能够用来自己教育自己的一种工具铸造出来了。如果中国要等待这么久，那就太晚了；没有大众教育，中国就要遭殃，丧失它的完整和自由。因为，坦率地说，现在中国的教育只有一个目的：民族解放。如果教育不能帮助中国成为一个自由、独立的国家，那么教育就没有意义了。

可是，强调民族解放，并不意味着狭隘的民族主义。一个自由、独立的中国将有助于世界和平，因为中国丝毫没有采取帝国主义政策的意思。中国力图达到的是在中国青年身上培植中国的民族解放精神和整个世界的国际谅解的精神。

实施民主教育的提纲

今天只是提出一些问题作为日后讨论的提纲，希望大家予以修正补充和指教。

一、旧民主与新民主

旧民主，是少数资产阶级作主，为少数人服务。新民主，是人民大众作主，为人民大众服务。

二、创造的民主与庸俗的民主

庸俗的民主是形式主义、平均主义，只是在形式上做到，如投票等。创造的民主是动员全体的创造力，使每个人的创造力得到均等的机会，充分发挥，并且发挥到最高峰，所以创造的民主必然与我以前所讲的民主的创造有关联。民主的创造，是要使多数人的创造力能够发挥。在专制时代，少数人也能创造，但多数人的创造的天才被埋没，或因穷困忙碌而不能发挥，即使发挥也会受千磨万折，受到极大的阻碍。民主的创造，是为大多数人的创造，承认每一个人都有得到创造的机会，这是与专制的创造不同的地方。

三、民主运用到教育方面来

民主运用到教育方面，有双重意义：

第一，民主的教育是民有、民治、民享的教育。“民有”的意义，是教育属于老百姓自己的。“民治”的意义，是教育由老百姓自己办的。例如从前山海工学团时代，宜兴有一个西桥工学团[①]，是老百姓自己办的，农民自己的孩子把附近几个村子的教育办起来，校董是老百姓，校长也是老百姓。又如晓庄学校封闭后，晓庄学生不能回晓庄办教育，而老百姓又不要私塾，所以小孩子自己办了一个佘儿岗自动小学。又如陕北方面提倡的民办小学，也都是这意思。“民享”的意义，是教育为老百姓的需要而办的，并非如统治者为了使老百姓能看布告，便于管理，就使老百姓认识几个字。由此可见，有民有、民治、民享的政治，才有民有、民治、民享的教育。

第二，民主的教育，必须办到各尽所能，各学所需，各教所知。各尽所能，就是使老百姓的能力都能发挥。各取所需，因为经济条件没有具备，所以办不到。但各学所需是可以做到的。在民主政治下，特别是中国有许多人没有受教育，需要多少教员才能把各地教育办起来？如一人能教四十人，二百万教师才能教八千万小孩。这些教师是师范所不能训练出来的，所以还必须每人各教所知。各尽所能、各学所需、各教所知三点都办到了，民有、民治、民享的教育也就成功了。

四、教育的对象或教育的目的

“文化为公”“教育为公”是教育的目的，但又不妨因材施教。国民教育与人才教育略有不同。国民教育，是人人应当免费受教育；但如有特殊才能的，也应加以特殊的教育，使其才能能充分发挥，这就是人才教育。但人才教育并不是教他们升官发财，而是要他们将学得的东西贡献给大众，所以这也是“文化为公”。

男女也应有平等受教育的机会。目前有些地方，例如南充[②]男女界限分得很严，男女学生不能互相说话。这种地方，女子教育一定不发达。

无论贫富，也应该有均等受教育的机会。前次社会组在草街乡调查失学儿童，占学龄儿童百分之七十四。能来中心小学读书的儿童，大多是小地主的孩子，佃农恐怕很少。民主教育要使穷人也有受教育的机会。

无论老少，也应该受教育。生活教育很早就提出活到老、学到老。最近听说回教也是如此。生活教育运动中最老的学生为八十三岁之王老太太，她说："我也快进棺材了，还读什么书？"但经她的孙儿曾孙的鼓舞，她的热情也燃炽起来了。因为她的缘故，她的媳妇也得读书了。

还有资格的问题：现在是有资格就能上进，没有资格就该赶出大门外。但民主教育是只问能力，不问资格的。本来资格是有能力的证明，既有直接的证明，又何须资格。只要证明是有能力的就可以上进。

民族教育现在也成一个问题。过去把少数民族取名为边民，不承认他们为民族。我们对于回族、苗族等小民族的教育，强迫他们学汉文，还要用汉人教师去教他们。但民主教育是让他们学习他们自己的文字，没有文字的，就帮助他们制造文字，让他们自己办学校，训练各民族的人才来教育他们自己的人民。过去蒙古人受教育时，是雇人来上课的，这种教育又有什么用?

还有一点，无论什么阶级，都要有受教育的机会。受教育的机会被剥夺最多的是农工及子弟。农工阶级忙碌一天，还陷入吃不饱饿不死的状态，当然更谈不到受教育。民主教育是要力求农工劳苦阶级有机会受教育。

总结起来，"教育为公"就是机会均等：入学时求学的机会均等，长进的机会均等，离校时复学的机会均等，失学时补习机会均等，而且老百姓有办学管教育的机会。

五、民主教育的方法

民主的教育方法，要使学生自动，而且要启发学生使能自觉，要客观，要科学，不限于一种，要多种多样，因材施教，要生活与教育联系起来。并且在中国要会用穷办法，没钱买教科书，用尽种种办法来找代用品，招牌可以作课本，树枝可以作笔，桌面可以当纸张。八路军行军时，带着一套文化工具，即是一支木笔，行军停下来时，就在地面上画字认字。新民主主义既是要农工领导，就必须用穷办法使老百姓受教育。单是草街子，如每人买一支铅笔就要花去四十万元，因此只有不用铅笔另想穷办法，才能做到教育为公。

另外还有一个办法，学生不能来上课的可以送去教，“来者不拒，不能来者送上门去”，看牛的送到牛背上去，拾柴的送到柴山上去。这样“教育为公”才有办法。最后，我们必须重提要着重创造，让学生自动的时候，不是让他们乱动，而是要他们走上创造之路，手脑并用，在劳力上劳心。这需要六大解放：（一）解放眼睛——不要戴上封建的有色眼镜，使眼睛能看事实。（二）解放双手。（三）解放头脑——使头脑从迷信、成见、命定、法西斯细菌中解放出来。（四）解放嘴——儿童应当有言论自由，有话直接和先生说，并且高兴心甘情愿和先生说，首先让先生知道儿童们一切的痛苦。（五）解放空间——不要把学生关在笼中，在民主教育中的学校应当大得多，要把大自然、大社会作他们的世界。空间放大了，才能各学所需；扩大了空间，才能各教所知；扩大了空间，才能各尽所能。（六）解放时间——育才是以此标榜，然而并未完全做到；师生工友都应当有一点空闲的时间，可以从容消化所学，从容思考所学，并且干较有意义的工作。

六、民主的教师

民主的教师，必须具有：（一）虚心。（二）宽容。（三）与学生共甘苦。（四）跟民众学习。（五）跟小孩子学习——这听来是很奇怪的，其实先生必须跟小孩子学，他才能了解小孩子的需要，和小孩子共甘苦，并不是说完全跟小孩子学，而是说只有跟小孩子学，才能完成做民主教师的资格，否则即是专制教师。现在民主国家的领袖，都是跟老百姓学，否则即成专制魔王。（六）消极方面，肃清形式、教条、先生架子、师生的严格界限。

七、民主教育的教材

民主教育的教材，应从丰富中求精华，教科书以外求课外的东西，并且要从学校以外到大自然、大社会中求得活的教材。

八、民主教育的课程

（一）内容。现在人民所以大部分在贫穷中过生活，因为贫富不均，所以了解社会是很重要的。另外科学不发达，不能造富，所以应该有科学的生产、科学的劳动。抗战如不能胜利，整个中国就完了！因此教育要拿出一切力量来争取胜利，要启发民众，用一切力量来为抗战、为反攻而努力。

（二）课程组织。组织应敷成多轨，即普及与提高并重，使老百姓都能受教育，并且有特殊才干的也能发挥。

（三）课程要有系统，但也要有弹性，要在课程上争取时间的解放。

九、民主教育的学制

民主教育的学制，包含三原则：单轨出发。学制在世界上各国分成几种，如德国的学制是双轨制：穷苦的人民受国民教育，再受职业教育；有钱的人则由中学而直升大学。民主教育开始是单轨，不分贫富以单轨出发，以后依才能分成多轨。各人所走路线虽不同，但都将力量贡献给抗战，贡献给国家，这叫多轨同归。并且还要换轨便利，让他们在才干改变时有调换轨道的便利。

旧时的学校，学生忙于赶考，赶考是缩小学生时间的一原因，并且使学生没有时间思考。民主教育也是要考的，但不要赶考，而是考成。也不鼓励个人的等第，只注意集体的成绩。而成绩也不以分数定高下。

民主也不是绝对的自由。民主有民主的纪律，与专制纪律不同，专制纪律是盲从。民主纪律是自觉的、集体的，不但要人服从纪律，还要人懂得为什么。

此外应当广泛的设立托儿所，农村的、工厂的、公务员的，可以将妇女从家庭中解放出来。在大学里，要做到下列几点：（一）入学考试不应过分着重文凭，应增加同等学力的录取比例；（二）研究学术自由，读书自由，讨论自由；（三）增设补习大学及夜大学。这应该跟日本学，在日本夜大学很多。我们要帮助工厂里的技术工人、合作农场中的技术农人得到受大学教育的机会。至于留学政策，凡是在中国可以学到的应在中国学，请外国教授来中国教；如设备不可能在中国设置的学科，才能派大学毕业有研究能力的研究生出外留学。

十、民主教育的行政

（一）鼓励人民办学校，当然人民自己所办的，并不能像美国私立学校那样宣传某种宗教的偏见，而是为民主服务。

（二）鼓励学生自己管自己的事。

（三）肃清官僚气的查案，以及摆资格的作风。视察员及督学有三个作用：（1）鼓励老百姓办学；（2）考察学校是否合乎民主道理；（3）不是去查案，而是积极指导学校如何办得好。老百姓的学校，大概粗糙简陋，所以视学员到时，不是带来恐怖，而是带来春风。

民主的校长，也有四种任务：（1）培养在职的教师，教师是从各处来的，校长应负有责任使教师进步；（2）通过教员使学生进步，并且有丰富的进步；（3）在学校中提拔为老百姓服务的人，如小先生之类；（4）应当将校门打开，运用社会的力量，使学校进步，动员学校的力量，帮助社会进步。他应当有社会即学校的观点，整个社会是学校，学校不过是一课堂。这样才能尽校长的责任，并且对于大的社会，才能有民主的贡献，而学校本身就可以成为民主的温床，培养出人才的幼苗。

十一、民主的民众教育

有人民的地方，就是民主教育到的地方。家庭、店铺、茶馆、轮船码头，都是课堂。甚至防空洞中，也可以进行教育。博物馆、图书馆、电影院，都是进行有系统的教育地方。应当请专家讲演，深入浅出。没有专家的地方，也应有好的办法，使老百姓无师自通。

十二、民主教育的文字

要老百姓认二千个字，好比要他们画二千幅画。有人说汉字太难，应当打倒；有人主张，不用拉丁化，而用注音字母。我主张汉字、新文字、注音字母三管齐下。（一）认得汉字的人，照估计有八千万人，假使最低估计有五百万人可能教汉字，这是一股很大的力量，我们不但不用推倒他，而要运用他。（二）运用新文字教老百姓，我们在上海试过，教起来非常方便，一个月就可以使老百姓看懂信件，学过英文的人，三个钟头就可以教会。（三）醉心注音字母也好，就用注音字母来帮助老百姓。我希望文字也像政党似的来一个民主联合，汉字好比是板车、木车，注音字母好比是汽车，新文字好比是飞机。各种文字的提倡人联合起来，做到多样的统一。

注：

① 西桥工学团　全称是西桥儿童工学团。陶行知在 1933 年底，派陆静山和侣朋到江苏省宜兴县协助小先生承国英创办的。

② 南充　即四川省南充市，位于嘉陵江中游。

社会大学运动

社会大学有两种：一是有形的社会大学；二是无形的社会大学。社会大学运动是要把有形的社会大学普及出去，并且要给无形的社会大学一个正式的承认，使每一个人都承认这无形的社会大学之存在，随时随地随事进行学习。

无形的社会大学，是只有社会而没有“大学”之名。它是以青天为顶，大地为底，二十八宿为围墙，人类都是同学。依“会的教人，不会的跟人学”之原则说来，人类都是先生，而且都是学生。新世界之创造，是我们的主要的功课。无形的社会大学，虽无社会大学之名，实实在在它是一个最伟大的大学，最自由的大学，最合乎穷人需要的大学。我们穷人一无所有，有则只有这样一个社会大学。这无形的社会大学既然是我们的，我们就应该承认它、认识它，把它当作我们自己的宝贝，运用它来教育我们自己，使自己和同伴近邻养成好学的习惯，活到老、学到老、进步到老。把这个意思打进每一个人的心里，是社会大学运动的第一个任务。

当黄齐生[①]先生参加中华职业教育社的一个会议的时候，他在名单上列为第一名。有些青年干部不服气，质问主席说，黄先生是哪个大学毕业的？江问渔先生回答：“黄先生是社会大学毕业生。”大家才没有话说。江先生所说的社会大学，便是我所指的无形的社会大学。黄齐生先生既因这无形的社会大学而有所成就，让我们大家都紧紧地把握着这个大学来进行学习，追求真理，以为老百姓服务。

有形的社会大学是夜大学、早晨大学、函授大学、新闻大学、旅行大学、电播大学。

重庆开办的社会大学是夜大学，纯粹由职业青年自动创办的。有些地方的职业青年早晨要到九点钟才上工。早晨可以进行二三小时的学习，便可以开办早晨大学，以应这种青年之需要。

可能进夜大学、早晨大学的青年，依我估计，中国足足有四百万人。每年高中毕业生有十一万人，能考取正式大学者只有一万多人，那么每年就有九万多人不得其门而入。人生从十六岁到四十岁，至少应该努力学习。这样算来，便有二百一十六万人，除去死亡害病十六万，应有二百万高中毕业生要求社会大学予以进修的机会。

此外还有大学一年级、二年级、三年级删下来，而不得不找工作养活自己的青年。还有受过大学四年教育的人，而觉得时代已经变动需要再学习。还有大群的自学青年，倘使得到社会大学的便利，进步可能更为迅速。只要能听讲而又能记笔记，便有入学资格。这样估计起来，至少再加二百万人，因此，我估计中国全国有四百万职业青年需要社会大学帮助他们进修。我们应该在全国展开社会大学运动，在各大都市建立夜大学和早晨大学，来应济这广大的需要。正统大学能附设夜大学、早晨大学固然可以，但是单独设立尤有必要。它们可以由职业青年、进步学者或热心社会人士分头或合力发起组织。一切要简而易行，不要让自己的幻想野心把办法弄得太困难，而阻碍了发展与普及。普及与发展夜大学、早晨大学，是社会大学运动的第二个任务。

至于函授大学、电播大学，是要集中的办。旅行大学，包括海陆空三方面。新闻大学，是以好报为中心，辅以好杂志，并助以经常的座谈会。把这几种事业有效的办起来，是社会大学运动的第三个任务。

社会大学，无论有形的无形的，要有一个共同的大学之道。孔子的大学之道是：“在明明德，在新民，在止于至善。”现在时代不同了，我们提议修改几个字，成为：“大学之道，在明民德，在亲民，在止于人民之幸福。”

社会大学之道，首先要明白人民的大德。人民的大德有四：（一）是觉悟。人民要觉悟。中华民国是一个大公司，个个国民都是老板：男的是男老板，女的是女老板，大的是大老板，小孩是小老板。（二）是联合。做老板要有力量，力量从联合而来，不联合没有力量，凶恶的伙计是不会理睬我们的！所以要联合，四万万五千万人要联合起来做老板才行。（三）是解放。有了力量便需进行解放。我们要联合起来，在进行解放的斗争中增长我们的力量。我们要学习争取六大解放：（1）头脑解放；（2）双手解放；（3）眼睛解放；（4）嘴解放；（5）空间解放；（6）时间解放。（四）是创造。解放出来的力量要好好的用，用在创造上，创造新自己，创造新中国，创造新世界。

社会大学之道，要亲近老百姓。我们认为亲民的道理，比新民的道理来得切实。我们要钻进老百姓的队伍里去和老百姓亲近，变成老百姓的亲人，并且要做到老百姓承认我们的确是他们的亲人。

社会大学之道，是要为人民造幸福。一切的学问，都要努力向着人民的幸福瞄准。所谓人民的幸福，用老百姓自己的话说便是福禄寿喜。照着人民所愿望的福禄寿喜四大幸福进行，我们的学习才于人民有益，才配称为社会大学。也只有社会大学与人民幸福打成一片，而后社会大学运动才成为人人应该参加的富有意义的大运动。

（原载 1946 年 7 月 16 日上海教师生活社出版的《教师生活》第 6 期）

注：

① 黄齐生 （1879—1946），教育家，贵州人。清末在贵阳创办达德学校，曾参加辛亥革命。1921 年赴法国勤工俭学，回国后主办遵义中学。1929 年在南京晓庄师范任教。“九一八”后积极投入抗日救亡运动。1945 年赴延安。1946 年 4 月 8 日与王若飞、叶挺等乘飞机去延安时，在山西兴县黑茶山遇难。

平民教育运动与国运

平民教育的运动，自“五四”以后已成为公同心理。同时，青年会方面遂有发起开办平民学校。当欧战期中有许多华工在法国，多半都是目不识丁者，生活上当然感受种种困苦。幸当时留美学生曾注意及此，特推晏阳初先生等赴法，专为华工办平民夜校，以补救之。惟当时事属创举，诸感困难，所用教材，系由晏阳初自编的一千字汇，再三考虑，力求切要，教法亦诸费苦衷，所以为时虽短，成效尚佳。至他们回国以后，又继续试验，将他所编的一千字汇和陈鹤琴先生在国中所编的两相比较，中有八百字相同。后又经修改一次，就用此一千字编为九十六课，分成四本，预算四个期间，恰好可以教授完毕。准备既竟，即着手试验。

一、平民教育之试验时期

第一次在长沙试验，预备五年内，要把长沙全城不识字的人，使他们个个识字。所用的方法，第一是先把本地方各界领袖人物请来，开一大会，请以本地人才、本地经济来办理，然后分股办事。由每机关选出几位代表，筹备三个月，组织三种委员会：一为聘请教员的；二为招收学生的；三为寻觅校舍的。全城分为七十五区，每区都有一队委员来从事。费了三天功夫，得到男女学生二千三百人。由四月至七月，常来上课的有一千二百人。每天上课时间有一二小时，经此三个月后，结果有九百人，都能考得及格。

第二次是在烟台试验，规模较大，组织与在长沙差不多。

第三次是在嘉兴试验，组织上与上两次无异，功课亦相似，惟方法则加以改良，用幻灯来做教授的工具。灯中影片分三种：（一）图画；（二）功课本身；（三）生字。幻灯把字画放大，映于室壁，同时室中熄灯，使全体学生注意集中在影上；然后使大家对壁，看画述故事，见字读字音，目认形，耳听音，耳入而口出，使他口、耳、眼三部都有练习，所以就能写、能认、能读，并且很能引起他们的兴趣。看他们学生的反应，很有精神。当二个月以前，一字认不得的，到此都能写能认，比在长沙、烟台时，纯用教科书，已快得多。倘若教员方法好，口音大，同时能教一百五十人。当我去参观的那夜，适遇大风雨，到者一总也有六十七人，其中有木匠，有商店徒弟等等。他们都肯冒此大风雨而来，实为难得。此点也可以证明其成绩。每一教员担任二个月，两位轮流。此外，还有以学生当助教。他的任务，在登记学生的缺席及催促迟到或缺席者到校。并于学生中，选较聪明的，来助低能的学习，也很可以帮助教员的忙。照他们的办法看来，组织方面很可以取法。我相信在城市中，无论何处都可以照办得到。但是若在乡村，则较为困难，因为在乡村中要一二个教员来教数百学生，恐怕就发生问题了。

二、平民教育之创始时期

全国平民教育筹备会之沿起　自参观嘉兴第三次试验后，旋到上海，适熊秉三夫人来沪，遂与谈及平民教育几次试验的成绩与结果。熊夫人对于全国平民教育运动，夙具热诚，近年对于平民教育已有莫大之功绩。所以一谈之后，熊夫人遂愿以全副精神来提倡全国平民教育。此时遂介绍提倡并亲身试验平民教育之晏阳初先生与熊夫人相见，均认此事应有一种组织之必要。遂邀集黄任之、胡适之①、袁观澜②、沈信卿③等开了几次会议，结果遂组织一平民教育筹备会，并推选干事，分组办事，如发表宣言、起草计划等。

三、全国平民教育之计划

（一）目标

在厘定目标之前，首先须研究我国不识字者究竟有好多？吾人想达到的范围怎样？外国谓我国人百分之九十不识字，此固不确。现在中国学生共有六百九十几万，从有教育统计以至现在，大概共有学生十五兆至二十兆。而且中国人之识字，大都由于私塾。比如南京一城，即有五百多个私塾，学生有一万二千余人。广州一城有一千余私塾，学生有二万余人。愈进内地，则私塾愈多。据此敢言，我国私塾学生数不少于学校学生。假定私塾三年一换学生，则每过三十年应有七十兆私塾学生。即以二十兆学校学生数相加，共得九十兆学生。在中国四万万人中有三万万一千万人不识字，虽不致百分之九十不识字，但不可谓少呵！再据上面几次的试验，知道来受平民教育者大概在十二岁以上二十岁以下。此等岁数之学生，比较容易入学；并且教育的势力也容易达到；他们求学的热诚也要大一些。十二岁以上的儿童，正过国民教育时期，离做国民时候很近。所以此时期之教育非常重要，我们应当赶上去补一点教育，使他们发生积极的影响于国有益。这些人现在有一万万在社会上没有效力。若教育以后，可以增加一万万人的效力，可谓大矣！中国人最需要的有两种：（1）个人当有担负共和国民责任之能力。（2）用文字来做个人生活的介绍。所以应当要培养他们公民生活的能力，并给与增进个人生活的工具。

所以我们具体的目标，是要希望十年或五年以内，能使那十二岁以上二十五岁以下一万万不识字的人，受一千字所代表之共和国民的基础教育，还希望学生年年增加。

（1）十年计划

一年一百万学生，二年三百万，三年五百万，四年七百万，五年九百万，六年一千一百万，七年一千三百万，八年一千五百万，九年一千七百万，十年一千九百万。

（2）五年计划

一年一百万，二年五百万，三年二千一百万，四年三千二百万，五年四千二百万。

（二）进行之历程

（1）城市与乡间的分配问题　推行比例不同。

第一年定 90% 在城市，10% 在乡间。二年定 82% 在城市，18% 在乡间。三年定 50% 在城市，50% 在乡间。四年定 30% 在城市，70% 在乡间。五年定 100% 在乡间。

（2）教员问题

A. 教师来源　根据几次试验，大概教师的来源是：① 小学以上的教职员；② 中学以上的学生；③ 十六岁以上的高等小学生；④ 四十岁以上受过小学教育者；⑤ 私塾教员有教学能力者；⑥ 平民教育第一期毕业生之成绩优良者；⑦ 其他愿尽义务者。

B. 教师数目　照一人教一百个学生算，第一年要教员一万，第二年要五万，第三年要二十一万，以此逐年增加。然由平民教育卒业生二十至三十之中，选出一人为教师，则教师尚可勉强敷用。

C. 教师训练　短期训练。农村采用巡回法；市区采用集中训练法。

（3）经费　照一百万学生计算。第一次算来，须有五千八百万元。第二次算，要一万万元。但照各地试验情形看来，教员仅需支付车马费，则有八千万元，我想已足敷用，即每生应费八角钱。而且经费之来源，照长沙、烟台等地的试验，皆由地方筹出。故以本地的钱办本地的事，教育本地的人，应有一可用之原则。但偏僻之乡村与夫蒙古、西藏等处，应另筹专款补助。

（4）教具　共需要三种：教科书、影片、挂图。对于教具，我们此刻最望：① 有不愿赚钱而承印者；② 印得快；③ 并且印得好。现以此三条件与商务〔印〕书馆磋商，已承彼满意之答复。且谓不惟不赚钱，而且愿折本云。

（5）研究　教学法与教具组织应如何改良，校舍应如何利用等。

（6）试验学校　城市的、乡村的、妇女的、西藏蒙古的、华侨的试验学校。

（7）编辑

A. 应注意之点：

① 基础单字一千（以陈鹤琴先生的为善）；

② 复字配合；

③ 中国国语文法之重要变化都要包含在内；

④ 要注意平民文学，不可过于简陋；

⑤ 能帮助学生后来学习的字先教；

⑥ 注意省写字而酌量采用之；

⑦ 要定具体的目标；

⑧ 注意复习的原则；

⑨ 图画要与课本相符。

B. 应及早编辑之书：

① 平民教科书；

② 平民杂志报章；

③ 教师指南；

④ 第二期的平民教育课本。

（8）推广方法

① 组织平民教育促进会，对于各省担任设立城市、乡村的平民试验学校，以作模范。将来希望各省、各县设立分会分担责任，专谋一省、一县平民教育之推广。

② 当国内法团或教育团体开会时，派人去演讲鼓吹平民教育的重要。

③ 报纸上的通讯。

④ 与艺人中心人物谈话。

⑤ 联络社会团体一致努力。

⑥ 发行种种印刷品。

（9）毕业后之准备

① 第二期平民教育——职业教育。

② 平民教科书与杂志周报。

③ 平民日报与各种日报之平民副刊。

④ 设法补助优秀子弟升学。

注：

① 胡适之　即胡适。

② 袁观澜　即袁希涛。

③ 沈信卿　即沈恩孚。

对教育为公的运动作有效之奋斗
——致育才之友及生活教育社同志

我们最敬爱之朋友与同学：

本年十二月五日为武训先生诞辰一百零六周年纪念日。为了纪念这一平凡而伟大的先贤，我们假江苏同乡会举行了盛大的晚会，并决定要为育才学校筹集武训先生纪念金。武训先生以一位乞丐，赤手空拳，单身匹马，创立了柳林、临清、馆陶三个学校。他一生一贯的精神是做工自养，讨饭兴学。他是普及教育之先导，私人兴学之表率。他的诞辰是苦孩子的圣诞，老百姓自动的兴学节。尤其是在今日敌寇逼近贵阳，千千万万难民横遭颠沛困苦，朝不保夕的时候，我们需要武训先生那种跳出自己小圈而为大众谋福利的精神来打破重重难关，我们要有千千万万武训先生的化身才能打退敌人，完成抗战建国之大业。育才学校想在这个生死关头为中华民国新生的一代多出一些力。十月间有加选特才难童三百名之议，想于抢救之后，略尽抢救之力。近得美国援华会允助一百名经费，周宗琼先生允助两名经费，本校舞蹈音乐会筹得八名经费，不久就要派新生测验团出去选拔，同时仍多方号召，以期完成增加三百名之计划。但育才的母体在精神方面虽属丰富，而在物质方面是极感先天不足，现在经常费每月缺少十万之巨，若想对设备有所增加，营养有所改良，衣被有所补充，待遇有所改善，则非每月增筹五十万元不可。我和七八位同志原想在真的教育工作上帮助青年小孩进步，而时间大部分为筹款所吞没，这是最可伤心的事。倘使各位朋友同志每次经常的对于育才量力乐助，其最大之贡献必是把我们从筹款的奔波里解放出来，使得我们能把整个的精神都放在培养幼苗之工作上，那我们就要感激不尽了。武训先生纪念会上任宗德先生慨允每月赞助一万元，像任先生这样的朋友，我们需要五十个；陈根度先生每月赞助五千元，屠公泽先生认捐一次六万元，像陈、屠二先生这样的朋友，我们需要一百位；沈天灵、臧其吉二先生各人每月赞助二千元，像沈、臧二先生这样的朋友，我们需要二百五十位；张西曼先生赞助一万元，像张先生这样的朋友，我们需要六百位；仇玉璞先生是邮政局的职员，我们每月从他那里收到挂号信，信中附来五百元，从不间断，像仇先生这样的朋友，我们需要一千位；和任先生同时允诺帮助我们的是一位书铺里面就要毕业的十六岁的徒弟钟毅先生，每月乐助一百元，像钟先生这样的朋友，我们需要五千位。这次武训先生纪念会，由于陈根度先生之倡导，当场诸友认捐四十余万，像这样□□的诸友就地□开，只要有十五个地方响应，便能完成我们的计划。我们不但希望诸位给我们物质帮助，并且希望介绍愿意帮助我们的新朋友，不过，千万不要为了育才而放弃了更应受你帮助的别的学校或个人。我们最大的目的不是单为育才，而是推动每一位朋友有力出力，有钱出钱，有知识出知识，以帮助他心里所欢喜帮助的任何学校或任何个人求学。并针对着教育为公的运动作有效之奋斗。接信的朋友，也许处境比我们更困难，那么，请求不要捐款，并且不客气的把情形困难告诉我们，我们也愿意量力帮点小忙，我们就在这样的精神中互助吧。奉上武训先生纪念金总额及用途及育才学校节略，藉资参考，乐助单如蒙赐填，请交和平路管家巷二十八号，为祷！专此奉商，祇候福音。敬颂

康健！

生活教育社理事长
育才学校校长　陶行知拜启

注：

① 此信写于 1944 年 12 月 5 日。